土屋武志 著

アジア共通歴史学習の
可能性

解釈型歴史学習の史的研究

梓出版社

まえがき

　本書は，「歴史」とは過去を解釈し描き出す作業と考え，その過程(プロセス)を体験させる「解釈型歴史学習」について考察したものである。過去を実際に体験することはできないが，過去を解釈する歴史家体験はできる。一方，アジア地域では，歴史認識の相違による政治・外交摩擦は，21世紀の現在も続いている。そのような中，日本において歴史教育の改善が求められ，社会科教科書の記述内容が変更されたりする。そのようなアジアにあって共通の「歴史」を描くことは果たして可能なのだろうか。

　一方，世界の学校は，授業方法から2つに分類される。活動型の授業が中心の学校と講義型の授業が中心の学校である[1]。欧米は活動型，日本などアジア地域はともに講義型とされる。アジアでは，大学入試を典型とした競争型の教育モデルの中で，知識注入といわれる教育方法が歴史的に基本とされてきた。アジア地域では，中国も含めて多民族国家が多く，このような多民族の国家を一つに統合するために画一性を重視して，知識注入型の授業が必要とされてきたという社会背景もある。そのようなアジアにあって，帝国主義の時代にアジア諸地域がヨーロッパ諸国の植民地となる中，日本は，独立を維持した。また，アジア・太平洋戦争で敗戦国となってもその後，経済成長を果たした。そのような日本は，知識注入のアジア型教育方法の成功モデルと考えることもできる。

　しかし，21世紀になり，社会のグローバル化の中で，その日本でも生徒の主体的学習活動を重視し，画一性でなく多様性を重視する教育方法が，生徒の問題解決能力を育てる授業として重視されている。「問題解決能力」は，与えられたテーマの問題で「どの知識を使ってどう解決するか」を考え，そのプロセスを「自分の言葉で表現する」能力である。日本では，2003年のOECDによるPISA(ピザ)調査[2]以降特に注目されるようになった。OECDは，このような能

力を育てるための教師養成についても提言をおこなった。それは，教師の新しい専門性として，問題解決能力を育てる授業技術を持つべきだという提言である[3]。現在，この PISA 調査の影響は，日本のみならず，アジア地域の教育改革に大きく影響している。これまで，アジア地域において一般的とされた受動型の授業とは異なる問題解決型の授業が求められるようになっている。その一方で，それを実践するための学習方法について，多くの教師がその経験と技術を持っていないことが共通の問題ともなっている。

　本書は，歴史教育に関するこのようなアジア共通の課題を背景として，解釈型歴史学習の構造と特色を明らかにする。それにより，この方法が，東アジア共通の歴史学習理論としてこれからの実践と教材開発にとって重要であることを明らかにする。本書で述べるように，解釈型歴史学習は，歴史認識の対立を乗り越え，協働的な学びを創り出す可能性を持っている。またその一方で，日本においてはアジア・太平洋戦争以前にもこの方法と共通する学習論があり，実践が試みられたにもかかわらず，戦争を肯定する流れをさらにすすめる実践に変化していったという歴史を持っている。このプロセスとメカニズムを明らかにすることも本書の役割である。それは，「アジア共通の歴史学習」を考察するうえで，対立を乗りこえるために気をつけなければならない問題であるからである。

　なお，「解釈型歴史学習」という言葉は，このような学習を指して著者が便宜的に用いる用語であり，一般化した用語ではない。しかしあえて，このような用語を用いて論を進めるのは，この学習がアジア地域における「歴史学習」の一般的イメージと異なる学習であることを示すためである。それは，歴史＝暗記とイメージされる「暗記型歴史学習」の対極を意味している。本書を通読して，その意味と意図するところをくみ取っていただければ幸いである。

　本書は，著者が 2012 年に兵庫教育大学大学院連合学校教育学研究科に提出した博士論文「解釈型歴史学習の歴史的研究──学習方法をめぐる変遷・転換過程の批判的検討」をタイトルを改め，それにともなう若干の修正を加えてまとめたものである。

注

1) 二宮晧編著『世界の学校』福村出版，1995，日本教育大学協会『世界の教員養成 Ⅰ　アジア編』学文社，2005 を参照されたい。
2) EU加盟国とアメリカ合衆国などいわゆる先進国の組織であるOECD（Organization for Economic Cooperation and Development：経済協力開発機構，本部フランス，日本は1964年に加盟）がおこなっている国際的な学習到達度調査。
3) 二宮晧『OECDの教員養成に関する政策提言，世界の教員養成Ⅱ——欧米オセアニア編』学文社，2005, p.149。

目　次

まえがき

序章　解釈としての歴史と本論の課題 …………………………………… 3
  1. 解釈型歴史学習の背景　3
  2. 学習内容としての思考力と本論の課題　7
  3. 解釈型歴史学習における多面的・多角的思考　11
  4. 解釈型歴史学習の基本活動　12
  5.「マーク・ピューレンの謎」にみる解釈型歴史学習の基本　17

第1章　国民国家形成期の日本の歴史教育 ……………………………… 24
　　　──「国民」としてのナショナルアイデンティティーの形成
  1. 日本列島における国民国家の成立と「皇国史観」　24
  2. 明治期歴史教科書に見る「自国」イメージ　29
  3. 歴史教育における「自国」イメージとその成立　34
  4. アジア・太平洋戦争と「自国」イメージの変化　37

第2章　日本における市民社会成立期の解釈型歴史学習 ……………… 45
　　　── 1920年代の歴史教育実践の特質
  1. 大正自由教育期の歴史教育実践　45
  2. 自学主義と説話主義　49
  3. 1920年代の歴史教育の解釈型歴史学習としての特色　52
  4. 1920年代の歴史教育の限界　54

第3章　国家主義歴史教育浸透期における解釈型歴史学習の限界 …………………60
　　　── 1930年代における歴史教育転換の論理
　1．昭和初期の歴史教育思潮の特色　　60
　2．昭和初期の歴史教育をめぐる社会的背景　　65
　3．国際連盟脱退と国体論的歴史教育の浸透過程　　71
　4．国家主義国民国家における解釈型歴史学習の限界　　78

第4章　戦後日本における解釈型歴史学習 ……………………………………82
　　　──社会科としての解釈型歴史学習
　1．社会科と解釈型歴史学習　　82
　2．戦後歴史学と歴史教育　　84
　3．戦後日本の歴史教育における「体験的学習」　　87
　4．解釈型歴史学習における「体験的学習」　　92

第5章　変化する国民国家の中での解釈型歴史学習 ………………………99
　1．戦前期における多文化社会化と歴史教育実践　　99
　2．戦前期多文化社会の特徴　　101
　3．多文化社会と自国史　　103
　4．多文化社会における解釈型歴史学習の社会的役割　　108

第6章　歴史解釈の客観性 …………………………………………………118
　　　──歴史教育における「鎖国」論を例に
　1．「鎖国」概念の形成と歴史教育　　118
　2．日本における国民国家成立期の歴史教育における「鎖国」概念の展開　　122
　3．戦後における「鎖国」概念の継承　　126
　4．歴史教育における「鎖国」概念の再検討　　129
　5．「鎖国」研究の変化と社会科歴史学習内容の再構成　　131

第7章　解釈型歴史学習における主観の相対化 …………………………… 140
　　　──対話の役割

1. 解釈型歴史学習における主観　140
2. 「歴史心理」と「歴史意識」　141
3. 日本近代史認識における2つの解釈　142
4. 戦後歴史学の転換　146
5. 解釈型歴史学習における「歴史心理」　149
6. 解釈型歴史学習における対話の重要性　153

第8章　解釈型歴史学習における歴史家体験活動 …………………………… 161

1. 現代の多文化社会における歴史教育内容　161
2. イギリスの歴史学習における歴史家体験活動　164
3. 解釈型歴史学習における「立場」の重要性　175

終章　アジア共通歴史学習としての解釈型歴史学習の可能性 ……………… 186

1. 競争の教育期の解釈型歴史学習　186
2. 歴史教育目的観の4類型　190
3. 東アジア史におけるメタ・ヒストリーの相違　194
4. 解釈型歴史学習における「東アジア史」　197
5. 問題解決学習としての解釈型歴史学習　198
6. アジア共通歴史学習としての解釈型歴史学習の史的意義　201

あとがき　210
主要参考文献　214

アジア共通歴史学習の可能性
―― 解釈型歴史学習の史的研究 ――

序章
解釈としての歴史と本論の課題

1. 解釈型歴史学習の背景

 「歴史」は解釈の結果表現されたものであって，絶対的に「正しい」歴史があるとは考えない。したがって，歴史には多様な解釈が成り立つし，むしろそのような状況を保障することに価値を置くべきである。これは，2002年10月，韓国ソウルで開催された歴史教科書に関する国際会議（韓国教育開発院主催）で，フランス国立歴史教育研究所のアラン・ショパンがEUの歴史教育の状況報告として述べたことである[1]。彼は，ヨーロッパにおける歴史教科書研究の第一人者であった。彼は，歴史は多様な解釈が成り立つものであり，歴史教科書というものは「正しい歴史」を描いた本ではなく，多様な歴史を学ぶためのツールボックスであるというのである。彼によれば，「歴史」とは，過去を解釈することであり，歴史教科書は，生徒たちが解釈するときに使う道具箱(ツールボックス)なのである。そしてこの考えがEUの歴史教育の基本となっているという。

 この国際会議が開かれた当時のヨーロッパは，冷戦崩壊後10年を経て旧東ヨーロッパ圏の歴史教育を改革するという切実な課題に直面していた。そのため，主に旧東ヨーロッパ圏の歴史教師への研修と新しい歴史教材を開発するための支援組織が作られた。この国際会議には，アラン・ショパンと共にその代表的な支援組織であるユーロクリオ（Euroclio）[2]のヒューバート・クリジンも報告者として出席した。彼は，アラン・ショパンの報告を受けて，教科書を正しい歴史を描いた本ではなくツールボックスであると見なす理由について，歴史学習では，教師が生徒に「教師や教科書にも批判的」であるよう教えることが重要だからだと述べた。そのために，ユーロクリオは，学習者が到達すべき

歴史学習の目標を 5 点に定めたと報告した[3]。それは，次の 5 つである。

① 史実（historical facts）に対して批判的態度をとることができる。
② 歴史家や歴史教科書の著者，ジャーナリスト，テレビ番組のプロデューサーが単に事実を報じているのではなく，入手可能な情報を解釈したり，出来事や成り行きを理解し説明するため異なる諸事実の間での関係性をみようとしていることを理解することができる。
③ この過程をとおして，彼らが選んだ事実を証拠事実（つまり，何が起こったのかについて，ある特定の議論や解釈を支えるために利用される事実）へと変えていることを理解することができる。
④ 視点の多様性がいかなる歴史的事件やその進展にもあると認識することができる。
⑤ 歴史認識と歴史解釈に必要不可欠な考え方を身につける。

このような歴史学習は，歴史には「異なる証人の目」や「異なる国，異なる解釈から見た出来事」が含まれること，歴史家は真実をいくら調査しても絶対的な真実を提供できないということを学ばせる学習になるという。このように，冷戦終結後の 21 世紀を迎えたヨーロッパでは，歴史学習は，歴史を絶対的な真実としてではなく人が選んだ情報から組み立てられた「解釈」であることを理解する学習であると考えられるようになった[4]。

このような状況の中，日本では，史学史研究者の佐藤正幸も「歴史」の基本性格について，「世界中が受け入れる共通の世界史認識は存在しない」「世界に敷延しているような『歴史』が研究として，教育として存続していく限り，『共有する歴史』とか『ひとつの真実の歴史』といったものを求めるのは，論理矛盾である」と指摘した[5]。彼は，ヨーロッパにおける統一歴史教科書が実際には機能していないことを例に，唯一の「スタンダードな歴史」があるという考えは幻想であると判断したのである。これは，「歴史」が解釈であり，しかもその解釈が多元的であることを指摘したものである。また，佐藤は，「日本の世界史は，『日本人の日本人による日本人のための世界史』以外の何もの

でもないことを，歴史教育にたずさわるものは，常に銘記すべきである」とも主張した[6]。

　この指摘は，かつて社会科教育学研究者の森分孝治が，「地理や歴史で教授されるのは事実ではなく，一つの価値観から捉えられた事象像であり，解釈である」と述べた認識とも共通する[7]。このように，日本においても歴史が「解釈」であるという前提で歴史教育を考える視点があった。では，日本の従来の歴史学習が，森分のいうように「一つの価値観から捉えられた解釈」が教授され，また佐藤のいうようにそれが「日本人による日本人のための」歴史であるとしても，その見方を強化すべきか，それとも改善すべきかという判断は，社会科歴史教育の未来を考えるうえで，そして東アジアに共通の歴史教育を考えるうえで重要である[8]。

　歴史教育研究のこのような状況の中で，冷戦終結後の日本では，1998年に学習指導要領が改訂された。その改訂において，「体験的学習」(学習指導要領では，「作業的，体験的学習」と表現される)が重視されるようになった。しかしながら，歴史学習は過去に起き，すでに過ぎ去った出来事や人物を扱う学習である。過去に起きた歴史上の出来事を学習者自身がいま実際に「体験」することは不可能である。そのため，学習指導要領が「体験的な学習活動」を重視したとしてもそれは歴史学習とは無縁であると考えられがちである。しかし，アラン・ショパンやヒューバート・クリジンが主張したように，「歴史」をある時代（たとえば現代）の人によって「解釈」され描かれた（表現された）過去と考えるならば，この体験つまり過去を「解釈する」という体験活動は可能である。佐藤や森分の指摘は，この体験学習を行う方法があることを示唆している。

　以上のように，日本においても歴史学習が「解釈」を前提とした学習であるとする意見が主張される一方，別の要因からもそのことが注目されるようになった。それは，PISA型の学力問題である。2004年12月にOECDによる国際学力調査いわゆるPISA調査の結果が公表され，日本の学生の「読解力」の低下が社会問題となった。PISAで調査された「問題解決能力」は，与えられたテーマの問題で，子ども自身が「どの知識を使ってどう解決するか」を考え，

そのプロセスを「自分の言葉で表現する」能力であった[9]。この調査結果をうけて，日本では，学校教育における問題解決能力を従来以上に高めなければならないと考えられるようになった[10]。2008年1月17日に中央教育審議会答申「幼稚園，小学校，中学校，高等学校及び特別支援学校の学習指導要領等の改善について」が出されたが，この答申が重視した点は，PISA型学力としての「読解力」を育成することであった。答申は，「読解力」を

　ア　基礎的・基本的な知識・技能の習得
　イ　知識・技能を活用して課題を解決するために必要な思考力・判断力・表現力等
　ウ　学習意欲などの主体的に学習に取り組む態度

の3要素とした。答申は，これはPISA型学力における次の3つの主要能力（キーコンピテンシー）[11]に他ならないという。

　①社会・文化的，技術的ツールを相互作用的に活用する力
　②多様な社会グループにおける人間関係形成能力
　③自立的に行動する能力

このような主要能力を示す言葉として「読解力」という言葉がキーワードとして用いられ，それを育てるために学習方法を改善すべきだと強調されるようになった[12]。このような社会変化の中で，歴史学習においても，歴史を読み解く学習，すなわち本論の視点で言えば子どもに過去を解釈させる体験学習として，具体的方法論を明らかにする教育学研究が必要とされるようになったのである。

　本論では，以上のような課題を背景として研究を具体的に進めるため，過去を「解釈」する学習方法が冷戦終結後の現在のみに見られる新しい学習方法ではなく，近代に入って以降，ヨーロッパ型の教育をモデルにして発展した日本においては，このような歴史学習実践が少数ではあれ，継続的に行われてきた

ことに着目する。本論ではまず，歴史を「解釈」する学習つまり「解釈型歴史学習」の変遷を歴史的に整理し，20世紀前半の「解釈型歴史学習」と現代のそれとの共通点や相違点を明確化し，日本における歴史的系譜を確認する。それを踏まえて，現代的意義と方法的特色を明らかにする[13]。なお，本論では，過去を解釈する学習を「解釈型歴史学習」と呼ぶ[14]。歴史学を過去を「解釈」する学問と見なし，学校教育において，学習者自身にその体験を経験させることにより，歴史解釈能力を高める「解釈型歴史学習」の方法論を明確化することを本論の課題とする。それは，歴史認識の対立を乗り越える能力を持つ市民を育てる教育の基礎理論を明らかにすることになると考えられる。

2. 学習内容としての思考力と本論の課題

日本では，1989年版の学習指導要領で学習者が到達規準に達したかどうかという学習評価を4つの観点からおこなうようになった。その4観点は，「関心・意欲・態度」「思考・判断」「資料活用・表現」「知識・理解」である。歴史教育であっても「知識・理解」という能力だけではなく，他の3つの観点からも能力の育成を図らなければならないことが明示されたのである。この4観点は，2008年版の学習指導要領では，「関心・意欲・態度」「思考・判断・表現」「技能」「知識・理解」に改善された。つまりこの改訂では，思考・判断が表現と不可分の能力であると考えられ観点の組み替えがおこなわれたのである。

日本の学校教育において上記のような観点別評価が導入されたことは，歴史学習論にとって大きな転換を意味した。つまり「思考・判断・表現」という能力を評価するためには，そのための学習活動がおこなわれなければならない。それは，机に座って教師の講義をただ聴くという活動とは異なる活動を伴う授業が必要となったことを意味したのである。1989年版の学習指導要領は，高等学校では社会科を解体し，小学校低学年から社会科を取り払ったと批判された。しかし，一方では，「知識・理解」とは異なる新しい評価の観点を明示したことによって，歴史学習における学習活動の多様性を明確に保障した。つまり，この改訂により，歴史学習は，「既製の歴史」を無批判に受け入れる学習

と異なり，学習者自身が過去を描き表現する能力を身につける学習であることが学習指導要領においても明確になったといえる。20世紀末，日本においても，歴史教育は，EUと共通する学習方法に改善することが求められたのである[15]。2008年版の学習指導要領によって，その方向性はさらに明確にされたといえる[16]。

このように，単に「知識・理解」という観点のみでなく，資料を活用し，自らの思考を形成し，それを表現する活動を歴史学習でおこなうことが学習指導要領においても明示された。そのことによって，資料（情報）の検索や資料価値の評価（判断）という学習活動が，歴史授業にこれまで以上に必要な活動となった。この場合，生徒の「思考・判断」能力は，他者との対話や他の説への反論などの表現活動の中で示されることが多い。また，そのような活動を経て作成されたレポートなどからその能力の達成度を評価することが可能となる。したがって先に述べたように2008年の学習指導要領の改訂は，思考が表現活動を伴うことを前提として，「思考・判断・表現」という形に評価の観点を整理したといえる[17]。

以上述べたように，学習者が過去を解釈する「解釈型歴史学習」は，「正しい歴史」があるという考え方に対して，それと別の考え方があるという視点から問題を提起したものである。そしてそれは，日本においても，国家基準としての学習指導要領自体も変化させつつある。

歴史教育をめぐる近年のこのような変化の一方，「正しい歴史」とは何か？をめぐる旧来の論議も東アジア諸国家間の大きな問題となっている。韓国国史編纂委員会の元委員長である李元淳（イ ウォンスン）は，1992年におこなった講演の中で，日本の人々の歴史認識について，原爆祈念式典の時に原爆を投下したアメリカを非難するが，なぜ原爆の悲劇が起きたか，その原因に対する反省が棚上げにされていると指摘した。そのうえで，核兵器を決して容認するものではないとしつつも，日本社会での「ノーモア・ヒロシマ」の声が国際社会に拡大され，ノーモア他国支配，ノーモア他国収奪という歴史意識が体得できるならば，現代日本人に対する信頼が深まり，国際的地位が高く評価されると信じると主張した[18]。この指摘から20年を経た今，日本の韓国への植民地支配や中国侵略に

ついての加害者としての歴史は，日本の教科書に記述されるようになった。しかし，それが二国間の問題を超えて普遍的な社会認識へと，つまり，「ノーモア・ヒロシマ」が，ノーモア他国支配，ノーモア他国収奪という認識につながる歴史意識が体得される歴史教育であるかどうかは，本論終章で述べるように慎重に判断しなければならない。

　歴史教育研究者の加藤章は，かつて，歴史教育の現状をみて，その目的と現実が遊離しつつあることに大きな不安を抱いた。加藤は，歴史的人物・文化遺産への関心と理解を深め，民主的社会への態度の育成を図りつつ，歴史的思考力の発達を目指すという歴史教育の目標は変わっていない。そして，現代も歴史であり，歴史的思考は現代社会への関心から始まるという前提は，社会科としての歴史教育では一貫した精神であり，学習指導要領においても一貫しているという。加藤は，それにもかかわらず歴史教育の実態をみると，過去の歴史的知識の量的拡大を図るための暗記科目として，内容は「事項・人物その因果関係などの系統的把握（それも重要な基礎的理解に属するのであるが）にとどまり，現代に生きるための歴史的思考を育てる方法や内容への配慮が不十分であることが目立っている」と指摘した。加藤は，「現代に生きるための歴史的思考力」を育てる方法や内容の研究こそ，今日の歴史教育研究にとってもっとも必要なことだというのである[19]。

　加藤のこの指摘は本論においても重視する。歴史教育の役割が，過去の歴史的知識の量的拡大を図るための暗記と事項・人物とその因果関係などの系統的把握のみとしてしか意識されないことは，そのような教育方法が重視された結果であると考えられる。その原因は，従来の教育方法や内容とは異なる方法について，その情報の乏しさが一因でもあった。日本の歴史研究者も，また教育者もその多くが，明治に創られた「歴史（国史）」を覚えさせる方法とそれを前提とした教育観で歴史を学び，そのような自分自身の学習体験を相対化する機会を持てなかったからである[20]。

　加藤は，「歴史教育史のマクロな視点から国民の歴史意識がいかなる歴史的状況のもとで昂揚し，それが時代の流れに棹さす形であったか，あるいは時代の転換をはかる方向に高まっていったのか，それは何を契機としていたか，と

いった歴史的事実の検証が求められねばならない」[21]と述べ，歴史教育の歴史を検証することによって，歴史学そのものを変化させる発想に立つことができると訴えた。研究者も含む市民の歴史意識（それは「歴史」とは何かという問題も含む）と歴史教育観を変化させるには，これまで常識とされた歴史教育方法・内容をいま一度見直して，そこにある問題点を明確にする必要があるのである。つまり，李元淳が期待する，日本の人々の国際的で普遍化された歴史意識の体得は，歴史教育史という視点から，近代日本の学校教育でおこなわれてきた歴史教育自体を相対化することでその実現可能性を増すと考えられるのである。

　本論は，このような視点から，主に第１章から第５章において，日本における「解釈型歴史学習」を近代の「国民国家」形成との関係から歴史的に整理し，その史的系譜を明確にする。次に，第６章から第８章において，社会科教育の目的である「市民」育成という視座から，その民主的市民育成方法としての「解釈型歴史学習」の役割を明らかにする。さらに終章において，東アジアの視点から「解釈型歴史学習」の必要性を論じて本論のまとめとする。日本の歴史教育への加藤章と李元淳の指摘は，「歴史」を学習者による主体的な解釈活動と見なさず受け身的な学習と見なす東アジアの諸地域に共通する歴史教育への問題提起であり，考察すべき課題として有効であると考えられるからである。

　これまでに述べた理由から，本論はタイトルを『アジア共通歴史学習の可能性──解釈型歴史学習の史的研究』とした。したがって，歴史学習の史的変化を分析することから発展させて，第６章以降に論じるように現代的な歴史学習論を構築する内容構成とした。なぜならば，本論で述べるように，現代の「市民」社会は，多彩で多元的なアイデンティティーを選び取る個人の存在が前提となっている。その中で，異質な他者を認めあえる市民感覚＝国際感覚を培う「社会科歴史教育」[22]の必要性は増しており，「解釈型歴史学習」は，そのためにも必要となると考えられるからである。しかし，一方において，本論で明らかにするように，過去にそのことに失敗した「歴史」も解釈型歴史学習は持っている。本論を通して，「市民」を育成するための歴史教育における「解釈型歴史学習」の役割について，「国民国家」と「市民」という視点からも論じて

なお，以下に本論全体を通じてその特質を明らかにする「解釈型歴史学習」について，あらかじめ本序章においてその基本的特色を述べ，第1章以降の導入とする。

3. 解釈型歴史学習における多面的・多角的思考

社会科歴史学習において，多面的・多角的な考察が重要なことは，前節で述べたようにすでに指摘されていることである。多面的・多角的な考察を導く歴史学習には，次の3類型が考えられる[23]。

・通説批判型：通説と対立する説や視点を重視する。
・新視点提供型：通説と異なる視点を重視する。
・解釈型：通説も含めて複数の視点から仮説を立てて証明することを重視する。

「通説批判型」は，最新の歴史研究にもとづいて，通説と対立する説や視点を重視する。たとえば，江戸時代の「鎖国」政策は海外との交流を一切遮断したという通説に対して，むしろ交流を重視して，それによって江戸時代の経済や文化が発展したとみる研究に沿うことによって通説を逆転させるなどである。古代の「貧窮問答歌」や近世の「慶安の御触書」が農民の実態を表しているとはいえない資料だとみることや，「聖徳太子」は実在しなかったなど，このタイプは，従来の歴史教育で通説として教えられていることが実は違っているという学習内容となる。

「新視点提供型」は，通説が重視しない視点から通説とは異なる歴史を提供する。たとえば，近世の飛脚制度と近代の郵便制度までを連続してとらえ，「人々は，情報をどのように伝えていったか？」などのテーマで学習するようなテーマ史的内容である。テーマは，女性や子ども，医療や福祉，信仰と教育・科学など多様である。これまでの歴史学習内容が，政治史中心の出来事（事件）をたどるトピックス的な内容であるのに対し，「新視点提供型」は社会史的視点からのテーマ史になる。沖縄や北海道の歴史をはじめ各地域の歴史も

この「新視点提供型」といえる。

「解釈型」は，歴史上のある疑問について，複数の仮説を提案する学習内容となる。たとえば，「江戸時代を最も変化させた人物は誰か？（出来事は何か？）」などの問いに対して，いくつかの可能性をあげ，その根拠と妥当性を検証する学習などである。

この3類型の中で，「通説批判型」は，他の2つとは，大きく異なっている。「通説批判型」は，基本的に教科書に記述されていない，あるいは大きく扱われていない情報が必要である。そのため，通常は，生徒があまり知り得ない情報によって授業が進められる。したがって，教師が情報を提供することになり，教師による講義式の授業方法とセットになることが多い。

これに対して，「新視点提供型」と「解釈型」は，十分とはいえない場合もあるが，基本的には，教科書の情報を生徒自身が組み直すことによって学習できる。つまり，この2つのタイプは，学習者自身による歴史解釈が可能な学習といえる。ただし，「新視点提供型」は，教師の講義式授業でも実践できるので「通説批判型」と「解釈型」との中間的要素を持っている。本論においては，前節を踏まえ，学習者自身が歴史解釈をおこなうことを重視し，その史的系譜と現代的意義を明確にするため，この3類型の中の「解釈型」に特に焦点をあてることとする。

4. 解釈型歴史学習の基本活動

Holmes McDougall 社の *What is History?* という教材キットの中の「マーク・ピューレンの謎」[24]というセットは，解釈型歴史学習実践と教材が豊富なイギリスで[25]，1970年代以降，中等歴史教育において現在もなお定評のある導入教材である。このセットは，次の12点の資料で構成されている。

①事故に関する警察官の報告書
②学生組合の会員証
③パーティーの招待状

④ラグビークラブの備品リスト
⑤バスの時刻表
⑥歯科医の予約票
⑦銀行口座の預金残高票
⑧電話のメッセージメモ
⑨大学の個別指導の予定表
⑩クリケットクラブのミーティングの案内状
⑪女性のスナップ写真
⑫コンサートのチケット

　教師用ガイドブック[26]によると，この12点のうち，授業で最初に使用されるのが①の報告書である。これは，警察が実際に用いている報告書の様式を模して，交通事故の発生（発見）時の概要が示されている。この事故は，架空のものであるが，事故現場を検証した手書きの検証図も描かれており（図0-1），生徒は，現実の事故であるかのような印象を受けることになる。警察官ジョージ・ライダーによる事故発生時点での報告書を要約するとこの事故は次のような事故であった。

　　６月６日（金曜日）21時37分，ライダー巡査は，愛犬と散歩中の通行人が道路脇で意識不明の青年を発見したとの知らせをうけた。雲が低く視界の悪い中現場に急行した巡査は，約10分後に現場に到着した。青年は20歳くらいで国道から約２メートル離れた，深さ約１メートルの側溝に横たわっており，着衣は濡れていた。彼は，めかし込んでいたが，巡査が彼のポケットから取り上げた財布は空で，中には数枚のメモ類が残されていただけであった。道路と側溝との間には，大型車のものと思われるタイヤ痕が残されていたが，当夜の激しい雨のためいつのものかは判別できない。青年は，救急車で病院に搬送されたが，意識を取り戻すことなく死亡した。

　さて，この青年の死には，いくつかの不審な点がある。たとえば，服装のよ

図 0-1 報告書裏面の地図

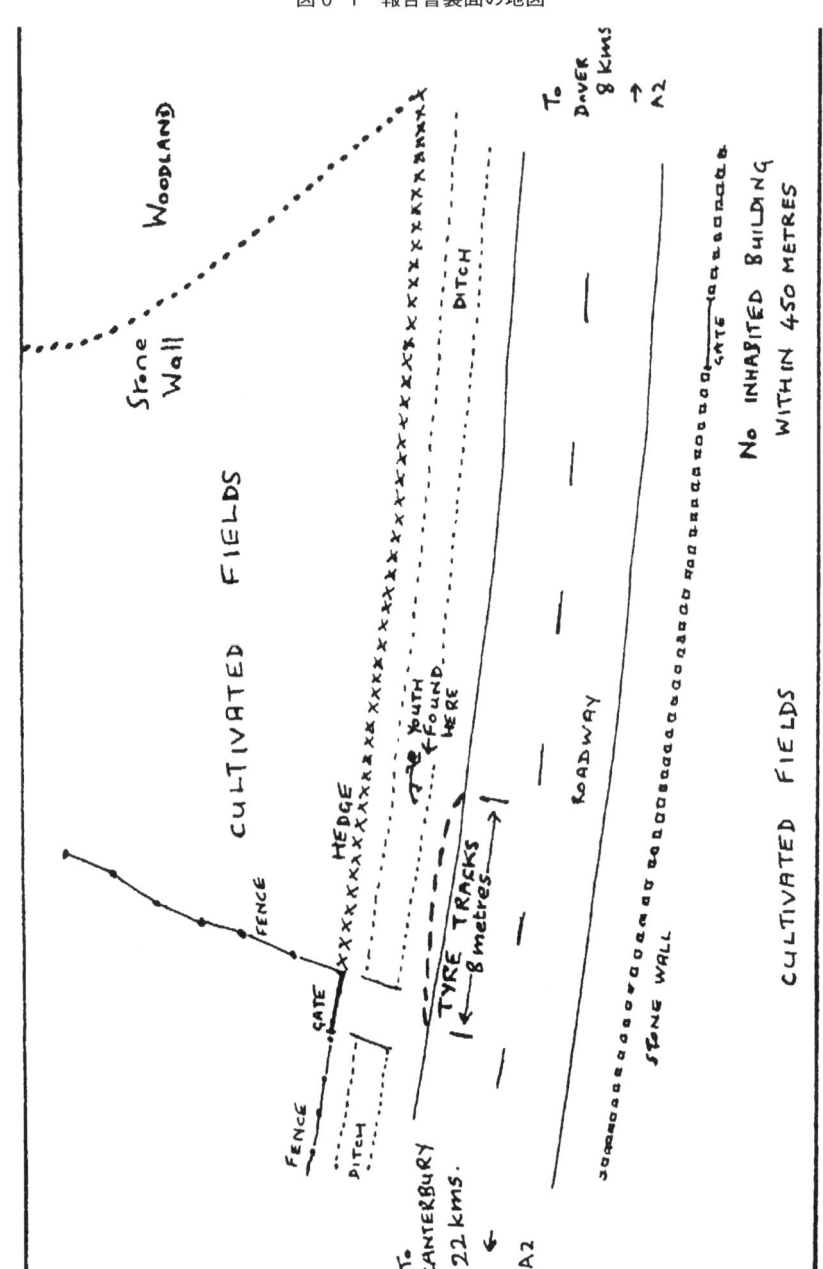

さにもかかわらず財布に現金を所持していない点である。これが，この事故を単純な事故死か，ひき逃げ事件や強盗殺人，あるいは事故と窃盗が複合した事件性の高いものか不明確なものにしている。

　教師は，まず，事故報告書というこの教材を生徒に読ませて，6月6日の夜何が起きたのか事件のあらましを推理させ，発表させる。その後で，この青年やこの事故についてどのような情報が必要か，つまり事件の全貌を知るためにはどのようなことがわかればよいか予想させ，発表させる。その後おもむろに，青年の財布の中にあった遺留品として先の②〜⑫の資料を生徒に配布するのである。

　教師は，生徒に，刑事（探偵）になったつもりで事件を推理するように述べたうえで，遺留品から次の点を明確にするよう指示する。

（1）青年は一体誰か。氏名・年齢・職業・外見・趣味など。
（2）6月6日金曜日の午前・午後の彼の行動。
（3）なぜ，彼は財布に全く現金を持っていなかったのか。
（4）彼はその時間なぜ，カンタベリー・ドーバー線（道路）にいたのか，またその場所で事故の発生しやすい条件はどのようなものか。

　生徒はペアあるいはグループで，図0-2に示したような報告書を作成する。
　教師は，この「初動捜査」の後，クラス討論でこの種の事故における「目撃」の重要性を論じさせる。この討論の中で，教師は，目撃証言が提示されているとして，刑事の仕事をはかどらせるのはどのようなケースか，つまり，どのような人の証言が信憑性があるものか，またその逆のケースは何かなど，目撃証言の重要性とその信憑性（資料価値）を評価することが必要なことを生徒に気づかせる。
　次に，教師は，この事件の解明に有効な証言を提供すると考えられる人物（資料②〜⑫に登場する友人や教師）の名前と彼らそれぞれに尋ねる内容（質問項目）を書き出した一覧表（図0-2）を作成するように生徒たちに指示する。
　最後に，生徒は，この青年の身元や事故当日の行動，また事故について，各

図 0-2 「生徒が作成する報告書」

Police　Record　Card　階級：　　氏名：

被害者の詳細
氏名：　　　　　　　年齢：　　　職業：

外見：

財布の中にあった品：

事故当日の彼／彼女の行動
時間　8　9　10　11　12　13　14　15　16　17　18　19　20　21　22

注意すべき点

この事件に関する推論

質問したい人物	質問項目
1.	
2.	
3.	

署名 ：

自の見解を発表することになる。それは法廷における検察官や弁護人の最終陳述のようなものとなる。

　資料②〜⑫の中には，パーティーの招待状や歯科医の予約カード・個別指導の予定表など事故当日の青年の行動を知ることのできる資料や学生組合の組合員証のように青年のプロフィールを知ることのできる資料がある。生徒たちは，青年の死の原因について，複数の資料から見つけ出した情報を組み合わせて結論を導く「探偵」体験をすることになる。

　これが，教材「マーク・ピューレンの謎」の概略である。11歳つまり日本の学校制度では，小学校5年生の歴史の授業である。歴史とは無関係にみえる現代の交通事故の原因を探る探偵（刑事）の役割を経験させることは，それが歴史を解釈するときの作業と同質の体験学習であるからであり，この活動は，次節で述べるように「歴史家体験」の第一歩なのである。

5. 「マーク・ピューレンの謎」にみる解釈型歴史学習の基本

　教材「マーク・ピューレンの謎」は，「歴史とは何か」という大単元の中の第2中単元に位置づけられている。この大単元の目標は，学問としての「歴史」について，その学問的概念を紹介することであり，具体的には，それは次の5点を認識させることである[27]。

(1) 歴史は過去において人々が言ったりしたりしたことすべてを対象とする人間に関する学問である。
(2) 歴史を学ぶということは，過去の人々についての手がかりや証拠（史料）を調査したり推理したりする作業を含んでいる。
(3) 一次的・二次的というように，歴史的証拠（史料）には様々な異なるタイプがある。そして，この史料は時代を経ることで脚色されたり変化したりする。
(4) 歴史的証拠（史料）には，偏見や異説・欠落からくる様々な問題が含まれている。

(5) 過去の人々に関する学習は，彼らの行為や動機・行為の結果に関する様々な疑問を導く。

つまり，「歴史」とは上記のような学問であることを生徒に理解させる単元として，「歴史とは何か」というこの単元が設定されているのである。教材「マーク・ピューレンの謎」は，このような目標のもとで開発されている。教師用ガイドブックによるこの教材の目的は，次の4点である[28]。

① 資料とは，調査によって裏付けをとるものであるという概念（資料の基本的性格）を生徒に理解させる。
② 生徒に資料を分析し，それを解釈する経験を持たせる。それは，人物の身元や利害をはっきりさせたり，事件に関する物語を構成したり，ある出来事について信憑性のある説明をするために必要な経験である。
③ 資料から導かれた様々な推論は，仮説的なものであるということを生徒に理解させる。
④ 出来事を解釈する際の目撃証言の重要性を生徒に正しく理解させたり，資料中にある矛盾に気づいたりすることができるようにする。

つまり，青年の事故死という出来事を遺留品から推理し，事件（事故）の全容や青年の人物像を解明していくという作業は，あくまでも，「歴史学」の学問的な特質を体験的に獲得させるためのケーススタディとして位置づけられているのである。

したがって，青年が所持していたメモ類は，歴史学でいう「史料」ということになる。その「史料」は6月6日の青年の行動に関して，複数の情報を提供している。それらの情報を時間を逐って整理していく作業とその整理にもとづいて事故の原因・全容・青年の人物像を推理する作業は，とりもなおさず歴史家が「歴史」を構成していく作業のシミュレーションなのである。その過程において，「史料」の信憑性のチェックが必要なことや，人物の評価について，複数の人物の証言を利用すること，その場合，証言者の立場も考慮して証言の

価値・信憑性を判定する必要があることなど歴史研究の基本的技能も学ぶことになる[29]。

このように,「歴史学」の方法を学ぶケーススタディとしての性格を持つ本教材には,模範解答は用意されていない。教師用ガイドブックは,パーティーへのヒッチハイキング途上の青年に対するひき逃げ事件・他の場所での殺害後の遺棄事件・けが人からの金銭強奪事件等複数の結論が生徒から出されることを想定してはいるが,オープンエンドで単元を終了させることにしており,次のように述べている。

> 「他より可能性の高い説明はいくつかあるとしても,この事故に関して正しい説明はない。生徒にとって最も重要なことは,試験的であれ,資料(史料)から推論を描き,資料にある矛盾を理解し,信憑性のある説明をするための想像力や推理力を使うことである。」[30]

この事例ように,解釈型歴史学習は,結論(=いわゆる歴史的知識)を獲得させることが目的なのではなく,結論を論理的に構成(解釈)するための手段・方法を学ばせることを目的としている点に特色がある[31]。

このような歴史学習方法は,日本の場合,まったく実践されてこなかった特殊な方法だろうか。次章以降において,近代以降の日本においても解釈型歴史学習につながる実践があったことを明らかにし,その変遷過程を明確にする。さらに,それが変化した社会的要因を分析することにより,解釈型歴史学習が重視すべき現代的役割を考察する。

注
1) フランス国立歴史教育研究所アラン・ショパンよる報告, Alain Choppin "Textbooks and textbook researches in Western countries", International conference on textbook improvement with a view to enhancing mutual understanding between countries(2002年10月16日, 於:韓国プレスセンター), 韓国教育開発院 *Textbook improvement with a view to enhancing mutual understanding between countries*, 2002, pp.16-27。アラン・ショパン(1948-2009)は,フランスの歴史教育研究の

第一人者であり，オピニオンリーダーであった。
2) The European Association of History Educators, (Juliana van Stolberglaan 41 2595 CA the Hague Netherlands) http://www.euroclio.eu/new/index.php
3) Huibert Crijins, "History on the move in Europe-Challenges and Opportunities of a Complex School Subject.", 前注1), pp.51-87. なお，この発表は Huibert Crijins がユーロクリオの代表的見解として報告した。彼のバックグランドには，ロバート・ストラードリングの次の論文がある。Robert Stradling, "A Council of Europe Handbook on Teaching 20th Century European History", *HISTORY FOR TODAY AND TOMORROW WHAT DOES EUROPE MEAN FOR SCHOOL HISTORY?*, Korber-Stiftung, Hamburg, 2001, pp.230-248.
4) ペーター・ガイス，ギョーム・カントレック他『ドイツ・フランス共通歴史教科書』（明石書店，2008）は，フランス語版とドイツ語版で出版された歴史教科書の翻訳版である。巻末には歴史学習の方法が明記されている。それは，①文書を説明する②歴史地図を読み解く③統計データを分析する④戯画を分析する⑤論文を書く⑥プロジェクトを実施し発表をおこなう⑦レポート発表を準備しおこなうという7つの活動である（pp.308-321）。教科書は，活動のためのツールボックスとして位置づけられ，本文中にも「学習の手引き」として活動課題が示されている。ヨーロッパの教科書の事例は，本論第8章においてイギリスを例に分析する。
5) 佐藤正幸「歴史的領域」『社会科教育研究・1997年度研究年報』1999, pp.36-38。
6) 同上，p.36。
7) 森分孝治「地理歴史科教育の教科論」社会認識教育学会編『地理歴史科教育』学術図書出版社，1996, p.3。
8) 森分は，「地理・歴史の教授学習は，子ども自身が自己の価値観，生き方をもとに事象を解釈し，事実の解釈を通して自分なりの思想を形成できるように構成組織されなければならない。」と，学習の主体としての子ども論から現状を改善しなければならないとの立場を示している（森分，前掲書，p.5）。しかしながら，子どもが主体的解釈をおこなうことは一方で危険なことでもある。なぜならば，歴史を「解釈」とみなし学習者にその「解釈」を安易にゆだねることは，教育も含む近代科学（とその形成者である科学者）が主たる任務とした「人々を迷信から脱却させる」という活動（研究）を否定して，人々に新たな「迷信」を生み出してしまう危険性も含んでいるからである。本論は，この問題に対する考察でもあり，後半の章で特に論じる。
9) OECDは，このような学力を育てるため，教師養成についても政策提言をおこなった。その中で，教師の新しい専門性として，問題解決能力を育てる授業技術を持つことが重視されている（二宮皓「OECDの教員養成に関する政策提言」『世界の教員養成Ⅱ――欧米オセアニア編』学文社，2005, p.149）。

10) 2008年1月17日の中央教育審議会答申「幼稚園，小学校，中学校，高等学校及び特別支援学校の学習指導要領等の改善について」は，PISAの主要能力（＝キーコンピテンシー）を次の3点とし，その能力を育成するコミュニケーション活動を中心とした6つの学習活動を具体的に例示した（pp.25-26）。

〈主要能力〉
　①社会・文化的，技術的ツールを相互作用的に活用する力
　②多様な社会グループにおける人間関係形成能力
　③自立的に行動する能力

1. 体験から感じ取ったことを表現する。
2. 事実を正確に理解し伝達する。
3. 概念・法則・意図などを解釈し，説明したり活用したりする。
4. 情報を分析・評価し，論述する。
5. 課題について，構想を立て実践し，評価・改善する。
6. 互いの考えを伝え合い，自らの考えや集団の考えを発展させる。

　歴史教育においても読解力を高めることが意識され，思考力育成を重視した授業改善が期待されている。前注5）。
11) 注10）参照。
12) たとえば，2008（平成20）年3月の小・中学校学習指導要領の改訂は，同年1月に中央教育審議会（中教審）から出された「中央教育審議会答申」にもとづいておこなわれた。同答申では，課題追究的な学習や「諸事象の意味や意義，事象間や地域間の関連などを追究して深く理解し自分の言葉で表現する学習」（中学歴史）を重視することとされた（前注10），p.81）。
13) 1980年代に始まったイギリスの教育改革運動は，アメリカ合衆国も含む英語圏の教育改革をも引き起こしそれに大きく影響したとされる。そしてそれは，先進諸国においてみられるより広い地球規模とでもいえる本質的な変化を反映した改革として注目されている（ジョフ・ウィティ「現代英国教育政策における連続と断絶（上）―ニューライトからニューレイバーへ―」『教育』No.638，1999，p.103）。
　なお，歴史学習における「解釈型学習」については，児玉康弘『中等歴史教育内容開発研究――開かれた解釈学習』（風間書房，2005），において，「解釈批判学習」と「批判的解釈学習」の2類型を取り上げている。前者は，複数の歴史解釈を批判的に検証する過程を重視し，生徒の主体的歴史認識を形成する。後者は，歴史上の人物の意思決定過程を疑似的に考察する過程を重視し，生徒の主体的歴史認識を形成する。本論では，解釈型歴史学習として，児玉の両視点も含みつつも，情報の選

択・検証・構成という歴史家のおこなう思考（解釈）を生徒に体験させる点に視点をあて，その活動を重視して論じる。児玉の類型化と実践モデル開発研究に対して，本論は日本における歴史的展開過程からその特徴を分析する点で研究視点と手法が異なっている。

14）本論で「解釈型歴史学習」と呼ぶ学習方法について，「解釈」という視点から歴史学習を分析した研究として，原田智仁の研究がある。原田は，イギリスの歴史教育が解釈学習であると見なし，それは，教師が一定の解釈に導く学習でなく，生徒が「探求」する学習であること，その過程で議論を通して間主観的に吟味するものと指摘した。さらに，それが「書く」という活動をともなうことを指摘した（原田智仁「中等歴史教育における解釈学習の可能性──マカレヴィ，バナムの歴史学習論を手がかりに」『社会科研究』第70号，pp.1-10）。本論では，原田がいう「解釈学習」を含め，歴史を解釈するヨーロッパ型の学習方法を指して「解釈型歴史学習」と呼ぶこととする。「解釈型歴史学習」の具体事例については，本論第8章にも示すが，拙著『解釈型歴史学習のすすめ──対話を重視した社会科歴史』（梓出版社，2011）には本論以外の事例も示している。

15）観点別評価は，歴史学習にのみ導入されたものではなく，すべての教科に関わる。筆者は，観点別評価の導入を評価するが，社会科解体を支持しているわけではない。

16）改訂によって，思考・判断が表現を伴う活動であることが明確化された。この場合，表現者は学習者である。つまり，学習者が考え表現する歴史という視点が明確化された。

17）文部科学省「小学校，中学校，高等学校及び特別支援学校等における児童生徒の学習評価及び指導要録の改善等について（通知）」（平成22年5月11日付22文科初第1号文部科学省初等中等教育局長通知）2010年。

18）李元淳「望ましい韓日両国の歴史教育のために」『韓国からみた日本の歴史教育』青木書店，1994，p.182。講演は，1992年に島根大学教育学部でおこなわれたものである。

19）加藤章「歴史教育の歴史に学ぶ視点」『歴史教育の歴史』（講座歴史教育第1巻）弘文堂，1982，p.2。

20）受験体制がそれに棹さしたことも事実だが，教師にこの状況が続いた点には教員養成教育の責任も大きい。

21）加藤，前掲書，p.5。

22）二谷貞夫「民衆・民族の共存・共生の世界史像を結べる市民の育成をめざして」『社会科教育研究』（2000年度別冊），p.11。なおこの視座からの検証について，詳細は，本論第2章4節，第3章及び第4章を参照。

23）土屋武志「多文化社会における解釈型歴史学習の役割」『歴史研究』第57号，2011，pp.1-16。

24) School Council Publications, *What is History?, 2. Detective Work: The Mistery of Mark Pullen*, Holmes McDougall 1976.
25) 原田，前掲書，pp.1-10。原田は，イギリスを「思考教育としての歴史学習の最先進国」と評価している。
26) School Council Publications, *op. cit.*
27) *Ibid.*, p.4.
28) *Ibid.*, p.11.
29) *Ibid.*, p.6. 教師用ガイドブックは，この単元における教師の最も重要な役割として，生徒の学習開始前に各中単元の意義を説明することと，学習後に中単元の一連の学習から一般的な要点を導き出すことの2点を示している。教師は，この教材から「歴史学」の学問的性格を導き出し一般化することに留意しつつ生徒の学習を支援する役割を期待されているのである。
30) *Ibid.*, p.15.
31) 「解釈型歴史学習」の具体事例については，拙著（前掲書，pp.16-62）にも示している。併せて参照されたい。

第1章
国民国家形成期の日本の歴史教育

「国民」としての
ナショナルアイデンティティーの形成

1. 日本列島における国民国家の成立と「皇国史観」

　本章では，国民国家形成期の日本において，「日本」という国家（自国）イメージ[1]が歴史教育を通じてどのように創られていったか，つまり「国民国家」の構成員として「国民」というアイデンティティーが人々にどのように形成されていったのか，その過程とその時期の教育を支えた論理を明らかにする。

　現在，日本の教育を受けた人の多くは，日本の国家としての歴史つまり「日本国の歴史」が「ヤマト政権発生期」や「邪馬台国」「弥生時代」等のいわゆる「古代」から始まると考えている[2]。このようないわば常識ともいえる認識は，いかにして獲得されるのであろうか。この場合，テレビや書籍等の影響も無視できないとはいえ，学校教育，とりわけ小・中・高等学校における歴史教育は，「歴史」を直接に教材とすることからこの常識の形成に強く影響を与えていると考えられる。現在，「歴史」は，義務教育学校にあっては社会科の中で，また高等学校にあっては地歴科の中で教材化されている。では，そのような学校教育において「日本」の建国に関する冒頭のようなイメージは，具体的にどのような論理構造をもって形成されてきたのか，また，教育されてきたのだろうか。

　日本国民の自国認識を考察する際，近代日本における「皇国」概念を避けて通ることはできない。自分たちの国家を「皇国」と見なす認識は，アジア・太平洋戦争以前，「皇国史観」と呼ばれる歴史認識にもとづく教育を通じて「日本国民」に定着していった。つまり，「日本」＝「皇国」というイメージを学習者に獲得させることが，戦前の歴史教育実践の目的であったともいえる[3]。

永原慶二によれば，皇国史観は，次のように分析されている[4]。

（一）「国体」及び「国体の精華」の歴史的発現過程を日本歴史の根幹としてとらえ，それを検証しようとする。
（二）民衆は，忠孝一体の論理で，国つまり天皇に帰属することだけが価値とされ，家族国家観が強調される。
（三）自国中心主義と表裏一体で，帝国主義的侵略や他民族支配，戦争は一貫してこれを肯定賛美している。
（四）近代科学としての歴史学的認識とは異質のものであり，天皇制国家と日本帝国主義とを正当化するためのイデオロギーである。

　これは，「皇国史観」の説明として代表的なものである。アジア・太平洋戦争敗戦後の日本の歴史教育は，この皇国史観を否定し，「科学的」な歴史観を確立することが最重要課題とされた。その結果，歴史教育者協議会などを中心に「科学的」な内容にもとづく教育実践が試みられた。すなわち，前記の（一）については，戦前には「天壌無窮の国体」を示すための必修教材であった神話にかわって，戦後は考古学教材による先史・古代史学習の展開が試みられ，（二）については，一揆をおこし抵抗する民衆が教材化され，（三）に対しては，近代における侵略戦争の悲惨さを伝え，民衆の立場から戦争を否定する実践が試みられたのである[5]。
　ところで，戦後に否定されたこの「皇国史観」という歴史観について，なぜ日本でそれが形成され，教育政策として強力に推進されていったかという問題については，これまで，「『国体』への絶対的賛仰と無謬性を証明することを目ざし，日本歴史を『万国ニ冠タル』ものとして」描き出すためであると説明されている。そしてそれは，思想問題が深刻となった大正・昭和期に特に強調され始めたとされている[6]。しかしながら，なぜその時期，「『国体』への絶対的賛仰と無謬性の証明」が必要だったのだろうか。この「皇国史観」は，その原型は，思想問題が深刻となる大正・昭和期以前，つまり明治期にすでに形成されていた。「皇国史観」は，大正・昭和期よりも前の明治期，近代日本が成立

する時に必要とされた歴史認識であった。つまりそれは，日本が近代国家として成立するために不可欠の論理（歴史観）であったのである。

現在，民主国家として，それを支える市民を育成するための歴史教育を考えるとき，その市民権を保障しその権利を提供している自分たちの国をどのような国家であると認識させるかは，重要な意味を持つ。明治期に日本が近代国家として創られはじめた時期に，その時代の教育者たちは自国を歴史的にどのように描こうとし，そのことによってどのような市民（国民）意識を育てようとしたのだろうか。そのメカニズムを検証することによって，近代日本における国民国家形成期の歴史教育の特性を明確にすることができる。それは，「皇国」という言葉と深く関わっているのである。

「日本」を示す言葉として「皇国」という語を用いたことで有名な人物は国学者の本居宣長である。彼は，自らの国を「みくに」と呼んで，「あだしくに」（「異国」のこと）を批判する文脈の中で，批判されるべき異国に対応する理想的な「みくに」として「日本」を位置づけていた[7]。この場合，批判されるべき異国とは，中国・朝鮮を指している。本居宣長が活躍したのは18世紀の後半だが，この頃「日本」に新しい国家意識が生じていた。それは，「鎖国」という言葉が生み出された時期でもある。1801年に，長崎のオランダ通詞志筑忠雄は，オランダ商館の医師であったケンペルが書いた『日本誌』の一部を『鎖国論』と題して翻訳した。これが「鎖国」という歴史用語の起源とされている[8]。それまでは，新井白石の『折りたく柴の記』のように中国風の言い方で海禁などと呼んだり，単に御禁制などと呼ばれていた。それを志筑は，「鎖国」という表現を用いることで「国家を閉ざす」という意味を付与して強調した。つまり本居宣長や志筑忠雄が活躍した18世紀後半から19世紀の前半にかけて，「日本」を一つの「国家」として意識した言論が活発になってきたのだった。しかもそれは，「鎖国」する特別な国家であると同時に，「あだしくに」である中国・朝鮮やヨーロッパへに対比する視点から，極めて「国際的」かつ政治的な背景から生まれていたのであった。

近代における日本の国家意識の問題については，19世紀の日本列島の歴史を「国民国家」の形成期という視角から分析し直す研究が1990年代以降進ん

だ。つまり，ネイションステイツ（国民国家）の成立という観点からこの時期の日本列島における政治的・社会的動きを分析しようという研究である。これはウォーラーステインの世界システム論などの政治経済学あるいはベネディクト・アンダーソンの『想像の共同体』（リブロポート，1987）やホブズボウムの『創られた伝統』（紀伊國屋書店，1992）といった文化人類学的な歴史研究に刺激されつつ展開された。この研究の中で，明治期を「日本型国民国家」の形成期と考える視点が示された[9]。この視点は，後に述べるように歴史教育の観点からみても妥当な見解と考えることができる。本章において，明治期以降の歴史教育を「国民国家」の形成期として取り扱うのもこの視点による。また，明治期以降の時期を「国民国家」の形成期と捉える視座は，歴史教育研究にも重要である。なぜならば，「国民国家」の形成という視点から「日本」における歴史教育を見た場合，先の「皇国史観」の特徴がより鮮明に把握できるからであり，同時にその一部を引き継いだ戦後歴史教育における，その引き継がれた負の部分を克服する視点が見えてくるからである。なお，「鎖国論」と歴史教育との関係については，本論第6章において，昭和期を中心に詳しく論じることとし，本章では，明治期の国民国家と歴史教育との関係を考察する。

　さて，「国民国家」という用語は，ネイションステイツ（Nation States）の日本語訳である。それは，木畑洋一の定義を借りれば，「国境線に区切られた一定の領域から成る，主権を備えた国家で，その中に住む人々（ネイション＝国民）が国民的一体性の意識（ナショナル・アイデンティティー）を共有している国家」ということになる[10]。ここで重要な点は，国境線概念及び国民的一体性意識の成立という点であり，この概念の有無が国民国家と絶対主義国家とを区別する指標となる[11]。明治期は，国境線概念や国民的一体性の意識が定着したが，それ故にこの時期が日本列島における国民国家の成立期と考えられるわけである。

　歴史教育においてこの時期は，1900（明治33）年に「日本」の学校制度史上「きわめて大きな意味をもつ」[12]とされる改正小学校令が発令されるが，この前後の10年間は，歴史教育にとっても重要な時期であった。このときの小学校令によって，全国に共通な4年制の義務教育が実施された。これは，国民

国家形成という観点から見れば，国民統合の装置としての学校制度の確立を意味する出来事であった。就学率を見ると，1900年の前後の10年間で就学率は60％から95％に上昇した。また，これより先の1889（明治22）年に東京大学の前身である文科大学に史学科とは別に国史科が新設され「国史」というジャンルが大学に初めて成立した。それは，漢学系の考証学と西欧の実証主義が結びついた学風で，伝説を無批判に信じる前近代的な歴史認識とは一線を画すものであった。黒田俊雄によるとこの「国史」は，「明治期の日本の国家としての存在を認識の起点」にした学問として，「史学」とは別のジャンルの学問として成立した[13]。この「国史」学は同時に，義務教育上の一つの教科である「日本歴史」のちの「国史」と大きく関わることになる。

当時，歴史教育界の主導的人物の一人であった峯岸米造の，1894（明治27）年の著作『日本歴史講義』には，いわば産声をあげたばかりの「国史」学の学問的特徴がよく示されている。この『日本歴史講義』は，大日本師範学会で師範学校関係者を前に講演した記録であるため，当時の「国史教育」の内容的特質をも同時に知ることができる。

彼は，まず，「緒論」の中で学問としての「歴史」の性格や研究方法について述べている。その中で，「通常の場合に於きては単に歴史とのみ云へば国史と云ふも同じことなり国史は一国の成立変遷等を叙述しその変遷の由来開化の因果等をも併せ述ぶるもの」と，「歴史」を性格づけている[14]。歴史は一国の成立と変遷を叙述するものだというのである。この緒論に引き続いて，彼は，総論として，まず「地理及び人種」次に「国体　帝室」さらに「政体」の三項目をたて，「日本帝国」の範囲を北緯24度6分から50度55分，東経122度45分から165度32分と紹介している。人種については，古来は大和種族・熊襲種族・蝦夷人（アイヌ種族）・土蜘蛛の四種あったが，現在は大和種族と蝦夷人の二種族と述べている[15]。次に，「国体」として，天孫降臨以後万世一系の天皇家が122代2554年間統治を続けていること，また，「今日の帝国臣民（大和種族）にして其の（つまり天皇の＝筆者注）後裔ならざるものは蓋し甚た少なかる」べきこととして，「万国に冠絶」する国体であると強調し[16]，その後，神代史に始まる日本歴史が叙述されている。このように，具体的な歴史

叙述を始める前に，歴史学の目的論や方法論，そして，国土や政治体制について叙述するような内容構成は，この『日本歴史講義』以外にもこの時期の歴史書にしばしば見受けられる構成である。それは，次のような点で，必要な事項だったのである。

つまり，ここには注目すべき内容が2つ盛り込まれている。第1点は，「日本国」の領土とそれを構成する国民（臣民）を科学的装いで確定していること。第2点は，天皇家が2500年以上も統治する国家であるとともに，国民は臣下（臣民）ではあるけれども，国家の主権者である天皇と血縁関係にあるという論理が用いられていることである。後者は，あたかも国民が主権の一部を保有する，別の言い方をすると国民と主権者（天皇）とが一体化しているかのような述べ方である。

このように，明治期の歴史書には，領土と国民に関する説明書きが，「近代的」な「科学的装い」でもってその冒頭にわざわざ付られていたわけである。それは，それまでなかった斬新な「科学的」記述であった。では，歴史教育においては，この点はどうであっただろうか。歴史教科書の叙述をもとに検証する。

2. 明治期歴史教科書に見る「自国」イメージ

(1) 神谷由道編『高等小学歴史』

本書は，1887（明治20）年に，当時の文部省が小学校用の歴史教科書として原稿を懸賞公募した際の入選作である。歴史教科書にあっては，33部の応募の中から最終的に本書のみ当選し，1891（明治24）年に文部省より刊行された。このときの公募は，修史局長官重野安繹と内務省参事官末松謙澄を「小学校用歴史編纂旨意書審査委員」とし，このほか外山正一・伊沢修二・物集高見を委員として作成された「小学校用歴史編纂旨意書」にもとづいて実施された[17]。実際には，本書以外の歴史教科書も検定を経て刊行されているので，学校において本書のみが教科書として使用されたわけではないが，文部省公認の基準教科書[18]として，その後の教科書に与えた影響は無視することができ

ない[19]。また，本書の編集基準となった「小学校用歴史編纂旨意書」は，編纂の主旨を述べただけではなく，「目次」を例示し，「当時の文部省としての教科書の理想的イメージ」[20]を描いたものであった。本書は，その例示とほぼ同じ目次立てをおこなっており，このことからも本書が文部省の方針を十分に汲んで編集されたものであることをうかがうことができる。

なお，当時は，義務教育は尋常小学校4年までであり，歴史は，原則として義務教育終了後，高等小学校で教えられていた。本書は，その高等小学校1・2年用であり，対象学齢は，後の6年制義務教育の5・6年生（つまり6年制尋常小学校における歴史科の対象学齢）と同じである。

さて，本書については，天孫降臨神話を科学的な視点で処理することを試みていることがすでに指摘されている[21]。たとえば，本書は，第二編の「太古略史」の項において「伝ニ曰ク」という形で伝承として降臨神話を叙述しているが，神武以前については，「太古ノ事，諸史伝フル所，多クハ漠然タリ。其人民生存ノ状態等，今之ヲ知ルニ由ナシ。」と結び，「天孫降臨以前，大巳貴命等既ニ出雲ニアリテ政ヲ布クヲ視レバ，人民繁殖ノ，其来ルコト甚ダ遠キヲ知ルニ足レリ。」[22]と述べていた。つまり，天孫降臨以前にも人が住んでいたというのである。その根拠として，本書は，石器・土器の図とともに「太古ノ人民ハ，土窟ニ棲ミ，弓矢ヲ以テ鳥獣ヲ猟シ，其ノ肉ヲ食ヒ，其ノ皮ヲ衣，海岸近キ者ハ，兼子テ魚介ヲ漁シテ，食物ニ充テ」[23]と叙述し，考古学を利用して先史時代を説明していた。このように本書は，当時の近代的学問の成果を意欲的に取り入れたものであった。それは古代史に先立って記述された第一編の「地理」「政体」の各項にも伺い知ることができる。

「地理」においては，「我日本国ハ，東半球亜細亜ノ東辺ニアリテ，東南ハ太平洋ニ枕ミ，西北ハ支那，朝鮮，満州，及西伯里ト海水ヲ隔テ，遥々相対ス。」と，「日本国」の領土を示し，面積約2万4794方里，人口4000余万人，温帯に属し気候穏和で土地肥沃であると紹介している[24]。

「政体」においては，神武以来君主独裁，そして，明治22年憲法の発布により「立憲政体ノ美ヲ見ル」に至ったと述べている[25]。

第一編は，「総論」「地理」「政体」「帝室略説」の4項から成り，「小学校用

歴史編纂旨意書」に例示された目次によっている。この「地理」「政体」という項目自体，当時最新の学問用語を用いており近代的装いを感じさせるが，内容的にも前述したように地理学や政治学をも含んだ近代的学問を背景に叙述されていた。

ところで，本書において，「自国（日本）」はどのように意識化（イメージ化）されていたであろうか。

まず，「総論」に次のような記載がある。

「此書ニ記載スル所ハ，我日本国ノ歴史ナリ。抑モ日本ハ，古来東洋ニ独立スル所ノ一帝国ニシテ，時ニ或ハ隣邦ナル支那，朝鮮等ノ来寇セシコト無キニ非ズト雖モ，未ダ嘗テ尺地モ掠奪ノ辱ヲ取リシコトアラズ。彼ノ時々隣国ノ侵略ヲ受ケ，其国家ノ興亡，帝王ノ更迭常ナキ，諸外邦ノ比ニ非ザルナリ。」[26]
つまり，王朝交代がなく，古代より常に独立を保った国家であることが「日本国」の歴史的特徴として強調されていた。また，時代区分については，太古から紀元900年代までを「本邦固有ノ制度，風俗ヲ保チシ時」。その後紀元2400年代までが「固有ノ風俗ト支那ノ文化トヲ併セ保チシ時」。2500年代の今日が「泰西ノ制ヲ取リ，文化，風俗将ニ改マラントスルノ時」であるという3分法をとっていた[27]。つまり，西暦でいう4世紀初頭と19世紀初頭を日本歴史の転換期と考えていたのだが，4世紀以降江戸時代末までを日本と中国双方の文化を併せ持つ時代と考えていた点は，次項で述べるように注目される点である。

なお，「太古略史」では，「太古内地中央以西ニ棲息セシ者ハ，日本人種カ，或ハ又他ニ一群ノ人種アリシカヲ詳ニセズト雖モ，其中央以東・駿河，信濃，越後以東・ニ棲息セシ者ハ，蝦夷人種ナリシコトハ，今日各地ニ遺存スル所ノ器物ニ就キ，且後代ノ史乗ニ於テ，之ヲ證スルコトヲ得ベシ。」[28]と述べられ，古代日本列島に複数の民族が存在したと指摘していた。

このような叙述から見えてくる「日本国」に関する「自国」イメージは，基本的に次のようなものといえる。つまり，王朝交代がないことを政治的特徴とする長い歴史を持つ（天皇による君主独裁）国家であるが，原始（太古）にあっては，日本列島各地に「固有の文化」を持つ単一ではない複数の民族構成であった。神武以降その民族的統一がおこなわれた。それは同時に中国文化の摂

写真1-1　1876年建設の小学校（長野県松本市の開智学校）
開智という校名に示されたように学校は，欧米の近代的な智を学ぶ場だった（著者撮影）。

取を伴い，近年までの永きにわたって文化的に中国の影響下にあった。つまり，これが歴史教科書に見る，19世紀末，1890年代の日本政府公認の「自国」イメージであった。

(2) 文部省著『小学日本歴史』

本書は，1903（明治36）年刊行の最初の国定歴史教科書である。鎌倉幕府の北条氏滅亡までが一巻，それ以降が二巻に叙述されている。文部省は，教科書検定制度に関わり発生した汚職事件を契機に，教科書を国定制としたが，本書は，その最初の国定教科書である。当時はまだ4年制の義務教育制度であり，本書も尋常小学校用ではなく高等小学校第1・2学年向けの教科書として編集された。しかしながら，本書の事実上の著者である文部省図書審査官喜田貞吉がいうように，当時はすでに6年制の義務教育への移行が確実視されていたため，移行後の尋常小学校での使用も前提とされていた[29]。実際，1907（明治40）年には義務教育が6年制となり，本書は，尋常小学校第5・6学年で使用された。つまり，本書は，先の『高等小学歴史』とは違って，義務教育という

意味で国内のすべての児童が学習することを前提として作られた最初の歴史教科書であった。

　本書が，構成上で先の『高等小学歴史』と大きく違う点は，冒頭の構成である。『高等小学歴史』の第一編に収められていた「総論」「地理」「政体」「帝室略説」の各項が本書には見られない点である。また，『高等小学歴史』第二編「太古略史」にあった考古学にもとづく先史時代の叙述はなくなり，本書では「天照大神」の項が冒頭に置かれ天尊降臨・三種の神器について述べられるようになった。

　「天照大神はわが天皇陛下の御祖先にてまします」という文章から始まるこの「天照大神」の項においては，大神が瓊瓊杵尊に国をさずけたことを述べ，このことで「万世にうごくことなき，わが大日本帝国の基は，実に，ここに，さだまれるなり」[30]と意義付けた。続く「神武天皇」の項では，即位の年を「今より二千五百六十余年のむかし」と紹介し，「これを，わが国の紀元元年となす」として「建国の歴史」を述べていた。次いで，「日本武尊」の項で，蝦夷・熊襲の服属が，そして「神功皇后」の項で，三韓の服属と渡来人が説明されているのである。

　つまり，本書では，先の『高等小学歴史』に見られた，考古学を利用した記述は削除されて「神話」が全面に押し出され，『高等小学歴史』が持っていた近代的視点は一見後退したかのように見える。しかし，天照大神に淵源を持ち，神武天皇によって建国された「大日本帝国」は，周辺諸民族を服属させつつ版図を拡げたという基本的ストーリー（つまり自国イメージ）はより純化して継承されている。そしてそれは，次項で述べるように，「国家」という視点から見ると，むしろ近代的な要素をより強化したと考えられるのである。

　本書は，義務教育において用いられることを強く意識して著されたものであるが，その際，構成上・著述上の基準となったのは1900（明治33）年の「改正小学校令施行規則」である。日本歴史については，この第5条に「日本歴史ハ国体ノ大要ヲ知ラシメ兼テ国民タルノ志操ヲ養フヲ以テ要旨トス」と定められていた。これは，1891（明治24）年の「小学校教則大綱」第7条の「日本歴史ハ本邦国体ノ大要ヲ知ラシメテ国民タルノ志操ヲ養フヲ以テ要旨トス」と

大きな差はない。つまり，本書も先の『高等小学歴史』も，いずれも「国民タルノ志操ヲ養フ」という目的であったが，この時代，歴史教育の義務化にともなって神話の挿入という変化があった点は，後に述べるように留意しておく必要がある。

　歴史教育の目的は，義務教育6年制化にともなって1907（明治40）年に改正された小学校令でも変化はなかった。また，6年制化した新しい義務教育に対応して歴史教科書も改訂され，1909（明治42）年に『尋常小学日本歴史』（巻一），翌年に巻二が出されたが，日露戦争の記述が追加されたほかは大きな変更は加えられなかった。特に，建国については，神話によって説明する内容構成は，その後の国定歴史教科書に一貫して継承された。

3. 歴史教育における「自国」イメージとその成立

　前節で述べたように，明治期の小学校における歴史教育では，自国つまり「日本国」＝「大日本帝国」は，神武以来の「歴史」を有する「歴史ある国家」とイメージされていた。「国家」として2500年以上の歴史を有する「国家」は，世界で最も古い歴史を持つ「国家」とされ，それが強調された。たとえば，最初の国定教科書『小学日本歴史』の実質的執筆者である喜田貞吉は，自著『国史之教育』の冒頭を「世界広く国多しと雖も，我が国程古く，我が国程立派な歴史を有して居る国はない」[31]という言葉で書き始めていたが，彼は同書において，神武以来の2500有余年は，単に旧いというだけでなく，この数字は，「我が国を第一として，以下，二，三，四，五，と続くものがない。ズット其の間を抜きにして，遥か下つて八，九，十位の所に諸外国は列せられるのである」[32]と述べている。しかも，日本書紀を参照して，天尊降臨以降神武までを179万2470余年と数えていることは，たとえその数字が正確でないとしても神武以前からの歴史の存在を示すもので「建国が人智を以て計り知る事の出来ない程遠い古代である事を示した者だ」[33]というのである。彼の論理による「日本」の「国家」としての成立条件は，ただ天照大神以来の「天壌無窮の皇運」の存在であった。彼は，「我が国は此の分からない時から国が始まり，君

臣の分が定まり，天壌無窮の皇運は起こつて居る」[34]と述べ，日本が「王朝交代のない善美な歴史」であることを同書の中でくり返し強調し，賛美している。このような彼の「自国」イメージは，『小学日本歴史』にあっては，「天照大神」の項をその冒頭に置き，「万世にうごくことなき，わが大日本帝国の基は，実にここに，さだまれるなり」[35]という表現となって示されている。

　明治政府は，1873（明治6）年に，神武天皇即位の日を紀元節と名付け，2月11日をその日としていたが，『小学日本歴史』は，「これを，わが国の紀元元年となす」と述べていた。6年制義務教育の開始とともに『小学日本歴史』は，『尋常小学日本歴史』に改訂されたが，このとき同時に初めて教師向けの解説書である『教師用書』が出された。その『尋常小学歴史巻一　教師用書上』には，各項目の説話要領つまり指導上の留意点が示されていた。「神武天皇」については，「神武天皇は我が帝国における人皇第一代の天皇にまします。我が帝国は天皇の御曾祖父瓊瓊杵尊以来，代代其の治めし所なりしかども，尊より御三代の間は尚所謂神代にして，常に九州南部の地方にましましければ，皇化未だ遠方に及ばず，遼遠の地には，酋長各自に境を分かち，互いに相争ひて騒擾止む時なく」争乱状態が続いた。それを神武天皇が中央の大和地方に移ってこの争乱を平定しようとしたと述べ，その神武天皇が即位したことによって「我が大日本帝国は是に於て愈々確立するに居たれり」と，説話の要旨つまり指導内容が指示された[36]。

　ここに示された「国家」認識は，「自国」とは明治のこの時点で現実に存在している「大日本帝国」であり，それは，太古の昔（考古時代）からアプリオリ（先天的）に「国家」として存在していたという認識だった。そのような国家が，「神武天皇によって統治される」ことによって「国家として確立した」とみなされた。これが，政府公認の正当性ある「国家」概念として，義務制による学校教育において普及されていくことになった。この論理は，考古学の記述を削除することを正当化できる論理でもあった。

　ところで，明治期の歴史教育において，6年制の義務教育が始まったことは，きわめて重要な意味を持つものであったと考えられる。それは，歴史教育が義務化されたことを意味すると同時に，上昇傾向にあった就学率を背景に，歴史

教育を通じて「国民」を創出するという目的を確実に達成することができる時期が到来したことを意味したからである。前項で触れたように，検定時代の『高等小学歴史』にあった考古学にもとづく記述は，国定教科書の『小学日本歴史』からは除外されていた。これ以外にも『高等小学歴史』に記載され『小学日本歴史』で除外された項目に「壬申の乱」があった。

　喜田貞吉は，『国史之教育』において，歴史教育について，「教育上為にならぬ事跡は教へてはならぬ。啻に歴史上の知識を与へるのが目的ではない，善良なる国民を作るのが目的である以上，此の目的を取り外してはならぬ。随つて児童の頭へ余計な事を多く注入する必要はない」[37)]と述べ，壬申の乱について，「縦令皇族たりと雖も，天皇を殺し奉りて皇位を奪つた御方が我が国にあつたらうとは信ぜられぬ」また，全く事実であると断定できない以上，これを教育上削除するべきであると主張していた。彼は，謀反人たる大海人皇子が三種の神器を得て，その子孫が約100年間も皇位を継承したということは，「我が善美なる国体の国に於いてあり得べき事であらうか」とも述べ，教科書から削除したこの出来事について，小学校で「不心得なる教師が，折角文部省が心あつて削つたものを，容赦なく補つて教えて居る場合がある」と憤り，対応の必要性を強調した[38)]。

　ここには，「教育」という視点から，歴史事象を取捨選択して配列するという，つまり教材としての「歴史」という発想が明確に示されている。そして，教材選択の基準となったのが，「善良な国民を作る」という歴史教育の目的論であった。前項で触れたように，明治政府は，小学校における歴史教育の目的を「国民タルノ志操ヲ養フ」ことに置いていた。「歴史」とは，「太古に形成され世界に類のない歴史の長さを持つ大日本帝国」という「自国」イメージを確立するために必要な情報であり，そのような国家を国家として成立させる基準として，創設者としての天皇の存在を認識させるための情報（ストーリー）であった。歴史教育は，将来の国民たるべき子どもたちにその情報を与え，そのような自国認識を子どもたちに獲得させる役割を担わされたのであった。すなわち，国家が天皇の存在を基準として成立し，王朝交代がないが故に「悠久の歴史」という特異で世界に誇れる「伝統」を有することをもって学習者にナシ

ョナルアイデンティティーを形成し,「善良なる国民」を創り出そうとしたのである。そのため,一時的であれ皇統を断絶させるかのような壬申の乱の記述は,歴史教科書から削除されなければならなかったのである。ここに,一貫した論理構成による「国家の歴史」の創造という意味において,「国民化」の道具としての『小学日本歴史』の意義を見い出すことができる。この教科書では,上記の「自国」イメージの学習を妨げるものであったという,すぐれて近代的な理由から,考古学の記述もまた削除されなければならない教材（情報）となったのである。

このように,義務教育延長によって歴史教育の義務化が達成され,同時に就学率が急速に上昇した[39]この時期は,歴史教育による「国民の創造（＝国民化）」という現象が最も顕著に進められた時期であったといえよう。

この時期,喜田貞吉は,「国民創造のための歴史教育」の内容部分を確立した最大の功労者であったといえる。にもかかわらず,1911（明治44）年,義務教育6年制への移行にともなって出された歴史教科書『尋常小学日本歴史』が,南北朝を対等に記述しており万系一世の皇統を否定するものであるとする批判を受けて修正を余儀なくされ,喜田自身が文部省を逐われることになったことは皮肉なことであった。この南北朝正閏問題に示されるように,時代は,喜田の主張した「自国」イメージを喜田自身がその論理で批判されるほどに厳密に教育することを要求したのだった[40]。

4. アジア・太平洋戦争と「自国」イメージの変化

前節で述べたように,『高等小学歴史』は,4世紀以降19世紀初頭までを「固有ノ風俗ト支那ノ文化トヲ併セ保チシ時」とみなしていた。一方,喜田貞吉も「和魂漢才」という表現で,外国文化を取り入れてきたことを日本歴史の特徴とみなしていた[41]。彼は,「三韓は早く支那と交通して,支那の文化を受けて居たから,由来他の長所を採るに於いて秀でた我が国民は,忽ち彼の文明を輸入し,よく我が固有の文明と調和を得て,学問・工芸等に長足の進歩をなした。我等の祖先は,徒に三韓の長所を採るにのみ満足せず,更に進んでは直

接に支那から其の本場の文化を輸入する事をも亦怠らなかつた」[42]と述べ，朝鮮半島を単に中国文化の輸入経路としか見ない限界はあるにしろ，古代における朝鮮半島諸国家からの文化摂取を肯定していた。『小学日本歴史』においても，神功皇后の三韓征服説話のように朝鮮半島の諸国家を貢物を献上する存在と描きつつも，渡来人が「日本」の文化形成に貢献したと叙述されていた。

このように，古代における朝鮮・中国の影響を肯定的に評価して描く叙述は，その後の国定教科書にも基本的に継承された。たとえば，「聖徳太子」の項では，『小学日本歴史』以来，遣隋使に関して留学生の派遣について触れられ，多くのことを学んだとしてその価値が評価されていた。『尋常小学日本歴史』では，「太子は三韓・支那の長所をとりて我が国の利益をはかり」[43]という説明も加わった。この部分は，1920（大正9）年刊行の『尋常小学国史』では「（太子は）朝鮮の学者について，深く学問ををさめたまひしかば，朝鮮・支那のよきところをとりて，いろいろ新しき政治をはじめたまひ」[44]と表現され，これは基本的に1940（昭和15）年の『小学国史』まで継承された。ただ，『尋常小学国史』以降は「日出づる処の天子」で始まる国書のエピソードも挿入された。

しかしながら，1943（昭和18）年発行の国定教科書『初等科国史』においては，これらの朝鮮・中国の影響を肯定的に描く基本的な叙述は劇的な変化を見せた。『初等科国史』では，太子が朝鮮の学者に学んだという記述はなくなり，留学生については，学問を学び取り入れるという受け身的なニュアンスでなく「学生や僧をおつかはしになり，支那のいろいろのことについて，研究させるやうになさいました」[45]という表現となった。そのかわりに，外来の仏教を喜ぶあまりに当時の「国民」が神をおろそかにしたため，太子が神をあつく祭ったというエピソードが挿入され，仏教については，「太子は，仏教を十分お調べになり，これを日本の国がらに合ふやうにして，おひろめになりました」[46]と，「日本化」に叙述の力点が置かれることになった。

このように，「日本化」に力点が置かれて叙述されることが，アジア太平洋戦争中に発行された『初等科国史』の叙述の特徴であるが，これは，本書に先立つ『小学国史』（1940）の編集方針の一つでもあった[47]。それが，「戦時版」

教科書[48]において定着したといえよう。

　日中戦争からさらに欧米諸国との戦争へと拡大した1941年以降,「自国」イメージに関する歴史教育の内容構成にはこのように大きな変化があった。そのもう一つの事例がいわゆる「国風文化」概念の成立である。『初等科国史』は,菅原道真に関する叙述の中で,彼をすぐれた意見を示した人物として紹介し,遣唐使廃止を建議したことに触れ,「特に遣唐使については,このころ,唐がすつかりみだれていましたので,支那のことを研究することは,まつたくむだなことだと見てとつたからです」[49]と解説している。この後,平等院鳳凰堂についての説明には次のような叙述がなされた。

　　「遣唐使がやめられてから,人々は,今までより,もつと日本人の精神にしつくり合ふものを,作らうとするやうになりました。かな文字がひろまり,和歌や物語などが発達したのは,みなかうした心や努力の結果であります。その中には,紫式部の作つた源氏物語のやうに,世界にすぐれた文学もあります。絵や彫刻や建物なども,だんだん日本人の心に合ふものになりました。鳳凰堂は,建物を始め,中のすぐれた仏像そのほか,いつさいをくるめて,いはば美しい博物館であります。すべて,古く支那やインドから伝はつた習はしも,このころまでに,生まれかはつたやうに,日本らしい美しさを見せるやうになりました」[50]

　菅原道真の建議によって遣唐使が廃止されたという説明は,この『初等科国史』で初めて記載された。また,このことと関連させて平安文化を説明することも初めてであった。しかも,「日本人の精神に合う」・「日本らしい美しさ」という表現で「日本化」を強調した叙述もこの教科書が初めてであった。
　「自国」認識という視点からいえば,ここには2つの特徴的論理構成が見られる。
　第1は,学ぶもののない中国という「他国」イメージの形成である。これは,相対的に「自国」の独立性を強調する。
　第2は,「日本人」という存在がすでに形成されており,「外来」の文化は,

「日本人」に合わせて変形されるというイメージである。これは「(純粋なものとしての)日本」の存在をアプリオリに前提とした表現といえる。逆説的にいいかえれば,文化の相対的特殊性を持って「日本」の成立を強調するならば,相対的特殊性が強調されるこの「平安期の文化」が生じた後にようやく独自の文化を持つ「日本」が誕生したということも可能であるが,その論理は採らないという点である。つまり,文化の「日本化」は,「日本人」の成立を意味しないのである。それは,神武天皇の即位によって天皇と臣民との関係ができた時点を「建国」とした歴史観からいえば,「日本人」＝臣民は,すでに形成されていたと見なすしか解釈の余地がない事柄であったからである。

この,平安期の文化については,民間で恒常的な交易が活発化したことを指摘して,朝鮮・中国文化の影響の大きさに注目する見解や,「国風」・「日本風」という言葉が「純和風」を意味するかのように誤ってイメージされることへの疑念も歴史研究者から提起されている[51]。歴史教育研究においては,歴史上の文化について「日本」という用語を用いて独自性を強調する教材や叙述が,「戦時版」の国定教科書から登場したことに注目する必要があろう。『初等科国史』が,大東亜共栄圏の盟主としての「日本」という視角から,「皇国発展の跡を明らか」にし,共栄圏確立という「皇国の歴史的使命を自覚させる」という極めて強力なナショナリズムにもとづいて編集されたことは周知のことである。平安期の文化について「日本」を強調する記述は,盟主たる「日本」の文化は中国文化から自立した独自のものでなければならないというナショナリズムによって挿入されたと考えられる。

つまり,明治期に国定教科書制がスタートした時点では,「国家」が成立するための歴史的基準は,天皇の存在とその天皇による国土と人民の統治であった。「日本」が常に「漢才」(外来文化)を取り入れることについては,それらの異国が天皇へ服属したこと(特に朝鮮)の象徴でもあり,その意味で説明される範囲で何ら問題ではなかった。ところが,1940年代,日本政府の「大東亜共栄圏」構想に合わせた歴史教育が必要とされた時期,「独自文化」の存在が「国家」の存立を証明するものとして強く自覚され,それに適合すると見なされた歴史事象が教材化されていったのである。それは,「日本精神」という

概念が強調されたこの時期の大きな変化であった。そして，その過程で，朝鮮・中国の諸国家の文化つまり「漢才」の影響は最小限のものとして叙述されることを余儀なくされたのである。ここに，万世一系の天皇制だけでなく「文化」一般においても独自性（特殊性）を持つ「国家」としての「自国」イメージ，つまりナショナルアイデンティティーが形成されたのであった。それはアジア・太平洋戦争期の産物であった。その普及に歴史教育は大きな役割を果たしたのだった。

　以上のように，本章は，政府によって，義務教育としての歴史教育が始められた20世紀前半の小学校歴史教育内容について，その基本的論理構造を分析した。それは，「自国（日本国）」が古代に成立し，現代まで同一の「国家」として一貫して連続するものであるとイメージするという特徴を持っていた。そして歴史教育は，この古代の「国家」を，現代における「国民国家」と基本的に同質のものであり，連続性ある「国家」として人々にイメージさせることによって，「国民」としてのナショナルアイデンティティーを人々に育て，創りあげることに寄与した。

　このように，20世紀前半の日本の歴史教育は，学習者に対し万世一系の天皇が統治する「善美なる国体」を知らせ，その「国家」の一員としての自覚を得させる役割を担っていた。それが，その時代の歴史教育に課された課題であった。歴史教科書は，あくまでもそれを科学的に説明した教材としてつくられた。古代を天皇による「国家」統治が成立した時代と見なし，それを根拠として現代との「国家」的一貫性・同質性を強調する歴史叙述つまり「解釈」であった。さらに，アジア・太平洋戦争期の歴史教育においては，周辺諸国家と自国（日本）との文化的異質性を根拠にして自国の優越性が主張されたのである。

　次章では，これらの教科書が用いられた20世紀前半の日本歴史教育を実践面から分析する。

注
1) 本稿において，「イメージ」という表現をあえて用いた。これは，一般的には「認識」と読みかえることが可能であるが，明治期の偏差（バイアス）のかかった

自国認識について，それを相対化し，今日的視点からの非科学性（幻視性）を示す意味であえて「イメージ」という語を用いて表現した。
2) 愛知教育大学1年生対象「歴史学」受講者89名に自由記述で，「日本国の歴史はいつ始まるか。」と尋ねたときの回答は，大和政権の誕生あるいは5～6世紀と回答した人は30名であった。邪馬台国あるいは弥生時代と回答した人14名，縄文時代6名，日本列島形成以降13名，明治時代4名，（第2次大戦）敗戦後14名，その他・無回答8名であった。明治や戦後とする回答がある点も注目される（1996年5月調査）。
3) 「皇国史観」という用語自体は，戦前生まれであるが（松島栄一『朝日ジャーナル』1965年11月7日号，p.4，尾藤正英「皇国史観の成立」『講座日本思想』第4巻，東京大学出版会，1984，p.300），社会的に定着した時期は，むしろ，アジア・太平洋戦争終結後の1960年前後で，1958年版学習指導要領に準拠した教科書検定への批判の中で，戦前的な歴史観を指して皇国史観と呼ぶことが一般化したとされている（佐藤伸雄『歴史教育の課題と皇国史観』あずみの書房，1989，p.2）。
4) 永原慶二『皇国史観』岩波書店，1983，pp.20-28。
5) たとえば，本多公栄実践（本多公栄『ぼくらの太平洋戦争』労働教育センター1982）。
6) 永原，前掲書，p.22。
7) 子安宣邦『本居宣長』岩波新書，1992，p.47。
8) 小堀桂一郎『鎖国の思想』中公新書，1974，p.11，板澤武雄「鎖国及び「鎖国論」について」『昔の南洋と日本』日本放送出版協会，1940，p.145。
9) たとえば，西川長夫「日本型国民国家の形成――比較史的観点から」（『幕末・明治期の国民国家形成と文化受容』新曜社，1995，pp.3-42）。
10) 木畑洋一「世界史の構造と国民国家」『国民国家を問う』青木書店，1994，p.5。
11) 同上，p.7。
12) 海後宗臣・仲新『教科書でみる近代日本の教育』東京書籍，1979，p.90。
13) 黒田俊雄「「国史」と歴史学――普遍的学への転換のために」『思想』726号，岩波書店，1984。
14) 峯岸米造『日本歴史講義』，大日本師範学会，刊行年不明（経歴より推定1894年），pp.2-3。峰岸は後に東京高等師範教授。
15) 同上，pp.5-10。
16) 同上，p.11。
17) 海後宗臣「歴史教科書総解説」『日本教科書大系近代編』第20巻，講談社，1962，p.564。
18) 海後宗臣『歴史教育の歴史』東京大学出版会，1969，p.76。
19) 松島栄一「歴史教育の歴史」『岩波講座　日本歴史』22巻，岩波書店，1968，

p.254。
20) 同上，p.255。
21) 海後『歴史教育の歴史』p.77。
22) 神谷由道編『高等小学歴史』大日本図書，1891，pp.11-12，（国立国会図書館蔵）。
23) 同上，p.13。
24) 同上，p.5。
25) 同上，p.6。
26) 同上，p.2。
27) 同上，p.3。
28) 同上，p.13。
29) 喜田貞吉『国史之教育』三省堂書店，1910，p.323。
30) 文部省『小学日本歴史』日本書籍，1903，p.1。
31) 喜田，前掲書，p.1。
32) 喜田，前掲書，PP.106-107。
33) 喜田，前掲書，p.108。
34) 喜田，前掲書，p.109。
35) 文部省，前掲書。
36) 文部省『尋常小学日本歴史巻一　教師用　上』，1910，（仲新他編，『近代日本教科書教授法資料集成』，第 7 巻，1983，所収，pp.27-28）。
37) 喜田，前掲書，p.70。
38) 喜田，前掲書，p.84。
39) 1890 年代前半に 70％であったが後半には 80％を超え，義務教育が 6 年に延長された 1907 年には 98.5％に達した。
40) 喜田は，歴史教育と歴史学とを区別して，前者を「応用史学」，後者を「純正史学」と呼んでいる。この視点から「南北朝正閏事件」に関して，田中史郎は，喜田が「史学」に依拠することで，喜田の意図とは関係なく国体史観の否定につながる契機を孕んでいたために，彼の応用史学論は否定され公教育から追放されたと論じている。(田中史郎「喜田貞吉の「歴史教育＝応用史学」論の性格とその歴史的位置――歴史観・歴史研究・歴史教育」『岡山大学教育学部研究集録』第 39 号教育科学編，1974，p.33)。
41) 喜田，前掲書，p.225。
42) 喜田，前掲書，p.228。
43) 文部省『尋常小学日本歴史　巻一』，修文館，1909，p.18。
44) 文部省『尋常小学国史　上巻』，日本書籍，1920，p.23。
45) 文部省『初等科国史　上』大阪書籍，1943，p.34。

46) 同上，p.32。
47) 海後『歴史教育の歴史』p.159。
48) 本書を「戦時版」と位置づけることは，海後『歴史教育の歴史』p.180 による。
49) 『初等科国史　上』，p.70。
50) 『初等科国史　上』，pp.80-81。
51) 村井康彦「国風文化の創造と普及」『岩波講座日本歴史』第 4 巻，岩波書店，1976，pp.320-321，榎本淳一「「国風文化」と中国文化──文化移入における朝貢と貿易」『古代を考える　唐と日本』，吉川弘文館，1992，pp.177-178 など。

第2章
日本における市民社会成立期の解釈型歴史学習
1920年代の歴史教育実践の特質

1. 大正自由教育期の歴史教育実践

　1920年，国際連盟の発足とともに日本はその常任理事国となった。その後日本は，満州事変の収拾をめぐる対立から1933年に連盟を脱退し，国際的対立の道をたどった。その間，つまり1920年代の日本は，国際協調の時代と見なされている。そしてまたこの時期は，政党政治がおこなわれ，男子のみとはいえ普通選挙が実現した。いわば日本における「市民社会」[1]の成立期であった。そのような日本社会において，教育界では「大正自由教育」または「大正新教育」と呼ばれる教育改革運動が展開した。それは，国際協調と市民社会というこの時代を反映して，欧米流の児童中心主義教育思想にもとづいた改革の動きだった。この運動の中心は，師範学校附属小学校と私立小学校だった[2]。これらの学校では，明治期に確立した公教育の画一主義・注入主義の打破を目指した教育実践が展開した。この時期の教育改革は，このようなプラスの評価がなされる反面，歴史教育に関しては，教科書中心の注入主義的な教育実践であったという評価が一般的である[3]。本章は，この時期の日本の歴史教育について，児童中心主義と見なされる「大正自由教育」との関係性を明確にし，その特色を明らかにするため，1920年代の歴史教育実践を分析する[4]。この分析により，日本で市民社会が成立してきたこの時期，地域社会の知識人として活躍した教育者たちの歴史感覚が明らかになる。それは，市民社会成立期の日本における市民の歴史認識の特色を明らかにすることになる。

　本章で取り上げる愛知県岡崎師範学校附属小学校は，1926（大正15）年2月に『体験　生活深化の真教育』を出版した[5]。これは，同校の教育実践研究

をまとめたものであり，この時期の先進的な教育実践を示す資料である[6]。この資料をもとに，当時，同校が積極的に取り組んでいた教育実践の特徴を（1）学習活動，（2）歴史教育とに分けて考察する。

（1）学習活動

学習活動は，個人学習と団体学習との2つに分類され，団体学習は，さらに協同学習と聴講学習とに分けられていた。

a. 個人学習

個人学習は，教師が児童をまったく放任する学習ではないとされた。「教材の本質に徹した方法」を指導することが重要であると主張されている。理知の教科は理知の態度で，感情の教科は感情の態度で問題を発見する。次にその問題に対して，その解決のための資料収集や方法の工夫，解決作業に全精力を向けさせる。解決できなければもう一度努力させる。また，解決したらそこからより深い問題へと学習を深化させる。このような学習は，ただ一本の道を他人と競争しつつまっすぐに進ませる学習でなく，児童個人個人の望む自由教材を広く自分の環境の中から選び，個々の能力に応じて「みっちりと」学習させるものであると主張された。

b. 協同学習（団体学習）

協同学習は，学びあう場であるとされ，知っている子は教え，わからない子は聞く。「みんなして研究する」場であるとされた。教師は，研究の一員としての，また指導者としての自分を見つめる必要性が強調されている。

c. 聴講学習（団体学習）

聴講学習は，教師が講義する授業である。この授業には，児童を「聞きっぱなし」にさせるのではなく，ノートを整理したり，質問したりする態度を同時に育てることが重要だと主張された。

以上のような学習活動をおこなうために，学校の環境は，「整理するというよりは，むしろ多様」であることが重視された。「多様な環境の中での多様な経験」（傍点著者）から児童の「個性」が育つと主張された。参考図書も教師用児童用と区別することなく用いる。このような授業では，教師用の指導書の類は必要ではないという。児童には，午前午後それぞれ50分間の「自由研究」の時間が与えられ，児童は，1週間単位で各自予定表を作って，それにもとづいて教科の学習と自由研究をおこなった。

(2) 歴史教育

前記のような多様性を重視した学習活動を実践しようとした岡崎師範学校附属小学校では，歴史認識を「歴史的事実の認識」と「歴史的価値の認識」が合わさったものと考えていた。歴史家は，事実と価値とを合わせて追究するものだという。しかし，このような歴史認識は，小学生には難しく，実践化できないと考えた。小学校においては，史学専門家を養成することを目的としているのではなく，「忠良なる国民」を養成するために「国史」を方便として使っているのだと主張していた[7]。

したがって，歴史教育では，このような教材に合った学習活動として，知的教材には個人学習，情意的教材では聴講学習がよいとされた。

たとえば，知的教材の例として，古代日本への「学問伝来」をあつかった高等科1年の実践が報告されている。児童は，参考書を使って，渡来した学者の名前を調べたり，「帰化人」の業績について調べる学習をおこなった。

情意的教材の例としては，後鳥羽上皇をあつかった尋常科5年の例が報告されている。朝廷が鎌倉幕府の解体に失敗した承久の乱（1221年）をあつかったこの学習では，「児童をして北条氏の無道を熾烈に責めさせる境地まで導かねばならぬ」と主張され，そのため，「聴講学習」主体の学習形態となった。教師は，この事件で，隠岐島に流された後鳥羽上皇の隠岐での様子を記した『増鏡』の一節を紹介しつつ授業を終えた。その結果，ほとんど全部の児童が，上皇の身の上に同情し「麗しい涙の露を宿した」と報告された[8]。

しかしながら，歴史教育では難しい学習方法と考えられた協同学習について

も実践され報告された。それは，高等科1年における「元寇」（1274，1281年）の実践である。この授業では，「元寇によって我が国にどんな影響があったか」という問題について，クラス討論がおこなわれた。児童たちの結論としては，国民の国家的自覚心の振起，戦法の変化，国威の発揚，北条氏の財政窮乏，北条氏衰亡の遠因などにおさまった。この授業において，教師が留意した点は次のとおりであった[9]。

① 愛国心を喚起する。
② 小事実の詮索や冷淡な批判的態度をとらせない。
③ 学習者の眼前に当時の情勢が躍如として展開するように指導する。
④ 自分が防御者の一人であるかのような境地に児童を立たせる。
⑤ 時宗らの気持ちが勇壮な大和民族の意気の表現と見る。
⑥ 協同一致の精神の重要性を痛感させる。
⑦ 報国尽忠の精神を固め，教育勅語「一旦緩急アレハ義勇公ニ奉シ以テ天壌無窮ノ皇運ヲ扶翼スヘシ」の精神を体得させる。
⑧ 時宗が蒙古の使者を斬ったことは，当時のこととしては如何にも痛快なことではあるが，今日においては全く時勢が変わっているので特に誤解がないよう理解させる。
⑨ 好戦国民の養成にならぬよう指導する。
⑩ 亀山上皇の御憂慮に感激させる。

以上のような歴史教育は，講義形式＝「聴講学習」に陥りがちな歴史学習を改善しようとしていた大正自由教育期の附属学校の授業の一例である。歴史学習でクラス討論をおこなうことは，次節に述べるような当時の「自由教育」と密接に関わる先進的かつ理想的実践であったと考えられる[10]。

2. 自学主義と説話主義

(1) 自学主義

　1920年代の日本の教育にあって，自学主義の学習方法と説話主義の学習方法は，「国史教育の二大潮流」とも称された[11]。「自学中心」の学習いわゆる「自学主義」は，基本的に次のような学習方法であった[12]。

① 児童が独自の学習によって，教科書や参考書を用いて研究調査する。
② 史実を把握して「反省考慮」して自らの歴史を構成する。
③ その間の疑問について，参考書や教師やその他の環境を利用してその疑問を解決する。
④ 学習結果を整理して，各自のノートに記述し，記憶すべきは記憶し，比較すべきは比較する。
⑤ 独自学習の結果を自己整理する。
⑥ 学習進度が類似の生徒同士が分団して（グループ化），相互の研究を対照し，学級学習の準備をする。
⑦ 学級でいくつかの主要問題について討議し，意見発表，批評の交換をおこなう。

　つまり，児童の個人学習やグループでの討論を重視し，さらにその結果の表現活動も含まれた学習である。このような，自学主義の学習における実践上の留意点として，児童に問題意識を持たせることが重要だと主張された。また，多様な学習問題を提案させる方法として，児童に紙に問題を書かせたり，小黒板に書き出させるなどの方法が推奨された。歴史の学習問題としては，次のようなものが例示されていた[13]。

「わが国の建国はいつ頃のことであるか」
「法隆寺はどんなお寺か」

「奈良の都は昔と今とどんなに違っているか」
「道長が気ままをしたので人民はどうなったか」
「秀吉が朝鮮をせめたのはこの時代として，よいことかまた悪いことか」
「衆議によって政治をするとなぜよいのか」
「併合せねば韓国はどうなるか」
「わが国はこれからどんな方面に力を入れてゆかねばならないか」

　この例のように，秀吉の朝鮮侵略や韓国併合に対する解釈つまり歴史的評価を問う学習課題も当時は可能であった。また，このような自学主義の学習は，その学習時間は授業時間の中で確保すべきだとされた。授業時間を十分に使って，教科書や参考書を調べたり，友人や教師に聞いたりする。箇条書きでノートに要点をまとめたり，年表や系統表を作ったり，絵画や地図を描いたり，表現文を作ったり劇作したり，粘土で人形を作ったりもする。このような「表現法による国史的作為」（つまり表現を伴う作業学習）の時間を十分にとることが重要だと主張された[14]。歴史学習は，児童が自身で解釈をおこない，そしてそれを表現する学習と考えられたのだった。一方，自学主義と並ぶあるいは対立する形で主張された説話主義の歴史学習の特色は以下のようなものだった。

(2) 説話主義

　自学中心の学習に対して説話による学習は，教育活動の機会均等という視点からその重要性が主張された。教師のわかりやすい説話によって，学級の児童たち皆がよくわかる授業がおこなわれるとされた。そのため，微妙微細な点では教師の創造的創作が入ってもよいとされた。この方法は基本的に次のようなものであった[15]。

① 　前時の教科書朗読によって，児童の歴史学習への関心を高める。
② 　問答によって予習事項を確認する。
③ 　教科書の朗読。
④ 　具体的資料による説話。古人生活を児童の眼前に展開する。

⑤　問答を通して既習事項との連絡をはかる。
⑥　児童が研究している場合には、その事項と教材とを統合させる。
⑦　その研究と関係する教科書の記述を読む。
⑧　詳しい参考書や教師自作の資料を用いて教材と統合させる。
⑨　教科書の挿絵・地図・系図・年表などを活用して教材と統合を図る。
⑩　工夫考案した板書によって説話や児童の発表と対応して史実の理解、系統化を図る。
⑪　児童のノート整理。
⑫　児童の質問に答える。
⑬　教科書を朗読させ、まとめとする。

　このように、説話主義の学習活動の中心は、教科書の朗読と教師の説話の聴講という活動である。このような学習活動において重要であると強調された点は、「精神内面の旺盛なる活動」である。それは、精神教科においては特に重要だと主張された[16]。つまり、児童が表面的な部分だけ活動するのでなく、内面的な精神的部分において心情が動くことが重要であり、それは、児童の心に響くような教師の見事な説話によって達成されると考えられたのであった。それは、児童の「心情」という視点から、その心情を揺さぶる（動かせる）ことで、児童自身による表現活動に乏しいというこの授業の形式上の欠陥を補おうとする論理だった。

(3) 自学主義と説話主義

　説話主義の教育者が自学主義を批判する場合、自学主義は、児童を放任して教師が単に楽をしているだけだという批判だった。これに対しては、自学主義の教育者は、自学主義ほど実践する教師が苦労するものはないと反論した。つまり、説話主義は、教師の予定のもとに進められる教育であり、予定が狂う心配もなければ、予定を作るという考えもいらない。それは、苦心を必要としない楽な教育方法であるというのである。

　それに対して自学主義は、(1) 児童をして、その生活に予定あらしめよ

(2) 児童を，主動の地位におけ。(3) 自主的独創的に学ばしめよ。(4) 児童の予定を裏切ってはならぬ。ということをその標語としておこなわれる教育であって，「無理に食わせるというでなしに，食わんとする状態に導き入れて，進んで食わせよう」という点で，説話主義の十倍の苦心を要するのだと反論された[17]。しかも，自学主義の学習には，教授案（補導案）は必要ないという誤解があるが，それは違うという。一斉授業に一斉授業の教授案があり，分団教授（現在でいうグループ学習）に分団教授の教授案が，個別指導には個別指導案が必要であるように，自学主義の授業にも児童の予定ある学習を成り立たせるための教授案が必要だと主張された。つまり，児童が予定を立てて学習に取り組むために，いつ，いかなる場所に，いかなる方法によって，いかなる資料を提供すべきか。あるいは，児童の学習過程は，いつ，いかなる方法によって，いかなる事項を中心問題として，検察すべきかという予定をたてるように，いっそう精緻な計画が必要になるのだと主張された[18]。

このような自学中心主義の学習論が主張されながら，その後の日本では，むしろ次第に説話主義の歴史教育が浸透していった。それは，歴史教育が「精神教科」であると考えられていったことと大きく関係する。歴史教育の目的が，児童の心の教育（それは次節に述べるように忠君愛国[19]の教育）であると認識されるほど，教師の説話の方がより重要な学習方法であると考えられていくことになったのである。

3. 1920年代の歴史教育の解釈型歴史学習としての特色

1918（大正7）年のベルサイユ条約は，民族自決という思想を国際的に広めた。翌年，韓国では三・一独立運動，中国では五・四運動が起きた。

1910年の韓国併合以降，日本では，台湾の漢民族と少数民族，北海道のアイヌ民族に加えて新しい民族を併合した多民族国家として，どのような教育をおこなうべきか，その基本的なビジョンが模索された。朝鮮や台湾を支配の対象と見る視点は揺るがないとはいえ，多民族化に対応して教育勅語を修正すべきだという意見が出されることもあった[20]。

第一次世界大戦の戦勝国の一つとして国際連盟の常任理事国であった日本は，アジアからの唯一の常任理事国として，調整者的な役割が期待されていた。このような状況は，教育実践にも反映された。第一次世界大戦後の国際協調の授業を受けた児童が，「豊臣秀吉は侵略的ですね」と教師に質問するような状況もあった。これに対して，当時の教師の考えは，「もし，今日秀吉が生まれたならば，国威を輝かす為に，戦争という手段に依らず必ず産業発展に向かって努力していくべきであろう」というものであった[21]。第一次世界大戦終結後の国際協調と平和主義の考えは，教育実践にも色濃く反映したのだった。当時のこのような社会状況については次章でさらに具体的に述べる。このような社会を背景にして，児童の「個人学習（独自学習）」や「協同学習（相互学習）」という学習形態をとる自学主義の学習が主張された。それは，欧米特にデューイの教育論の影響を受けたものではあったが，政党政治の進展や選挙権の拡大といった当時の日本における民主主義の成長と並行した動きでもあった。

　このような状況の中で，歴史教育（国史教育）の目的は，2つあると考えられた。1つは，歴史学習の「効果そのもの」であり，いまひとつは，「学習する能力」である。この2つを育てることが歴史教育の目的だという考えである。つまり，歴史的な事象に対する認識とそれを獲得するための思考力や判断力，それを支える技能の双方を育てることが歴史教育の目的であるというのである。そして，その能力を確かめるための「考査」（評価）は，児童の「表現」活動を観察する方法でおこなうべきだと考えられた[22]。

　しかしながら，一方では，歴史教育は，「忠良なる国民を養成するための方便」であるという主張も強力であった。この考えを強調する実践家は，多くの場合，自学主義の歴史学習を批判的に見ていた。彼らは，「説話」を中心とする学習方法を重視した。この場合，「国家」は，彼らにとって，児童を「忠良なる国民」として育て上げるときの前提となる存在である。その国家は，「一旦緩急アレハ義勇公ニ奉シ以テ天壌無窮ノ皇運ヲ扶翼スヘシ」という教育勅語に示された「皇運ヲ扶翼」しつづけるための「国家」だった。そのような国家の国民を育てることが歴史教育の目的だと主張された。

　このように，1920年代の日本の歴史教育は，一方では「自学主義」，一方で

は「説話主義」が併存した時期であった。「自学主義」の教育は，児童の自主的学習活動を通じて，歴史の見方や考え方つまり解釈力をも育てようと試みていた。本論で言う解釈型歴史学習と共通した教育論だといえる。しかし，その一方で，歴史教育は，「精神教科」であるという考え方は，このような動きとは逆の方向性を持ったものだった。「歴史教育」に精神面を期待し重視する視点は，先進的教育観にもとづく実践がおこなわれた附属小学校でさえ，払拭されることなく主張された。1920年代の教育実践にあって，歴史教育だけは，「自学主義」にあえて徹しなかったといえる。自学主義の実践家でもあり，理論的指導者であった手塚岸衛でさえ，「忠孝」を基調とする「国史」の独自性を強調していた[23]。それがその当時の歴史教育の限界であったが，それは，次節で述べるように1930年代に歴史教育を超国家主義教育へと導く伏線となったのである。

4. 1920年代の歴史教育の限界

自学主義の実践家でもあり，理論的指導者だった手塚岸衛は，1920年代後半，強い批判を受けるようになった。大正自由主義教育への批判は，2つある。1つは，自由をモットーとするために自分本位の人間を育て，軍人などに不適格な人間を育てる。いま1つは，自由思想が社会問題・労働問題に悪用され青年に危険思想を持たせるというものだった[24]。

さらに，1930年代に入ると，日本は，満州事変により国際連盟を脱退したことに代表されるように国際協調路線を大きく転換した。外には民族自決・多民族共存を唱えつつも，植民地朝鮮や台湾には皇民化教育を進め，「日本民族」への統合教育を強化していった。国家の多民族化に対して，それを前提として，多民族化した社会に合わせて国家のシステムと教育を変えるか，あるいは，多民族を統合するシステムとその教育を進めるかは，国家政策上の大きな課題であった。1930年代の日本政府は，結果的に国際協調路線を放棄し，また，軍事力によって経済問題の解決を図ろうとした。そのために，思想統制を強めていった。このような社会背景の中，手塚の例のように，児童の思考力を育てよ

うとする自由主義教育に対する批判が勢いを増すことになった。

　しかし，一方では，自由主義教育が持っていた生活主義の考えが，より明確化された場合もあった。岡崎師範学校附属小学校は，その後の研究を『生活教育の実践』（東洋図書，1935）として出版した。これによると，1930年代の同校は，学校行事や地域教材を核とした生活単元による実践をおこなっていた。生活単元は，自然的生活単元，社会的生活単元，文化的生活単元の3つのカテゴリーに分けられ，教科学習は，この生活単元と関わらせる形でまた関わる範囲で実践された。このように徹底した総合的な単元学習が試みられたのである。歴史教育は，主に社会的生活単元と文化的生活単元とに関係した。たとえば，徳川家康と関わり深い神社の祭礼を題材として，史跡見学と個人及びグループ研究，展覧会と発表会，これらを児童が「自治的」活動として実施した実践が6学年の文化的生活単元として報告されている[25]。

　また，社会的生活単元として，紀元節を題材とした3学年の単元も報告された。この単元は，唱歌「紀元節」の学習を通して意味理解を図り，その後グループ学習として，「金鵄勲章の模型制作と着用」「万国旗の作成と展示」「神武天皇に関する絵画・写真の収集・展示」が実施され，最後に式典の予行演習及び式典に参加するという単元であった[26]。

　この時期，同校は，「生活教育」の目的を「よい日本人」づくりであるとして，それは，縦には国家史，横には民族文化に連なる児童の日常生活の中から学習されるべきであると主張した。「よい日本人」づくりという目的がありながら，子どもたちの日常から遊離した，つまり児童が暮らしている「日本」の歴史文化から遊離した教育こそ批判されるべき教育であると主張された。つまり，国民教育は，「国史の理解と日本文化の体験」という方法によらなければならないというのである[27]。

　同校が，自学主義による生活単元を徹底した時期，その中心的学習課題は日本の「歴史」と「文化」と考えられていた。この場合，この「歴史」と「文化」を可変的で創造可能なものとみなすか普遍的で固定的なものと見なすかで実践が大きく変わるであろうことには触れられていない。「歴史」は普遍的であり，児童の解釈の余地がない固定的なものと捉えたとき，児童の自由は大き

写真 2-1 岡崎師範学校附属小学校の現在（現，愛知教育大学附属岡崎小学校）
同校は現在も生活教育を特色として実践している（著者撮影）。

く制限される。そして，教師がその歴史を「精神教科」であると見なし，多様な視点を排斥した場合，児童の思考の自由はさらに制限される。「一旦緩急アレハ義勇公ニ奉シ以テ天壌無窮ノ皇運ヲ扶翼スヘシ」という教育勅語の「精神」のみが強調され，児童と教師の視野は狭められていったその後の「歴史」もふまえて 1920 年代の歴史教育実践を評価するとき，先に紹介した「歴史教育は忠良なる国民を養成するために国史を方便として使っているのだ」という論理に注目する必要がある。この当時，日本に生まれた「市民」社会における「国民」とは，大日本帝国憲法の下での「臣民」の地位でしかなかった。児童には，将来の主権者としての立場から歴史を主体的に解釈する権利は，たとえ，自由主義教育観にもとづく「自学主義」の学習においてさえ許されなかった。学習方法において先進的な学校でさえ，臣民であることを疑い得ない前提として臣民の立場から解釈する「歴史」を学ぶことだけが求められた点こそ，この

時期の歴史教育の限界であった[28]。

　以上述べたように，日本に近代的市民社会が生じた時期，児童中心の教育観とそれにもとづく実践が生まれた。特に歴史教育では，自学主義学習論を背景に解釈型の学習と学習活動部分で共通する実践が試みられつつあった。しかし，市民（国民）にとっての「歴史」とは何か，「歴史」は一元的で固定的なものか，多元的で可変的かといった，「歴史」の本質に関する論議がおこなわれなかった点は，この時期の歴史教育の限界であった。児童中心の教育観であっても，「歴史」は，児童が自ら考えることを完全に許された学習ではなかった。この点は，次章に述べるような政治的動向に棹さす教育の前史といえる。1930年代に入ると，日本は，極端な国家主義の歴史教育に走る。次章においては，本章で述べた児童中心主義の発想を持ち，児童に歴史解釈を試みさせようとした教師たちが，どのような論理で国家主義の歴史教育に転換したか，そのメカニズムを明らかにする。

注

1) 「市民社会」について，ここでは，（男子）普通選挙制度の確立による，政治への一定の市民参加に注目する一般的な視点から，この時期を日本におけるその成立期として論じる。「市民」概念の変化については，本論第5章を参照されたい。
2) 橋本泰幸「大正期の教授法――児童中心主義教授論の展開」『教科教育百年史』，建帛社，1995，p.207。
3) 代表的なものとして，加藤章・佐藤照雄・波多野和夫『講座歴史教育』（第1巻歴史教育の歴史，弘文堂，1987）がある。同書所収の大森正論文「大正デモクラシーと歴史教育」は，1920年代を扱っている。このほか，海後宗臣『歴史教育の歴史』（東京大学出版会，1969）及び，長野正『日本近代国家と歴史教育』（クオリ，1986）がある。両書とも，現在も日本における歴史教育史の基本的先行研究であるが1920年代の分析はない。大正自由主義教育と同時期及びその後の歴史教育との関係性，特にその理論的関係性については十分に分析されてはいない。
4) 本稿で扱う範囲は，日本のいわゆる「本土」に限定した。当時の植民地における教育実践については，本論とは別に別稿で論じたい。
5) 愛知県岡崎師範学校附属小学校『体験　生活深化の真教育』，東洋図書，1926。
6) 同校は，1920年に実践研究のための特設学級を設置するなど，画期的研究がおこなわれたとされる。小原国芳編『日本新教育百年史』，第5巻中部，玉川大学出

版部，1969，p.565。
7) 同上，p.278。
8) 同上，p.300。
9) 同上，pp.304-305。
10) 永田忠道『大正自由教育期における社会系教科授業改革の研究――初等教育段階を中心に』（風間書房，2006）に1920年代の奈良女子高等師範学校附属小学校の歴史授業実践（「応仁の乱」）が紹介されている。同実践は，「批判的吟味による歴史の創作的学習」（永田）が特徴である。児童が調査と討議をもとに歴史解釈をおこなう活動があった。永田は，「実践の積み重ねによる新たなカリキュラムの創出まで，改革が及ぶことはなかった。」と指摘している（同書，p.134）。この点について，本論では第4節においてこの時期の歴史教育実践の限界を考察する。
11) 中山栄作「国史教育の方法私観」『現代国史教育大観』（『教材集録第19巻第3号臨時増刊』），東京南光社，1930，p.257。中山は当時広島高等師範学校訓導。
12) 同上，p.258。
13) 大松庄太郎「現代国史学習の主張と情理」『現代国史教育大観』（『教材集録第19巻第3号臨時増刊』）東京南光社，1930，pp.80-89。大松は当時奈良女子高等師範学校訓導。
14) 同上，p.98。
15) 中山，前掲書，pp.274-279。
16) 中山，前掲書，pp.281-282。
17) 尾形猛男『自学中心主義の教育』東京刊行社，1922，p.275。本書は，千葉県布佐小学校の研究を同校がまとめたものである。同校は手塚岸衛が附属小学校主事を務める千葉師範学校の指導のもとに自学主義の教育実践に取り組んでいた。
18) 同上，p.276。
19) 忠君愛国については，次節で述べるように，平和のための愛国論にもとづく。詳しくは，次節参照。
20) 駒込武『植民地帝国日本の文化統合』岩波書店，1996，pp.199-204。
21) 『歴史教育』（1929年9月号），四海書房，pp.90-91。
22) 大松，前掲書，p.98。
23) 大森正「大正デモクラシーと歴史教育」前掲書，p.176。大森は，この論文において，千葉師範学校附属小学校の歴史教育実践を例にその学習形態の先進性を紹介した。ここで大森は，歴史教育の改革は，附属小学校のみの微弱な動きと評価した。この評価は現在も基本的に妥当と考えられるが，本節においては，それら附属学校の実践の背景にある歴史教育観に視点をあてて，「自学主義」と「説話主義」との対比において特質をより分析的に論じることを試みた。

なお，日本の歴史の特殊性を強調する視点は，たとえ唯物史観にもとづいた研究

であっても，当時の日本の歴史学自体が有していた。またそれは，ナショナリズムに容易に転化する危険性をはらんでいた（有馬学『帝国の昭和』（日本の歴史23巻）講談社，2002，p.168）。
24) 原田実「手塚岸衛」『日本教育百年史』（第1巻総説），玉川大学出版部，1970，p.240。
25) 岡崎師範学校附属小学校『生活教育の実践』東洋図書，1935，pp.100-105。
26) 同上，pp.87-91。
27) 同上，p.17。
28) この点は，当時の皇国史観が払拭された今日であっても，「歴史」を大人が提供する固定的な解釈と見なして，児童に主権者の立場から歴史を解釈（考察）させる教育を怠ったならば，大正自由主義教育のみならず今日もなお歴史教育の本質的限界となろう（本論終章参照）。

第3章
国家主義歴史教育浸透期における解釈型歴史学習の限界

1930年代における歴史教育転換の論理

1. 昭和初期の歴史教育思潮の特色

　第二次世界大戦中の日本の歴史教育が極端な国家主義であったこと，つまり国の政策に追従して国体論[1]を強く主張する教育であったことは，当時を知る人々には常識とされているであろう。ところが一方，戦前の歴史教育に関して，自由主義教育や郷土教育をはじめとする実践の中に，その方法や理念において戦後の社会科につながる部分があったことも認められている[2]。本論も前章で1920年代の歴史教育のリベラルな部分を紹介した。しかしながら，戦前の歴史教育が戦後の社会科につながるリベラルな部分を持ちながら，なぜ，国体論を声高に叫ぶ国家主義になったのか。しかも国体論を主軸に据え，他の解釈を許さない教育となったのかという問題は，明らかにされていない。従来は，この点について，川井訓導事件や長野県教員赤化事件を取り上げて，権力者による弾圧や教育統制が，戦前の歴史教育にあったリベラルな部分を圧殺して国体論を強く主張する方向へ転化させていったと説明されてきた[3]。しかし，この場合，教師が国家権力によっておこなわれる統制に対して抵抗しなくなったことの説明とはなり得ても，教師が積極的に国策に追従して国体論を強く主張するようになったことを説明する論理としては充分であるとはいえない。教師が，万邦無比の国体を強く主張する歴史教育へ走った要因は，一つは弾圧による。しかし，弾圧以外の要因も考えられるのではないだろうか。

　これまで戦前の歴史教育に関する検証は，多くの場合，教育制度史的視点からおこなわれてきた。そのため，歴史教育論やその実践の変化を教育制度の背後にある社会状況から考察することが不充分であった。その結果，戦前の歴史

教育が戦後の社会科につながるリベラルな部分を持ちながらも，国策に追従していった要因やプロセスの解明に不充分さを残した一つの理由であったと考えられる。

そこで，本章は，戦前の歴史教育に関する従来の研究方法を批判的に検討し，これまで不十分であった歴史教育と社会動向との関連性に注目して，当時の言説を分析する。それによって，近現代史の動向をふまえて歴史教育の変化とその要因をよりリアルに示すことができると考える。

歴史学者家永三郎は，著書『太平洋戦争』の中で，旧制高等学校に入学した頃の自らの体験を次のように述べていた。「高校の友人たちの間に今まで上から注入されてきたオーソドックスの思想と相容れない異質の言動をなす人々のあるのに深刻な衝撃を受け，1932（昭和7）年の前後に，著者の個人精神の成長史の上にいわばコペルニクス的転回とでもいうべき画期的なイデオロギーの呪縛から解放されるのである」[4]と。それは，小学校以来の歴史教育で学んだ皇国史観の歴史とは異なるリベラルな歴史に触れた驚きを述べたものである。

家永が体験した初等教育とそれ以降との大きな相違は，当時の日本の教育体系の特徴から来たものだった。鶴見俊輔が，アジア・太平洋戦争が始まるまで，日本の教育体系が2つに分かれて設計されていたと表現した教育体系である[5]。すなわち，昭和初期の日本には，初等教育における日本中心の家族国家観に立った教育，一方，高等教育においては，ヨーロッパ型の合理的思想を背景とした教育という二面性のある教育方針が存在していた。このような二面性は，歴史教育においても例外ではなかった。当時の日本の歴史学の主流は，ランケ流のドイツ史学の学風を中心としたいわゆる「実証主義史学」であったが，それは主として高等教育機関に許された学問であった[6]。家永が述べたように，大学をはじめとする高等教育機関におけるこのようなリベラルな教育・研究及びその雰囲気が，当時の学生たちに初等教育と高等教育との間にある矛盾を自覚させていったことは事実であった。その結果，初等教育と高等教育との矛盾について，文部省は合理的な説明をする必要に迫られていた。歴史教育の場合，その矛盾は「歴史学」と「歴史教育」との相違として説明された。

文部省視学委員であった峰岸米造は，1926（大正15）年の「視察復命書」

の中で，次のような主張を述べていた。

「……抑（そもそも）国民教育ニ於ケル歴史科ハ史実ヲ考證シテ其ノ確実ヲ期シ是レニ由ツテ因果相関ノ理ヲ明ニシヨウトスル専門史学トハチガヒ史実ノ研究其ノモノガ目的デハナクテ史実ニヨッテ国民ヲ教化指導スルコトヲ本旨トスルノデアリマショウ　殊ニ国民教育ノ目的ハ我ガ建国ノ趣旨ニ撚リテ国体ノ尊厳ヲ明ニシ国家組織ノ善美ヲ了解セシメ以テ尊皇愛国ノ志気ヲ旺盛ナラシムルニアルコトハ申スマテデモナイコトデアリマショウ……」[7]。つまり，国史教育は，専門史学と違って，研究でなく善美な国体を理解させ国民を教化指導することが目的であると主張した。彼のこの主張は，「歴史学」と「歴史教育」とはその目的が違うと主張することによって，先の矛盾の解決をはかろうとする典型的な論理であった。このような論理は，当時，日本の国体の独自性・優秀性を説き，愛国心の啓発につとめる人々，いわゆる国体論者から主張されていた論理であった。1928（昭和3）年8月，貴族院議員永田秀次郎は，「第一回思想問題に関する講演会」において，5ケ月前に起きた三・一五事件にふれて，自らが青年時代，建国神話に疑問を持ったことに言及して次のように述べていた。

「……少し歳が行って来るとどうもさう云ふやうなものであろう筈がない，さう云ふ風に疑って来ます。又，地理を稽古しても高天原と云ふのは何処にあるのかどの地理書でも我々は教へられない。さうすると此日本建国の初めの天孫降臨と云ふことからして是は一体どう云ふ風に理解して居つたら宜しいのであるか，高天原は何処にあるか分からぬといふ時分に，どう理解して居つたら宜しいのであるかと云ふことに付て，歳が行くに従つて疑を持ち始めたのであります」[8]と。

永田は，当時，東京市長を兼ね，1926（大正15）年2月11日，赤尾敏の提唱に共鳴して第一回「建国祭」を実施し，3万人を集めて皇居へ祝賀行進をおこなった人物である。また，彼はのちに，帝国教育会長・文政審議会委員長・教科書調査会長・拓植大学学長をつとめ，いわゆる教育における「思想善導」に力を奮った人物でもある。このような立場にあった永田から神話を疑う発言が公式の場でなされていたことは，当時の歴史教育をとりまくリベラルな社会環境を知るうえで，見逃がすことのできない事実であるが，この点については

次節で今少し考察することとし，この講演の続きを紹介する。

この講演会は，全国の各大学・高等学校・専門学校の生徒主事・学生主事及び教授・講師等，140名を集めておこなわれたものであるが，永田は彼らを前に続けてこう言う。

「疑はないで済む人は誠に幸福なので宜しいが，併し疑ふ者がある時分にそれに対してどうしたらば宜しいかと云ふことに付ての学校教育が完全に行はれて居るかと云ふことを考へると，私は少くとも諸君に不平を言ふのではないが，私を教育して呉れた小学校や中学校，其当時の教育の仕方に対して聊か不平を言はざるを得ぬ。何となればさう云ふことに付て何等教へられなかつたのである。」9) と。

結局，彼は，この後，「神話と云ふものは国民の理想を語るのである」と結論づけた。彼が大学などの高等教育機関の関係者を前にして，小・中学校はじめその当時の教育について批判したことは，とりもなおさず教育全体への彼の不満であり，また，神話の取り扱いをめぐって初等教育と高等教育との間にある矛盾を解決することが，思想対策として早急に必要な課題であると国体論を主張する人々に認識されつつあったことを物語っている。そして，このような国体論者側からの発言は，見方を変えて言うならば，当時の歴史教育において，建国神話があたかも史実であったかのように教える歴史教育がそのままの型で存続することは困難な社会的環境に日本社会が置かれていたことを推測させる。

たとえば，永田の発言の前年にあたる1927（昭和2）年，当時の東京高等師範学校や東京市内の公立小・中学校の教師を中心に活動していた歴史教育研究会の機関誌『歴史教育』2月号誌上に，読者の投稿として次のような意見が載せられていた。

「私は神代の歴史を教ゆるたびに，いつも心を痛ましめるものであります。……私とても之を傳説的にとり扱ふといふことや神話はその精神をとつて外容は捨てねばならぬといふことや，児童にはかういふ事実の方が却って有効なのだといふことなど，いろいろ承知はしてゐます。さうして教場でも力をこめて面白く之を話し，児童も面白く之をききます。そこは涙

の出るほどありがたいと思ふのですが，しかし……それは丁度去年のことでした。
　『先生，まだ出雲にはそんな蛇が居りますか』とか
　『天から降りるって落っこちはしませんか』
　『先生，飛行機ならいいですね』

などといふ質問が後から出てきまして，ハッと思ひました。その時私はあゝして無邪気に素直にこの話をうけ入れてゐるけれども，少し大きくなつて理性で物を考へ論理的な推考をなすやうになってきた時，「あれは嘘だよ。話だよ。」と，きつと思ふに相違ない。さうした時，史実の架空的なことや不合理なことの僅かに存在することから，全体を否定する―とまではゆかなくともある点まで疑の眼をもつて見るのではなからうか。神代を軽視するのではないだらうか。それがあながち杞人の憂でもなささうに思はれるのです。私は何とかして合理的に―少くとも大きくなつてからでもそれを疑はない程度に話してやりたいと思つて考へて見ましたが，どうしてもうまく行きませんでした。……」[10]

　ここには，神話のもつ非科学性について子どもの側から出される疑問に対して，いかに合理的な説明をするか苦慮する教師の姿が現れている。しかも，「飛行機ならいいですね」という子どもの言葉にみられるように，機械文明が発達していく中で，子どもの眼はきわめて現実的であった。
　これらの資料にみられるように，昭和初期の歴史教育は，高等教育と初等教育との間にある矛盾にいかに合理的な整合性を与えるかという問題に直面していたということができる。そして，この矛盾の解決は，当時の状況を考えるならば，次の2つの方向をとることが可能であった。すなわち，1つは，旧来の国体論が譲歩することによって，初等教育を高等教育に合わせ合理的・客観的な教育にすることであり，2つめには逆に，高等教育を初等教育に合わせ，国体論に立ってその教育方針を変更することであった。その後の日本が，いずれの方向をたどることになったか，次節以降で検討する。

2. 昭和初期の歴史教育をめぐる社会的背景

　昭和初期の歴史教育を取り巻く社会状況の一つに，知識層の拡大という社会現象がある。大正期もなかばの1917（大正6）年に設置された臨時教育会議は，翌年，初等教育から高等教育まで全般にわたる答申を出した。これを受けて，時の原内閣の文部大臣中橋徳五郎は教育改革に乗り出したが，彼の改革の一つが高等教育機関の拡充であった。それは，一つには，大学令の改正によって公私立の大学の設置を認め，大学数の増加を図ったことであり[11]，いま一つは，高等学校令の改正によってこれもまた公私立の設置を認め[12]，さらに，中学四年修了者の入学を許して，「知的エリートの早期選抜を可能」としたことである[13]。

　この一連の改革は，中野光が，その背景を「日本資本主義の帝国主義的発展を主導的に推し進めていく中堅幹部ないしエリートをより多く，そして，より効率的に造出することが，ブルジョワジーの側から強く要望されていた」[14]と指摘したように，第一次世界大戦中の好況という社会状況の中で発生した，知的エリートをより多く必要とするという社会的要請に対する文部省側の一つの解答であった。

　ところが，この改革によって新たに造り出された知的エリートたち，すなわち，高等教育機関を卒業した若きインテリゲンチャが社会へ送り込まれ始めた1920年代後半，彼らを待ち受けていたのは不況の嵐であった。全国の大学・専門学校卒業者の就職率は，年毎に下降線をたどっていった[15]。特に昭和初期に入ってからは，1927（昭和2）年の2月に始まる金融恐慌によって，資本が大財閥に集中する一方，中小企業や地方財閥は没落するという動きの中で，地方の大学や専門学校の卒業生は就職先の減少に見舞われた[16]。いわば，大正の高等教育拡張策は多数のインテリ失業者を生み出す結果をもたらしたのである。この就職難は，彼らに現実社会への不安と不満を抱かせた。そして，彼らの一部を「ゆきづまった当時の政治・経済のしくみを暴露し，現実を変革する道をさし示す力をもつもの」[17]として，急速にマルキシズムへ接近させる要

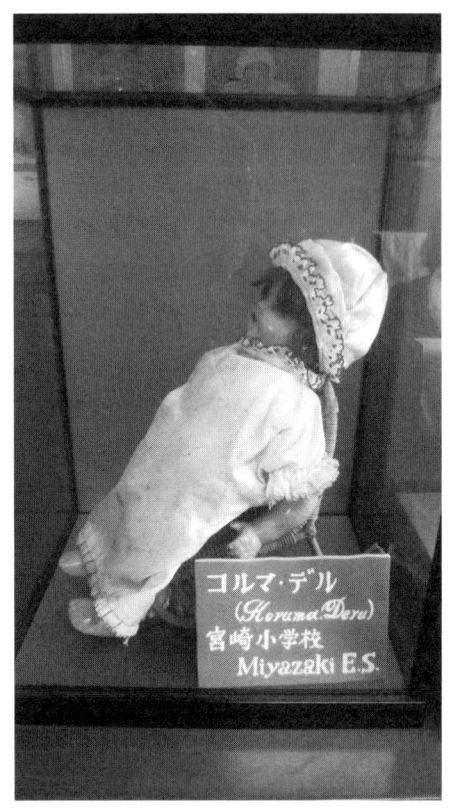

写真 3-1　青い目の人形（岡崎市，宮崎小学校所蔵）

1927（昭和 2）年，日米親善のためアメリカから 1200 体近い人形が日本の小学校に届けられた。仲介者は実業家の渋沢栄一であった。アジア太平洋戦争中に多くが処分されたが，300 体余りが残っている。昭和の初年，学校にも国際平和の流れがあった（著者撮影）。

因となった

　三・一五事件での検挙者の中に，大学・専門学校の学生・生徒が多く含まれていたことは，このような社会的背景があった。しかし，このような学生の左傾化は，旧来の国体論を強化していこうとする立場の人々にとっては，とりもなおさず脅威の出現であった。先にあげた永田秀次郎の発言は，この危機感を背景としてなされたものといえよう。

　このように，いわゆる学生のマルキシズムへの接近と，それが思想問題として国体論を主張する人々の側に認識される一方において，人々の間には新しい価値観が芽生えつつあった。その一つが，「世界平和」という概念であった。第一次世界大戦後，ベルサイユ体制及びワシントン体制によってもたらされた世界平和は，平和のために世界各国が協力するという新しい価値観を，日本国民の中にも育んでいた。たとえば，1927（昭和 2）年，当時の自由主義的民間団体の一つであった国際連盟協会は，「国際友情の宣言文」として，全国 3000 の小学校から男女各一名ずつの作品を募り，優秀作品各一編を選んで，各国の関係団体を通じて世界の子どもたちに送った[18]。このような例をはじめ，第一次世界大戦後の世界平和の波は，学校教育にも少なからず波及していった。

先の臨時教育会議の答申を受けて，初等教科書の改訂が進められ，歴史教科書は，1920（大正9）年に改訂された。この改訂で，それまでの小学校用歴史教科書『尋常小学日本歴史』は，『尋常小学国史』と名称を変えて発行された。この教科書は，その後1934（昭和9）年の修正がおこなわれるまで15年にわたって使用され，使用期間の最も長かった教科書となった[19]。従来，この教科書については，人物中心，説話中心のわかり易さや，「日本歴史」が「国史」と改称された点に見られる国粋的側面が指摘されている[20]。

　従来言われているように，この改訂によって，確かに神話の量が増し，天皇の治績，忠君愛国，孝の美談が多く盛り込まれるなど，「超国家主義的性格及至国民道徳的要素」が増加した[21]。しかし，それと同時にこの教科書は，今上天皇の項で，「各国は国際連盟の規約を結んで協力して世界の平和を完うせんことをはかれり」と述べた後，「国民の覚悟」として，「……われ等国民は，よく国運発展の由来をつまびらかにし，おのおの其の業に励み，一致共同してますます国家の富強をはかり，進んで世界平和の為に力を盡し，以てわが国史に一層の光輝を加へざるべからず」[22]と結んでいた。新教科書には，「超国家主義的性格」と同時に，世界平和への貢献という当時の新しい社会的要請もまた盛り込まなければならなかったのである。

　前節で述べたように，昭和初めの歴史教育は，初等教育と高等教育との間に存在する矛盾をより合理的に解決する必要に迫られていた。そして，その矛盾が矛盾として認識され解決の必要に迫られるほど合理的思潮が浸透しつつあった。つまり，昭和初期すなわち20世紀前半の日本の歴史教育改革は，高等教育の拡大，デモクラシー思潮，国際協調の進展という当時の社会変化とある程度整合性を持ったものでなければ，人々の支持を得るものにはなり得なかったのである。

　たとえば，当時，教育勅語の公定解説書としての性格を持つ『勅語衍義』(1891)の著者として，「天皇制イデオロギーの正統解説者」[23]の位置にあった井上哲次郎は，1925（大正14）年，『我が国体と国民道徳』を出版した。同書は，彼が「本来帝国大学で学生に語っていた部分を中等教員を主たる対象に刊行した」[24]ものであった。ところが，正式に検閲を通過して発行された同書は，

その翌年になって，文中に不敬記述があるという理由で発禁処分となった。同書のなかで，井上が，三種の神器のうち鏡と剣が模造品であるとし，また，神話が歴史的事実でないなどと述べたところが，頭山満ら一部の国体論信奉者から批判されたのである[25]。

井上が同書を刊行した理由として，森川輝紀は，「密教的国体論＝合理的な国体論と顕教的国体論＝伝統的な国体論の使いわけを，第一次大戦後の高等中等教員の拡充を背景にした，その限りの国民の知的水準の向上に対応して，密教的対象部分の拡大の方向で手直しせざるをえなかった」[26]と分析した。つまり森川によれば，井上は，旧来の国体論に対して，現実の時代の流れに沿ってそれまで密教的扱いをされていた合理的な解釈をできる限り加えた新しい国体論を，中等教員を対象として普及させようとしていたのである。しかし，保守的（伝統的）国体論の反発にあって失敗したというのである。森川のこの考えは，当時の時代状況を見るならば肯定されるべき考えであろう。

このように，時代の流れに沿って出てきた当時の合理的思潮も，国体論を主張する人々から一定の規制を受ける限界性を有していた。しかしながら，その限界を踏み越えようとする動きが出てきたことは注目される。そして，その動きは，「世界平和」という新たな価値出現によって促進されたのであった。

先に，第一次世界大戦後の世界平和という考えが，日本国民にもその重要性が認識されつつあった点に触れたが，この動きは，歴史教育の現場にも浸透した。雑誌『歴史教育』は，1929（昭和4）年から翌年にかけて，3回の座談会を開いた。文部省図書監修官藤岡継平はじめ，東京市内の師範学校附属学校や一般の小・中学校の教師10名程度が出席した国史教育の諸問題に関する座談会は，当時の歴史教育現場の実情の一端を表している。この座談会の中で，東京市日本橋区十恩小学校の笠原清七は，次のような問題を提起している。

「豊臣秀吉の朝鮮征伐の挙には，皆非常に共鳴して居るのですが，歴史が段々進んで第三学期に入ると日露戦争が済んで，国際関係と云ふものを話すと，豊臣秀吉は侵略的ですねと云つて来る。其の処の取扱が中々むづかしいのですが，初めは豊臣秀吉の朝鮮征伐に共鳴して段々進んで国際精神の話をして行くと，今度は疑問を挟んで来るやうです」[27]と。

この指摘に対して，この雑誌の編集者である歴史教育研究会委員山田義直は，次のように答えている。「それは僕は斯う説く。天皇陛下の御軍には侵略的の戦はない。いつでも正義の戦である。併し覇者の軍には所謂五兵（義兵・応兵・念兵・貧兵・驕兵）と云ふものがあるのは免れない。是は時代精神である。……しかし，もし今日秀吉が生れたならば，国威を輝やかす為に，戦争と云ふ手段に依らず必ず産業発展に向つて努力して行くべきであらう，さう云ふ風に僕は説きたい」[28]と。

ここでなされた議論を見ると，子どもが「侵略的だ」といって疑問をはさみ，それに対して「天皇陛下の御軍には侵略的の戦はない」としながらも，「もし今日秀吉が生れたならば，戦争でなく産業発展に努力するだろう」と教えるというように，侵略戦争を否定する新たな価値観が，教育現場に色濃く反映していることに気づく。それは，雑誌『歴史教育』のこの座談会の中で，歴史教育研究会主幹の中山久四郎が，「過去祖先から承けたよりもより好い社会を後世に遺すやう努力せんければならぬと云ふ所の平和的・進歩的の思想を子供に与へるやうなことを，歴史教育で出来やしないかと思ひます」[29]と述べたように，「平和的・進歩的」という視点から史実を慎重に処理しようとする点において，かなりリベラルな部分が保障されていたことを示している。

ところで，「世界平和」という概念は，民衆にとっては当時どの程度身近なものだったろうか。1930（昭和5）年，民政党浜口内閣は，ロンドン海軍軍縮条約の調印を果たした。この条約調印に対して，議会では，犬養毅や鳩山一郎をはじめとする政友会の攻撃，いわゆる「統帥権干犯論争」が繰り広げられた。しかし，政友会や軍部による反民政党キャンペーンにもかかわらず，全権若槻礼次郎が帰国した際，東京駅頭には十数万の群集が熱狂的歓声と共に彼を迎えた[30]。そこに，軍縮を政争の具に供した政友会や軍部とは違い，平和を求め軍縮を評価する多くの人々が存在したことが示されている。世界平和の必要性を求める動きは，社会に着実に浸透し始めていたのである。

1931（昭和6）年2月，文部省社会教育局は，『壮丁思想調査』の結果をまとめた。この調査は，東京大学心理学教室の作成によるもので，前年の徴兵検査の際に被検者に対しておこない，調査範囲は，都市，郡部合わせて11地方

（3市，18町，97村）に及び，調査人員は8561人に達するものであった。調査には，時事用語や社会・経済用語などの意味を問うような簡単な学力検査が含まれていたが，40項目に及ぶそれらの設問中，正答率の高いものを挙げると表3-1のようになる。[31]

　これを見ると，輸出品目・抵当・失業者・ストライキと，昭和恐慌下の時事用語とも言える項目の正答率が高い。これは，ある程度予想されるとしても，国際連盟の目的や海軍軍縮会議という国際関係，とりわけ世界平和に関係する項目が上位に入っている点が注目される。徴兵検査の際に政府側からおこなわれた検査という性格から考えても，このことは重要な点であり，国際連盟の目的が世界平和の達成にあるという認識はかなり多くの青年にあった。この事実は，その後，満州事変を契機に国際的孤立を深めていくことになる日本の政治家や教育のリーダーグループに，日本の立場と世界の主張との違いをいかに合理的に国民に伝えるかという問題を提起することになった。

表3-1　正答率の高い項目

順位	項目	正答	％
1	輸出品の第一位の品目名	生糸	76.3
2	抵当の意味	金を借りる場合	70.9
3	失業者の意味	仕事がなくて困っている人	69.9
4	ストライキの意味	同盟罷業	68.5
5	古事記の性格	歴史書	68.4
6	国際連盟の目的	世界の平和を保つ	66.8
7	海軍軍縮会議の行われている場所	ロンドン	66.2
8	陸軍記念日の日付	三月十日	63.0
9	法律制定の手続	帝国議会の協賛	62.9
10	分業の意味	一つの仕事を手分けして仕上げる事	61.9
11	地租の意味	土地にかかる税金	61.6
12	二宮尊徳の業績	報徳教	60.3
次点	「万機公論ニ決スベシ」の出典	五箇条の御誓文	56.2

（『壮丁思想調査』pp.107-108より作成。設問はいずれも四肢選択式になっている。）

3. 国際連盟脱退と国体論的歴史教育の浸透過程

　1931（昭和6）年9月18日に勃発した満州事変は，宣戦布告がないまま拡大していった。ところで，ロンドン条約調印を果たした若槻を熱狂的に迎えた民衆は，続いて起こされた満州事変にはどのような態度をとっただろうか。

　それまで，軍部や政友会などがさかんに「満蒙の危機」を宣伝していたにもかかわらず，国民は満州事変が開始されるまでは，満蒙問題についてそれほど強い関心を持っていなかった[32]。しかし，事件がいったん起こされるや，事情は大きく変わり始めた。関東軍の板垣・石原らによる「中国側に対する日本の正当防衛」という宣伝は成功し，マスコミによって多くの美談が創り出された。とりわけ，10月24日の国際連盟理事会で，日本に対する満州撤兵勧告決議案が，日本のみの反対で可決された前後からは，日本国内における排外熱も本格的な高まりを見せた[33]。

　マスコミは，美談の創出に見られるように，満州事変に対して積極的な支持を与えた。掛川トミ子が実証したように，新聞は，「閣議が満州事変と呼称することを決定する以前に挙国一致的な支持を与え，擁護論を全面に展開した」[34]。しかもそれは，権力による強制的統制というより，むしろ満州事変を契機に，新聞自らが自発的に作り出した面があった[35]。

　1932（昭和7）年『東京朝日新聞』の社説は，「国際平和と国際連盟」と題して，次のように述べていた。「日本の軍事行動が，真に極東平和の確立に必要であり，東洋民族の文化的向上に貢献する途である以上，条約の適用にあたり章句の故に人類の共同的福利を阻害すべき理由はあり得ないのである」と[36]。ここには，東洋平和に対する日本政府の正義を前提として，連盟の無理解を批判する主張が貫かれていた。

　この主張が，当時の代表的言論機関である大新聞から出されたことの意義は大きい。大新聞はすでに，柳条湖事件においては，「中国軍の攻撃」説をセンセーショナルに報じていた[37]。したがって，日本を加害者と見る国際連盟の調査報告は，国民を困惑させた。この時，政府も新聞・雑誌も，世界の声に耳

を傾ける勇気を持たなかったことは，国民にとっては不幸であったといえよう。1933（昭和8）年3月，斎藤内閣は国際的批判の中で国際連盟脱退に踏み切った。

　陸軍省は，満州事変の勃発の翌1932（昭和7）年から，毎年9月に，事変を記念してパンフレットを作成・配布していたが，国際連盟を脱退した1933（昭和8）年のパンフレットには，連盟脱退について次のように述べられていた。「……顧るに我が国は連盟成立以来列強と協調し，国際信義の増進に人類共存共栄に貢献したが，日本の此努力は他国の平和と繁栄とに寄与したるも，樹高ければ風多しの諺の如く，我が国は之が為多くの苦難に遭遇した。不幸彼らは日本に対する悪意の批判者，否日本の地位立場の否認者として我が国民の前に出現したのである。茲に於て我が国は，我が信念・正義観念・平和精神に立脚して善処すべく敢然として立ち，満州国なる平和境の新生を守り育てて，其平和精神を東洋全般に拡充することを約束したのであって，日本の責務や実に重大を加へたと云はねばならぬ」[38]と。

　この論理には，次の3つの要素が存在している。まず第1に，東洋平和のためとする目的観，第2に連盟は日本に対する悪意の批判者の立場にあるとする認識，第3に，平和を東洋に拡大することを日本の責務とする使命観である。この認識が，陸軍だけのものでなかったことは，先の『東京朝日新聞』社説にも，「極東平和の確立に必要」「章句の故に人類の共同的福利を阻害すべき理由はあり得ない」という文脈が見られることにも示されている。

　これらの論理に見られる特徴は，連盟に参加し，ワシントン体制下で欧米と並んで東洋平和維持の任務を果たした大正デモクラシー期の遺産ともいえる「世界平和への貢献」という目的観を巧みに継承していることである。

　同様の論理展開は，歴史教育においても例外ではなかった。満州事変勃発の翌年にあたる1932（昭和7）年2月，雑誌『歴史教育』は，「時事問題特集号」を組み，その中に，前年12月に開催した「第四回歴史教育座談会」の記録を載せた。この座談会において，「歴史教育上時事問題を如何に取扱ふべきか」というテーマが設定されたが，そこでの話題は満州事変で持ち切りであった。その中で，当時の児童生徒の関心の一端を窺うことのできる部分があるので，

次に引用する。

　梅澤（神奈川県鎌倉第一小学校訓導）　今度の事件で子供の反映を見て居りますと満州に働いている日本の軍人達に同情することは勿論ですが，それ以外時々質問を受けたのでありますが，理事会の問題であります。若し日本の立場がまづくなって，世界を相手にしてやるといふ風になったら，日本はどうなるかといふことを度々質問されたのでありますが，ひどく日本の立場が悪くなるといふことを強く考へてゐた子供があります。
　中山（久四郎，東京文理科大教授，歴史教育研究会主幹）　子供は幾つ位ですか。
　梅澤　高等二年です[39]。
　中山　それだけ，りかうになったんですね。
　成田（喜英，東京府立第五中学校教諭）　三年以上になりますと，国際連盟の動きの方に関心を持って居りますね。小さい生徒は戦争そのものに興味を持って居りますが，……
　中山（日露戦争）當時の僕らにはさういふ感じがなかったやうです。国際連盟みたいなものがなかったから。……あの世界の強い大国といはれたロシアを向ふに廻してやったといふことでうれしくてたまらなかったものでした。
　藤岡（継平，文部省図書監修官，座長）　国際連盟に関心を有つといふことだけ，頭が進んでゐるわけですね。
　中島（遜，東京府立第二中学校教諭，歴史教育研究会委員）　五年位になりますと，国際連盟の規約が問題になりまして，それと結びつけて話をして下さいといふ澤山質問が出ます[40]。

　これらの発言は，日露戦争当時の感激性に比べて，満州事変は国民がみな冷静な反応をしていることを話題としてなされたものである。それは，日露戦争当時と昭和初年の現在とで精神的な状況が変わっているからであって，座談会の出席者たちが若かりし頃，日露戦争の勝利に喜んだ時ほどには，今の青年は

感激を感じていないという文脈の中でなされた発言である。この文脈の延長上に先の引用部分を考えるならば、児童・生徒が「国際関係の中での日本の立場」という視点で、満州事変を考えることができるようになったこと、それが彼らが冷静であることの一つの原因であると、出席者たちが見なしていたことを示している。

このような児童・生徒の反応は、前章で触れたように、大正末から昭和初年にかけて進展した合理精神と、その中でおこなわれてきた自由主義教育がもたらした、いわば当然の成果で、本来喜ぶべきはずの反応であった。そのことが逆に問題であると認識されたところに、当時の歴史教育者たちの微妙な立場が示されている。しかし、連盟脱退によって日本が国際的孤立の方向を明確にしていくにつれ、歴史教育の置かれたこの微妙な立場も、次第に鮮明なものとなっていった。

1933（昭和8）年3月27日、連盟脱退に際して、天皇は詔書を渙発し、内閣も告諭を発した。3日後、文部大臣鳩山一郎は、北海道長官・府県知事・直轄学校長・公私立大学・高等学校及び専門学校長に宛てに訓令を発した。その中で、「一歩ヲ誤ラバ不測ノ禍ヲ生ゼシムトスル処ナキ能ハズ」として、国民精神を振作することを命じ、「此ノ際ニ処シテ皇威ヲ宣揚シ帝国ノ隆盛ヲ期セシムトスルニハ国民一同志ヲ厲シテ聖旨ヲ遵奉シ……教育教化ノ関係者ハ特ニ率先身ヲ以テ範ヲ示シ」と、脱退が与える動揺を「詔書ノ御趣旨ニ副ヒ奉ラム」ことで乗り切ろうとした[41]。

しかし、天皇が詔書を発することによって、国際連盟脱退が重大な事態であることが国民にますます認識され、逆に危機感があおられる結果となった。4月中には、文部省訓令の中にまで「非常時」という語が使用され、危機が強調されるようになった[42]。危機感は、当時、進歩的民間教育団体であった郷土教育連盟の尾崎豊作が、「「非常時」の流行病」[43]と表現して憂えたほどに教育界にも浸透した。

このような状況の中で、8月に開かれた公民教育夏期講習会において、東京女子高等師範学校教授内藤智秀は、「国際関係の現状——日本を中心としたる」という演題で講演した。この講演の中で、彼は、歴史教育において現代を重視

することの重要性を説いた後，歴史研究と歴史教育の違いについて触れ，次のように述べた。

「歴史は人間を作るのであります。例えば，五・一五事件が起つたとき，或る小学校の先生が生徒の質問に対して斯ういふことを答えた。それは尋常科の生徒ですが，『先生，犬養さんを殺したのは誰ですか』と尋ねた，先生は暫く考えて居つたが，『あれは日本人ぢやない，アメリカの軍人です』と答えると，生徒は喜んで腰をかけたといふのであります。話はそれきりですが，さて，その生徒が家に帰りまして『犬養さんを殺したのはアメリカの軍人だと私達の先生が言ひましたが，それは本当ですか』とお父さんに尋ねた。お父さんはまた暫く考へた結果，先生といふものは子供にとっては貴いものだ，そこでお父さんは『そうだ，あれはアメリカの軍人だ』と言ったそうであります。これは歴史的の立場から云ふと非常に憤慨することであらうと思ひます，歴史家は，『そんなことを云ふから歴史は駄目だ』と怒るかも知れないが，歴史教育から云ふと，そこに多くを考へさせられるものがある訳であります。……外国の首相ならば兎に角日本の総理大臣をうつといふのは理屈が解らない，それを何うして純粋な子供に教へることが出来ませうか。先生やお父さんの気持ちになつて考へて見たいのであります。私は一つの課題を申し上げるのでありまして，それ以上説明は出来ませぬが，兎に角純な子供の頭に日本の軍人がそんなことをするとは教へられない，そこが歴史と歴史教育との差別であります」[44]と。

　ここには，当時の女子高等師範学校の教授たるものの歴史教育論が，はからずも典型的に現れている。まず「事実」と「教育」とを区別し，次いで「教育」のためにはその「事実」をも曲げるという論理が展開されている。しかも，ここで彼の言う「教育」とは，自国で起きた不名誉な事件は，子どもの立場に立つと教えることができないとするもので，現実を理解する眼を覆ってまで一定の価値を注入しようとするものだった。

　第1節で触れたように，1926（大正15）年，視学委員峰岸米造は，「(歴史教育は)専門史学トハチガヒ史実ノ研究其ノモノガ目的デハナクテ史実ニヨッテ以テ国民ヲ教化指導スルコトヲ本旨トスルノデアリマショウ」と述べたが，その論理がここでより鮮明に，しかも教化のためには史実さえも曲げるという

形で主張され始めたのであった。

　前節で述べたように，文部省は，大正期，高等教育機関の拡充を図り，より多くの国民が学問に接することができるようになった。その結果，国体論に立脚する初等教育の不合理性が指摘され，より合理的な教育への脱皮が期待されていた。しかし，1930年代に入って，逆に，学問と教育とは違うという旧来の主張が強調され，さらには，学問を日本中心の国体論に則って統制しようとする方向へと進んでいった。その背景には，連盟脱退に伴う「非常時」到来説が存在し，大きく影響したことは銘記されよう[45]。

　一方，連盟脱退という日本を取り巻く国際関係の変化の中で，1934（昭和9）年，『尋常小学国史』は改訂された。新教科書は，連盟脱退について次のように説いていた。

　「わが国はまっさきに満州国の独立をみとめ，かねてわが国の主義である東洋の永遠平和をますます固めようと望んだ。ところが，国際連盟は，わが正当なこの行いをみとめなかったので，いたしかたなく，八年にきっぱり離脱を通告して，連盟と手を分つこととなった。この時，天皇は，詔書をお下しになって，わが国の進むべき道をお示しになり，今こそ国を挙げて振るひ起つべき時ぞとおほせられて，国民の心得を深くお諭しになった。……わが国は，これからいっそう満州帝国の健全な発達を助けてゆくとともに，進んで支那とも親しく交際をして，互に助けあひ，ともどもに東洋の永遠平和をうちたてることにつとめてゐる」[46]と。このように，歴史教科書では，日本の国際的孤立は，東洋の永遠平和のための犠牲的行為として正当化され，美化された。さらに，教科書は，その最後に，国民の覚悟として，「今まで国運が開けてきたわけをよくふり返って見て，それぞれ自分の業にはげみ，一致共同してますます国家の富強をはかり，その上で，進んで世界の平和にも力を入れて，光栄なわが国史にいっそう光輝を増すやうにつとむべきである」[47]と結んだ。そこには，大正期から昭和の初めにかけて育まれ，民衆に浸透した世界平和という価値観が，日本中心主義の装いのもとに巧みに継承されていた。

　1937（昭和12）年7月に引き起こされた日中戦争は，12月，日本軍が中国の首都南京を占領するという事態に発展した。このような展開に対応して，雑

誌『歴史教育』の翌年1月号は，その論説欄「史潮」の中で，次のように述べた。「南京陥落を契機として東亜の政局は一変した。東洋の歴史は茲に一大転期をみんとするに至った。東洋諸国の政治的交渉は日本を枢軸として転回するに至った。日本は東洋の平和を双肩に担って立ち，東洋諸民族の指導啓発によって始めて達成せらるゝに至った。さうして日本は政治的にも文化的にも経済的にも，名実ともに東洋諸民族諸国の指導的地位に立つことゝなった」[48]と。

ここに示された論理もまた，「日本は東洋の平和を双肩に担って立ち」という言葉に代表されるように，日本の行為は「東洋平和のため」であるという論理であった。この論説は，「今来るべき歴史教育」と題して，東京高等師範学校教諭中川一男の筆によるものである。先に述べたように，満州事変以降の日本の対外侵略を「東洋平和の建設のため」とする論法は，陸軍パンフレットに見られたように，早くからの軍部の主張であった。しかしながら，歴史教育のリーダーグループに属する中川らがそれを主張したことは，歴史教育の実践者たちに，より大きな影響を与えていったと考えられる。

このように，この時期の彼らリーダーグループの発言や教科書叙述を見ると，伝統的国体論（国家論）の強調とともに，それ以上に，歴史教育のより大きな目的として，「世界平和」「東洋の永遠平和」というキーワードを見い出すことができる。つまり，極めて単純に言えば，「東洋平和」を確立させるために国体論的歴史教育の強化及び実践が必要であると主張されるのである。そこでは，国体論的歴史教育は，目的というよりもむしろ手段としての意味をもつことになる。当時の多数の教師が，このような極端な国家主義の歴史教育実践に走った要因の一つを弾圧以外に求めるとすれば，この点に求めることが可能であろう。すなわち，「世界平和のために国体論に基づく日本中心主義の歴史教育をより強化する」という論法が，極めて巧妙に1930年代の日本における歴史教育の転換に用いられたと考えられる。もっとも，手段としての国体論的歴史教育も，その後次第にそれ自体が目的として浸透していくのであるが，この点についての考察は大東亜共栄圏構想と歴史教育との関係も絡めてより精密な分析が必要であろう[49]。

以上考察したように，国体論的歴史教育が浸透した背景として，2つの要素

が複合して存在していた。すなわち，1つは，昭和初期の社会に浸透しつつあった世界平和という価値観の巧みな継承である。それが，教育と学問とは違うと主張するいまひとつの要素を介在させることによって，日本中心の国家主義を歴史教育の中に合理的に浸透させることを可能にした。この場合，文理科大学や高等師範学校の教師をはじめとするいわゆる歴史教育のリーダーグループの言動が，この転換に与えた影響は無視できない[50]。

4. 国家主義国民国家における解釈型歴史学習の限界

本章において残された課題は，「歴史学」の客観性・信憑性についての問題

写真3-2　名古屋市役所（手前）と愛知県庁
市役所は1933（昭和8）年，県庁は1938（昭和13）年に竣工した。当時のナショナリズムを背景にしてコンクリートの建物に和風の屋根をのせる帝冠様式の建物である。1937年3～5月に名古屋市で世界平和をテーマとして汎太平洋平和博覧会が開催されたが，その閉幕直後の7月，盧溝橋事件をきっかけに日中戦争がはじまった（著者撮影）。

である。つまり，歴史教育と密接な関係にある「歴史学」自体の持つ主観性の問題である。本章また前章において，「歴史教育」は「歴史学」と違うと主張された場合，その場合の「歴史学」は客観的で信憑性の高い学問と意識されていた。教育は，そのような純粋学問のストレートな受容でなく，教育者（大人）の立場から必要な部分を用いる応用の学だという視点があった。その主張では，「歴史学」自体は客観的で信憑性の高いものと考えられ，最初から肯定的に評価され，それ自体を疑うことは少なかった。「歴史教育」と「歴史学」とは違うという論理にしても，同じという論理にしても，「歴史学」自体の持つ客観性・信憑性については疑問を差し挟まない，あるいはその問題自体にあえて注目しない状況が，国民国家形成期の日本の歴史教育論にはあった。それが国家主義の国民国家の限界であった。一つの価値のもとでの臣民（国民）形成という国家目的を前提とした戦前の国民国家の限界であった。それはまた，この時代の「解釈型歴史学習論」が持つ限界であった。

注

1) 「国体」という言葉は，幕末には，鎖国・攘夷の意味で用いられていた。それが明治維新後に，攘夷政策の放棄とともに，尊皇を意味するようになった。もとは，国家体制というより国（天皇）の威光という意味が強かった。（長尾龍一「國體論史考」『日本人の自己認識』（近代日本文化論第2巻）岩波書店，1999，pp.64-85）。
2) 加藤章は，「日本史教育の理論」（『講座・歴史教育3，歴史教育の理論』弘文堂，1982，p.133）で，このような研究状況について「戦前における歴史教育史研究の問題点として，目的論ぬきで方法論のみが再評価されたりする傾向があるが，国史教育の場合，国体論ときりはなして目的論は論じられず，国体論はその方法論にも及んでいることに注目しなければその評価を誤ることになろう。」と述べ，戦前の歴史教育の再評価には十分注意を払う必要のあることを指摘している。
3) 結城陸郎『学習指導のあゆみ・歴史教育』東洋館出版，1957。松島栄一「歴史教育の歴史」『岩波講座日本歴史』22別巻（1），岩波書店，1963所収。
4) 家永三郎『太平洋戦争』岩波書店，1968，p.50。
5) 鶴見俊輔『戦時期日本の精神史』岩波書店，1982，p.57。
6) 遠山茂樹『戦後の歴史学と歴史意識』岩波書店，1963，p.7。
7) 『文部時報』第197號，1926年2月1日，p.25。
8) 永田秀次郎「共産黨事件と建國の精神」『現代の思想と其の動き――第一回思想

問題に關する講演會講演集』寶文館，1929 年，pp.11-12（長崎県立図書館蔵）。
9) 同上，p.12。
10) 『歴史教育』第一巻第 4 號，四海書房，1927，p.94。
11) 文部省『学制九十年史』，1964，p.48。この大学令によって，1919（大正 8）年 6 校だった大学は，翌年に 16 校，その後逐次増加して，1929（昭和 4）年には 46 校となった。
12) 1918（大正 8）年以前は 8 校だったが，1919 年 12 校，漸次増加して 1929 年には 32 校となり，全国の主要都市に分散して設置された（同上，p.50）。
13) 中野光「教育における統制と自由」『教育学全集増補版 3 近代教育史』小学館，1975，p.118。
14) 同上，p.117。
15) 全国の大学，専門学校卒業者の就職率をみると，1923（大正 12）年には 79.8％，1927（昭和 2）年には 64.7％，さらに 1929（昭和 4）年は 50.2％と下降している（小汀利得「初任給調べ」『中央公論』1930 年 7 月，林茂編『ドキュメント昭和』平凡社，1975，p.21 所収）。
16) 遠山茂樹，今井清一，藤原彰『昭和史（新版）』岩波書店，1959，p.38。
17) 同上，p.26。
18) 「日本の子から世界の子供へ國際友情の宣言」『東京朝日新聞』1927 年 1 月 17 日付。
19) 海後宗臣編『日本教科書大系近代編』（第 19 巻歴史 (2)）所収，「教科書解題」講談社，1963，p.754。
20) 松島，前掲書，p.285。
21) 結城陸郎『学習指導のあゆみ・歴史教育』東洋館出版，1957，p.141。
22) 海後，前掲書，p.732。
23) 森川輝紀「大正期国民教育論に関する一考察——井上哲次郎の国体論を中心に」『日本歴史』463 号，1986 年 12 月号，吉川弘文館，p.60。
24) 同上，p.75。
25) 同上，p.73。
26) 同上，p.75。
27) 「國史教育座談會」『歴史教育』第四巻第 6 號神宮御遷宮號（9 月特輯號），p.90。
28) 同上，p.91。
29) 同上，p.84。
30) 中村政則『昭和の恐慌』(昭和の歴史第 2 巻) 小学館，1982，p166。
31) 文部省社会教育局編『壮丁思想調査』1931 年 2 月（長野県立図書館蔵）。
32) 江口圭一「排外主義の形成と五・一五事件」『太平洋戦争史——満州事変』青木書店，1971，p.326。

33) 同上，p.330。
34) 掛川トミ子「マスメディアの統制と対米論調」『マスメディアと知識人』(日米関係史第4巻)東京大学出版会，1972，p.5。掛川はこの中で満州事変報道に関して論証し，当時のジャーナリストの権力の監視者としての職務意識の低さを指摘した。
35) 同上，p.34。
36) 「國際平和と國際聯盟」『東京朝日新聞』1932年7月29日付社説。
37) 江口，前掲書，p.328。
38) 藤原彰，功刀俊洋編『満州事変と国民動員』(資料日本現代史第8巻)大月書店，1983，p.291。
39) 現在の中学2年生にあたる。
40) 「第四回歴史教育座談會」『歴史教育』第六巻第11號時事問題研究號，1932年1月，p.103。
41) 「昭和八年三月三十日付文部省訓令第三號」『文部時報』第444號，1933年4月11日，p.17。
42) 「地方長官曾議二於ケル鳩山文部大臣訓示要領(昭和八年四月二十日)」『文部時報』第444號，1933年5月11日，pp.3-5。
43) 「「非常時」と「お目出度う」」『郷土教育』第29號，刀江書院，1934，p.1。
44) 内藤智秀「國際關係の現状──日本を中心としたる」『公民教育資料集成──昭和八年度公民教育夏期講習會講演集』，帝國公民教育協會，1933．p.C-57，長野県立図書館蔵。
45) 古屋哲夫「日本ファシズム論」(『岩波講座日本歴史』(第20巻近代7)岩波書店，1976，p.108)によれば，「非常時」という語は，五・一五事件直後の第62臨時議会の斎藤首相の施政方針演説で用いられたのが最初である。連盟を脱退した後，軍部は連盟脱退の効力が発生する1936年に向けて，さかんに「1935・6年の危機」を唱え，危機感の持続を図った。
46) 文部省『尋常小學國史下巻』日本書籍，1935，p.179。ノーベル書房復刻，1970。
47) 同上，p.184。
48) 「今後に來るべき歴史教育」『歴史教育』第十二巻第1號，四海書房，1937，p.41。
49) 大東亜共栄圏構想と教育との関わりについて，山中恒の「ボクラ少国民」シリーズなど労作がある。歴史教育研究においても，1930年代後半から1940年代前半にかけての研究が，今後，待たれるところである。この点については，吉見義明『草の根のファシズム』(東京大学出版会，1987)，私たちの歴史を綴る会編『婦人雑誌からみた1930年代』(同時代社，1987)等，市民側から戦争責任を考察する視点が示唆的であろう。
50) リーダーグループと社会との相互関係という点から当時の師範教育そのものの研究が今後必要となろう。

第4章
戦後日本における解釈型歴史学習
社会科としての解釈型歴史学習

1. 社会科と解釈型歴史学習

　日本では，アジア・太平洋戦争敗戦後，歴史は，民主化の中心教科として新しく発足した社会科として学習されるようになった。それまでの「皇国史観」にもとづく歴史教育は否定され，それと異なる歴史教育が模索された。このような社会の中で歴史教育はどのような変化をみせただろうか。

　歴史学者の和歌森太郎は，1950～70年代，社会科における歴史学習いわゆる社会科歴史論のオピニョンリーダーの一人だった[1]。和歌森は，自分は歴史学者であるが，「史学の立場から歴史教育を規定する態度には賛成していない」として，教育が先，つまり学習者側の課題が先にあると主張した[2]。この視点から，小学校段階では人物学習，中学校段階で社会史学習をおこなうことを提案した。ただこの場合，人物学習においては個人を追体験させるとしても「えらかった」「強かった」「りっぱであった」のような評価で英雄・偉人への崇拝観をあおるべきではないとし，その時代の社会との関係性を読み解くことこそ人物学習であると主張した[3]。

　和歌森は，情報をもとにその時代の社会を読み解くことが歴史学習であると述べている。彼が提案した「都市の成りたち」という単元をみれば，彼の歴史教育観を具体的に知ることができる。小学生向けのこの単元の流れは，以下のようなものである[4]。

① 日本地図から都市らしいものを取り上げさせる。
② 各都市がいつ頃から都市らしくなったか，教師が指導して調べさせる。

③ 各都市を以下の4つに分類させる。
　　・明治以降の大規模工業都市
　　・城下町
　　・交通宗教関係の都市（宿場町・港町）門前町
　　・都（京都・奈良）
④ 都市の4分類を，時代順（現代から順）に並べ，次のような時代変化を理解させる。
　　・近代的大産業の時代（新しい時代）
　　・地方割拠の武士の時代（武士の時代）
　　・天皇を中心とする一元的集権国家の時代（貴族の時代）
　　・無都市の時代（大昔）

　この単元は，現代の都市機能に着目して都市を分類させる作業を通して歴史との関係性に気づかせ，分類した情報を年代的に再構成つまり解釈させるモデルである。和歌森は，このような学習こそが社会科歴史学習であると主張した。つまり，和歌森は，「正しい歴史」を一方的に与える学習論ではなく，学習者自身が過去を解釈する学習を重視し，社会科歴史論として提案したのである。
　なお，和歌森は，その時代特有の人々の心性を「歴史心理」と表現した。彼は，「歴史現象の中において，支配者層は，天皇をどういう心理によって動かし，特殊に位置づけてきたか，あるいは，被支配者の民衆は，どのような心理のもとにこれを受けとめ，その働きをみてきたのか，そうしたことをそれぞれの時代の社会条件とからめてうかがおうとする」[5]と述べ，歴史とは，その時代の社会の中で，人々の心性を解読することだと考えた。しかし，一方では，アジア・太平洋戦争について，自己防衛上やむを得ないという心理が国民にあったことを指摘したうえで，次のようにも考えていた。つまり，客観的にみれば，外的諸条件によって当時の人々が防衛戦争のように考える心理状況にコントロールされたと考え，その心理状況に至った歴史過程いいかえれば諸条件の関係性（メカニズム）を明らかにすることこそ重要であると[6]。特に，「どうして主観的にはそうだったのだろうかと，外まわりから考えをたてる訓練」を

歴史学習の重要な要素と考えた[7]。つまり，和歌森の「歴史心理」とは，その時代の心性を絶対視することではなかったのである。和歌森は，単に過去の人々の「心理」を無批判に受容するのではなく，その「心理」が生じた社会的背景を明らかにすることを「歴史心理」としてとらえ，社会科歴史学習においては「歴史心理」が重要かつ必要であると考えていた。和歌森にとって歴史は，単なる過去の出来事ではなく，その時代の心性を読み解くいまの人々の問題，つまり「現代の問題」だったのである。この点については，本論第7章において，さらに論じる。

ここに，戦前の「解釈型歴史学習」の反省のうえに立つ戦後の「解釈型歴史学習」の2つの要素が示されている。1つは，先ず解釈とは，ある時代（過去）の社会（の人々の心性）に沿って読み解くことである。もう1つは，さらに解釈とはその時代（過去）の社会（の人々の心性）を現代から読み解いて客観化するということである。1950年代の日本において，この2つを歴史学習の基本要素と見なす解釈型の歴史学習論があった。和歌森の社会科歴史論は，戦後日本において解釈型歴史学習を新たに再出発させたといえる。しかもそれは，国体論の制約から離れて，かつ精密な解釈型歴史学習を志向するものであった。

2. 戦後歴史学と歴史教育

戦後日本の歴史教育界において，歴史研究者と歴史教育との関係はどのような方向性を持っていたのだろうか。1968年3月『岩波講座　日本歴史』別巻1に付けられた「月報」には，「教育の現場と「日本歴史」」というテーマの座談会の記録が載せられている。出席者は，羽生敦・本多公栄・菱刈隆永・吉村徳蔵・加藤文三・荒井和子という当時中学・高校教師として活躍していた教師たちであった。司会は，広尾高校世界史教師であった吉田悟郎である。この座談会の中で，当時の歴史学研究が，学習者の問題意識に沿っていないことが話題となった。たとえば，通史を学習させるとき，古代では対外関係が詳細に研究されているが，中世以降にそれが極端に不足し，近代になると逆に急に詳細か

つ複雑に研究され，その結果学習上「大きな歩み」が失われやすいこと。同様に古代では土器や農具という生産用具が情報として豊富に提供されるがそれ以降どうなったかということがわかりにくい，それらが「どの程度普及して，どう実際に使われ，何がそういうものを生み出したか」という「全体との関連」がはっきりしないことなどである。「寝殿造りの便所はどこにあったか」というような具体的な質問が高校生からも出る。それは，彼ら自身が，自分自身の眼で歴史を構成しようとしているのであるが，学習者が主体的に大きく歴史を組み立てようとしたときに，その情報が不足しているというのである。つまり，大学でおこなわれている歴史研究は，教育の次元とは異なる問題でおこなわれ，そこでは，市民の興味関心から離れたミクロでバラバラな議論がされているのではないかという問題提起であった[8]。

『岩波講座　日本歴史』22別巻1（1968年版）には，教科書検定制度を憲法違反として教科書訴訟をおこなっていた家永三郎による論文「戦後の歴史教育」が収録されている。家永は，甲府市立南中学校教諭・落合芳彦の内地留学研究報告に載せられた甲府市とその周辺に住む316名におこなった意識調査をもとに，歴史を学ぶ目的について，戦前世代の人は「日本人としての自覚が持てること」という回答がトップであることから，戦前の国体論的歴史教育の効果が根強いとしつつも，戦後世代は「いまの世の中のいろいろな出来事のいわれを知ることによって将来の世の中がどうなるか考える手掛かりが得られること」をトップにあげていることから，歴史を学ぶ目的について戦後世代は前向きの価値を持っていると考えた。家永は，1960年に東京教育大学日本史学専攻学生がおこなった調査も踏まえ，戦前世代と戦後世代に日本史像のギャップがあること。その中で，歴史教育が，戦前的歴史観も支持しないが「高度の進歩的歴史観」（家永）にも徹していないと見なした。その状況の中で，歴史教育が当面の現実の必要に迫られ「入学試験に役立つかぎりの機械的な知識のつめこみに全精力が集中されるのをいかんともしがたい」と述べ，「歴史的思考力」をテストすることが困難であると見なしていた。ここには，戦前の歴史教育を払拭し，新しい歴史教育を求める歴史研究者の率直な認識を見ることができる。それと同時に，先の座談会と微妙なズレがあることもわかる。家永の場

合，戦後歴史教育における具体的な学習方法に関する視点が無い。このことは彼自身が追記して「多くの先生方の現場での実践の成果」をほとんど触れることができなかったと述べている。この時期の歴史研究が，意図的ではないとしても「教育の次元」とは異なる方向に進み始める岐路にあったといえる[9]。

1960年代のこのような状況から約10年を経て，1970年代に『岩波講座　日本歴史』は版を改められた。この新しい『岩波講座　日本歴史』24　別巻1（1977年版）では，宮原武夫が「歴史学と歴史教育」を論じた。宮原は，戦後の歴史学と歴史教育との関係を

1. 歴史学が主導する歴史教育期――1940年代後半，
2. 歴史学と歴史教育の関係の模索期――1950年代，
3. 歴史教育と歴史学の自立と連帯期――1960年代，
4. 歴史教育者固有の仕事期――1970年代，

の4期に区分した。

宮原は，1950年代，金沢嘉一の小学校での経験として，教師が時の権力者の話をしていると子どもが「先生その頃のお百姓はどんな暮らしをしていましたか」と質問した事例や，安井俊夫の中学校での経験として，専制権力が人民を動員して古墳を作らせたと教えたところ，子どもから「なぜ人民が天皇の墓を作るのか」「なぜ東国の人が大和まで墓づくりに行くのか」と質問され，生徒がいま自分たちが住んでいる東国の，しかも「人民の立場」で歴史を考えようとしていることに気づいた事例に着目した。このことから，歴史を教えようとする教師の姿勢と子ども達の受けとめようとするかまえの間に大きなズレがあったと考えた。そして，上川淳の指摘を取り上げ，いままでは，このズレを物語教材や視覚教材などの「教育方法」で解決しようとしたが，問題は，「教育内容」そのものなのだと指摘した。そして，これまでの歴史内容に「生活」が希薄すぎるのだと主張した[10]。

宮原は，律令時代に農民が逃亡したことを学習するとき，中学生が「逃げるときの気持ちはどうだったか」「一日のうちいつ頃逃げたか」「どこで逃亡先を

知ったのか」「指導者はいたのか」「逃げながら何を食べていたのか」などの疑問を持つことから，生徒たちは歴史の道筋や結論よりもまず生きた過程，具体的な過程を生活感覚で受けとめようとしていると指摘した。そしてそれらの疑問に歴史学が少ししか答えられないという「弱点を持った歴史学」の成果を，すべてウノミにして子どもに教えようとすれば，教師と子どもとの歴史感覚のズレはますます拡大するという。歴史学者が史料に立脚して発言するのと同じように，歴史教育者は子どもに立脚して発言していくことで，歴史研究者と歴史教育者との対話が必要であると主張した[11]。宮原は，歴史教育者は，歴史研究者よりも「民衆の意識に近いところで歴史像を描く努力をしている」点で，「民衆」の立場から歴史を描くということにおいて有利であると述べた[12]。宮原は，1970年代は歴史研究者と歴史教育者がこのことを自覚し，特に歴史教育者が学習者の立場から教育実践を踏まえた発言をすべき時期だと主張した。

　以上のような『講座　日本歴史』における一連の主張は，「科学的な歴史学」とそれをふまえた歴史教育を重視した歴史教育者協議会（歴教協）の実践や理論を基盤としていた。その中で，学習者の視点から歴史を描く必要性が主張され続けたことは，日本における戦後歴史教育の一つの流れと言うことができる。それは，歴史学と歴史教育を区別する点で，両者の垣根を取り払い学習者自身をも歴史家の一人と見なす解釈型歴史学習を主張したものではない。しかしながら，これらの議論の中で，歴史教育者と歴史研究者とが協力して，学習者自身が自分たちの問題関心をもとに歴史を組み立てて描きだす具体的な学習論を創り出す必要があると自覚されはじめたのである。では，学習者自身が歴史像を創り出すことを前提とする歴史学習実践は，高等学校において社会科が解体されるという1980年代の社会変化の中でどのような展開を見せただろうか。

3. 戦後日本の歴史教育における「体験的学習」

(1) 児童・生徒を学習主体とした教授・学習方法の重視

　日本の社会科教育は，系統学習論と経験主義的問題解決学習論とが対立的に主張されてきた。一般的な教育史的解釈は，1955年体制の成立以降，学習指

導要領は系統学習論によって編成され，その基準性の強化と相まって，それ以前の経験主義的な学習論は後退したと考えられている[13]。しかし，1989（平成元）年の学習指導要領改訂では，社会科教育において「体験的」学習の必要性が主張された。この動きは，政府の従来の系統主義の方向性が転換された感もある動きだった。この時期の歴史教育を当時の歴史教育の研究動向と関連させて考えるならば，この変化はどのような背景を持ったものだろうか。社会科歴史学習において「体験」という用語は，当時どのようなニュアンスで用いられていたかを整理し，その「体験」の意義を明確にする必要がある。

1989年の学習指導要領改訂において，高校で社会科が解体され，地理歴史科と公民科に再編された。この時，社会科の必要性を強く訴える主張が多く展開された。その中で，歴史教育者協議会（歴教協）の中心的メンバーであった本多公栄は，「社会科」に批判的であると見られていた歴教協の活動を回顧しつつ，歴史教育の方向性を論じた。彼は，「社会科歴史を社会科歴史として実践的・研究的に位置づけるには歴教協は長い年月を要した」「社会科と歴史教育の関連の解明は，歴教協にとっては，古くから続いてはいるが，一定の見解に到達しているとはいえず，1980年代に入って実践・研究が本格化したという新しい問題」[14]として，社会科研究への歴教協の組織的な取り組み不足を反省し，それが社会科解体に抗しきれなかった弱点だったとの認識を示した[15]。そのうえで，「社会的諸事象・諸問題は，いうまでもなく総合的にあらわれるものである」ので，社会科歴史による総合化が科学的社会認識の育成に有効であると主張したのであった[16]。

本多のいう1980年代の歴教協の変化は，佐々木勝男が『歴史地理教育』（No.368, 1984）において指摘している。佐々木は，1980年代になって歴教協で「授業論」への関心が高まってきたとの認識を示し[17]，「どんなにすぐれた質の教材を用意したとしても，授業過程が十分に組織されなくては，子どもを発達させることはできない。私たちは，日々この課題で悩み続けている」[18]と実践者の立場から歴史理論のみならず授業方法を研究対象とすべきことを主張し，歴教協内部で蓄積された授業方法を整理して列記した。それは，「見学・調査」「複製作成」「劇化」「実物教材」「視聴覚教材」「論文作成」「討論」という，い

わゆる「体験的」な学習の範疇に入る授業であった。

この翌年，1985 年の『歴史地理教育』(No.390) には，特集として，黒羽清隆らによる「学習漫画」の教育的効果についての座談会や実践報告がある（特集＝学習漫画と歴史教育　山城の国一揆 500 年）。90 年代の加藤公明実践が，歴教協内部で批判はあるにせよ評価されている[19]ことや，「歴史の学び方」をテーマとする研究報告集（歴史教育者協議会編『前近代史の新しい学び方』青木書店，1996）が刊行される背景には，このような状況があったといえる。児童・生徒を授業の中で主体者としていかに学習活動に関わらせるかという授業実践者の必要に迫られた要求から，社会科の枠（学習指導要領に規定された社会科）の中ではあるが意欲的な実践研究が試みられていた。その過程で，学習者の主体的な学習体験という視点から授業方法を改善しようとする動きが準備されていたのである。

1989 年の学習指導要領改訂は，直接的には教育課程審議会答申にもとづくものだった。答申は，社会科・地歴科・公民科について，「社会の変化に自ら対応する能力や態度を育成する観点から，基礎的・基本的な内容に厳選し，学び方や調べ方の学習，作業的，体験的な学習や問題解決的な学習など児童生徒の主体的な学習を一層重視する」よう求めていた。「学び方・調べ方の学習」「作業的，体験的な学習や問題解決的な学習」というキーワードに象徴されるように，児童・生徒を学習の主体者であるとして，体験的な学習によって，学習者に学習方法を習得させようとしたものといえる。しかし，その背景には，児童・生徒主体の教授・学習方法を重視した実践をもとにした歴史教育の理論的変化があったのである。

(2) 歴史学習内容としての「方法」の重視

1989 年版学習指導要領は，一見矛盾した論理をとっている。

「学び方・調べ方」という本来「学習方法」に位置づけられてきたことを「学び方・調べ方」の学習という表現で，「学習内容」に位置づけた点である。これは，思考技能を育てることによって，社会変化に主体的に対応する人間を育成することができるという仮説を前提としている。社会変化という流動的要

素に対応する能力を育成するのであるから，柔軟な思考を保障することが前提条件となる[20]。

先に触れた黒羽清隆らによる「学習漫画」の教育的効果についての座談会で，黒羽は，小学館版『学習まんが・日本の歴史』制作のエピソードを紹介している。彼は，漫画化するとき台所の形状を台東区の下町資料館に行って調べたことや，製菓会社の社史を利用して昔の菓子のパッケージを復元したりした苦労を紹介し，さらに満州事変の時の奉天総領事代理の森島守人の回想録をもとに事件について漫画化したが，その人本人の写真を入手するのにたいへん苦労したというエピソードを語っている[21]。そして，「つまり，歴史の本質とか，法則性とか，発展段階とか，そういう高級な問題ではなくて，ある人がどういう顔をしているか，こういうことは論文を書くうえではまったく問題にならないわけですね。注に文献の名前だけ出せばいいわけです。ところが，漫画をかく，映像化するということになると，そういうことも一つ裏をとらなければならない」と洩らしている。これを聞いて，小学校教諭の野口靖子が，「小学生なんかだと，一番疑問なところですよね。何を食べていたかとか，どうしていたかと聞かれるんですが，こちらは答えられないわけです。けっきょくは，考えてみようとか，調べてみようということで濁すわけです」と応え，黒羽は，「われわれ歴史を研究することを職業にしている人間でも，やっぱりわからないことがあるんだということを，子どもたちに教えてほしい。何もかもわかっているわけではないんです。これは，歴史教育で，ぼくは非常にだいじなことだと思うんです」と話を続けている。黒羽によれば，歴史学習の重要な学習内容は「わからないことがある」ことを教えることだというわけである。つまり，子どもが学習したがる過去の生活，日常のモノ，人物の顔，そのような文献以外の様々な資料を調べ過去を復元していくことが非常な苦労を伴うこと，それでもわからないことがあること，このようなことが歴史教育内容の重要点の一つであるというのである。このように，学者にもわからないことがあるという前提に立ったとき，歴史学習における思考の柔軟性はより保障されるのである。

一方，資料収集と歴史の再現（表象）の難しさは，別の視角からも論じられた。たとえば，歴史科学協議会編の『歴史評論』は，1991年の495号で「歴

史資料のいま」を特集している。聞きがたりやテレビ映像，産業遺産，裁判記録，さらには学校資料なども歴史資料の範疇に含めたうえで，その特性や現状を紹介している。その中の東敏雄論文「歴史資料としての聞きがたり」で，東は，その地域に特徴的な時代区分を聞きがたりを通して発見できるという。東はそれを「筋の発見」と表現し，そのための聞きがたりの方法論を紹介し，この方法による歴史像の構築の可能性を論じている。

　また，同誌は，1994年に「歴史学とマスメディア」も特集した（No.530）。1990年代は，マスコミも巻き込んだ「自由主義史観」をめぐる論争が起きた時期である[22]。この動きは，歴史資料の信憑性やその評価について注目させる結果も生んだ。また，当時「自由主義史観」の主張者たちが，学校教育における日本近代史の学習内容を「自虐的」という表現で批判したことで，歴史教育における学習内容の価値に対する評価が実践者や教科教育学研究者のみならず市民から広範に論議された。

　このような動きを背景に，目良誠二郎は，自身の実践の反省に立ち，近代の日本政府によるアジア侵略の事実を「暴露＝告発型」の授業によって教え込むことを批判的に乗りこえ，生徒達に近代日本の「欠点を克服したいという意欲，克服できるという展望を生み出す」という「より『肝心な』目的」を再確認することが必要だと説いた[23]。目良の主張は，現在及び将来に残された歴史的課題を学習者自身が解決する意欲と展望を持つことの重要性を指摘したものであり，生徒を学習活動の主体として認識し，彼らに積極的で主体的な歴史認識形成権を付与しようとした考えといえる。近代日本の侵略の実態を単に暴露し告発的手法で理解させることだけでなく，そのような過去を乗りこえ未来を展望し，問題を解決する能力もまた歴史教育で学ばせるべき学習内容と主張されたのである。

　日本においては，歴史教育内容論をめぐって，歴史学の成果を強調してきた歴教協であっても，上述のように1980年代後半以降，児童・生徒を学習の主体者として位置づけ，彼らが問題を主体的に解決する能力を育成することの重要性が認識されるようになった[24]。また，それを可能にするため，文献以外の様々な資料にも教材化の視野を拡大し始める状況が生じていたのである[25]。

4. 解釈型歴史学習における「体験的学習」

(1)「体験的学習」の範囲とその実践的研究状況

　前節で論じたように，1990年代以降の日本の歴史教育において，「体験的学習」は単なる方法論の枠をこえて，それ自体が主要な学習内容と意識されるようになった。では，その過程において，どのような実践が「体験的学習」と考えられてきたのだろうか。

　佐藤正志は，著書『歴史を体験する授業』で，小学校の体験的歴史教育実践を紹介している。ここには，以下に示す学習活動が紹介されており，実践可能な「体験的歴史学習」のパターンがほぼ網羅されている[26]。

　　①洗濯板を使った過去の生活体験　②地域の伝統行事への参加　③郷土資料館を利用した調査　④用水路模型の作製　⑤原始的方法で火起こしをする体験　⑥校庭に大仏を描く体験　⑦茶の湯の体験　⑧歴史新聞作成　⑨聞き取り調査　⑩イメージ画の作成　⑪過去の子どもの生活と現在との比較　⑫道の特徴から過去を調べる体験　⑬地名から過去を調べる体験　⑭行灯作り　⑮地域調査　⑯歴史地図の作成　⑰年表作成

　上記の⑫と⑬は，地形・地名を地図など資料から読み取らせて児童の興味を喚起する方法を特徴としている。このような資料の読み取り活動を中心的学習方法として紹介したものには，江口勝善・白鳥晃司の『社会科資料づくりと活用法』（日本書籍，1987）や宮内正勝・阿部泉著『手に取る日本史教材・入手と活用』（地歴社，1988）がある。これは，絵画資料や古銭などの実物・歴史小説や絵画等の複製品を利用した学習方法である。一方，イラストなどの読み取りを中心にした小学校での実践研究として，高野尚好・石栗正夫編『目で学ぶ楽しい歴史学習——人物・文化遺産を中心とした授業の展開』（教育出版，1990）がある。

　「実物」「モノ」をキーワードにしたこのような教材開発は，ほかにも若木久

造『モノからの社会科授業づくり——教材開発最前線・教室に楽しさと夢を』（日本書籍，1992）や渡辺賢二『実物・絵画でまなぶ日本近現代史』（地歴社，1993），白川隆信『歴史モノ教材で授業を変える』（地歴社，1993），家長知史『映画でまなぶ世界史』（地歴社，1994）などがあり，中学・高校での実践も注目され，この時期の特徴的研究傾向の一つとなった。

　これらの実践や実践プランに共通にみられる特徴は，児童・生徒の興味・関心を高めていわゆる歴史事象（それは，基本的に学習指導要領と教科書に規定された範囲の内容）についての理解を深めることをねらいとした点である。上記の出版物は，実際に教育実践にたずさわる教師に資料や教材開発のヒントを与えるという性格を持っていた。そのため，資料にふれて興味を持つ体験や，調査や作品制作などの体験を通して，現行の歴史教育のシラバスやシークエンスにもとづいた歴史認識を深めさせる効果を期待していた。つまり，ここでの体験活動は，通史学習の学習内容（教科書の内容・歴史観）を追体験的手法で理解させる補助的学習方法として紹介・説明された。したがって，資料への批判的考察を経て多様な歴史解釈を試みさせる解釈型歴史学習における「歴史家体験」（本論第8章参照）とは異なる活動であった。

　一方，それと質的に異なる実践が『歴史地理教育』（No.527，1994）に報告された。それは高橋清行の「『聞き取り』で，生徒を変え，先生を変える」という実践報告である。高橋は，関東大震災の聞き取り調査に参加した生徒の変容に注目して，寡黙で他とのコミュニケーションをとれない生徒が，体験的歴史学習によって自己を主張し，他とのコミュニケーションをとるまでに変容した事例を報告した。いわゆる体験活動が正しい歴史認識の獲得に効果があったかなかったかという従来型の視点からではなく，学習者のコミュニケーション能力が変化したことに着目している。つまり，歴史学習での体験活動の一つとしてコミュニケーション活動に着目したのである。これは，教師が教えたいことを受け身的に学ぶときに便利だという視点ではなく，学習者の主体的なコミュニケーション活動によって学習者自身の「思考力」を育てることを重視した視点からの報告であった。

　この事例のように，1990年代には，体験的な歴史学習活動として，従来と

質の異なるタイプの学習活動が注目されるようになった。特に児童・生徒を学習の主体として彼らに仮説やその根拠を主張させ討論させる討論型の授業実践である。「討論」は，先の佐藤が紹介する実践にはなかった新しいタイプの「体験的学習」である。これは，討論を成りたたせるために必要な「情報」を収集するための調査活動が実践上の重要な要素となっている。つまり，調査して仮説を論証する擬似的な「歴史家体験」を伴っているのである。同時に次節に述べるように，「歴史」事象に対する解釈（評価）を伴っている点が特徴であり，いわば日本における現代型の新しい「解釈型歴史学習」と呼べるものである。代表的な実践報告として，加藤公明『わくわく論争　考える日本史授業』（地歴社，1991），加藤公明『考える日本史授業2』（地歴社，1995），藤岡信勝編著『歴史ディベート「大東亜戦争」は自衛戦争であった』（明治図書，1996）がある。加藤・藤岡の両者を同列に論じることには十分な留意も必要であるが，「討論」という形態と次項に述べる視角からは同じ範疇に属すると考えられる。

(2) 1990年代の「解釈型歴史学習」の展開

　藤岡信勝は，歴史学習にディベートを利用することで，学習者の主体的学習を保障しようとした。ディベートはある論題について肯定と否定という2つの視点（解釈・評価）で一定のルールのもとに討論させることによって論理的思考を深め，同時にそれを効果的に表現するトレーニングをおこなおうとするもので，藤岡は，これを歴史学習に応用しようと試みた。「大東亜戦争は自衛戦争であった」は，藤岡が重視した代表的な実践事例の一つである。この場合，生徒たちの論点は，「自衛戦争」の定義に焦点化された。肯定側は，「当時の国際常識に照らして解釈（評価）する立場」から論じ，否定側は，その論理を否定するという論戦がおこなわれた。

　この論議は次のような特徴を持っていた。まず，論題に即して「肯定」か「否定」かという論議（解釈）しか基本的に許されない。したがって，肯定側が「当時の常識」に照らして肯定論を展開した場合，否定側はその論理を踏まえてそれへの否定論を展開する。このように論点を明確化して論議することが

この手法の特徴である。それは，この「ディベート」学習が，本来は弁論技術のトレーニングであることに由来する。ところが一方，この学習方法では，論点が明確化され論議がそれのみに固定されるために，他の考察視角が排除もしくは不明瞭になるという欠点を持つ。たとえば，この実践報告では，「自衛戦争」の定義が論点となった。そのため，論議が「自衛戦争」という視角に固定化されていった。その結果，「どのような立場の人々によって自衛戦争論が主張され，どのようなプロセスでどのような人々に受容されていったか」「この戦争によって，どのような人々がどのような影響を受けたか」といった本章冒頭で紹介した和歌森太郎の言う「どうして主観的にはそうだったのだろうかと，外まわりから考えをたてる」という問題視角から当時の歴史を解釈する活動は，学習者（ディベータ）の中心的活動とはならなかった。藤岡は「戦争の性格を論ずる」ことをこのディベートの目的としており[27]，歴史事象の評価という学習者の主体的価値形成に踏み込んだものといえる。しかしながら，問題が単純化されたために，学習者の視点が「当時の常識」の事実関係の二者択一的な評価に固定されてしまった。その結果，第7章で詳述するように，過去と現代という2つの問題視角が無意識に混在してしまい，歴史家として必要なその意図的な弁別が不十分な実践となった[28]。

　一方，加藤公明は，教師と生徒・生徒同士の討論を主要な学習方法として，学習者の主体的歴史認識の形成をはかった。『考える日本史授業2』に収録された「だれのための国体護持か」は，加藤の代表的な実践である。

　加藤は，「日本はなぜ原爆を投下されたのか」というテーマで，原爆投下の原因を資料の読み取りから考察させていく実践をおこなった。一連の活動の終末において「国体護持を望んだのはだれか」という問題について，生徒による討論会をおこなっている。このとき，生徒から軍人説，昭和天皇説，地主・財閥説，貴族説，政府説，国民説の6つの仮説が提案された。

　加藤実践の特徴は，生徒が複数の仮説（解釈）を提出している点である。「当時の日本の国体は天皇主権だったので……」「当時の国民はみんな天皇のために死ぬように教育されてきた。……」「昔は今の右翼みたいな人が沢山いた。……」という生徒の意見は，その時代（当時）の社会背景に関する理解を踏ま

えた発言といえる[29]。

　加藤実践は，藤岡が学習・考察テーマと見なした「大東亜戦争自衛戦争論」という考えが，それが主張された当時の国民に受容されていった社会背景や当時の社会階層による受容差があったことを推理させ，根拠づけて説明させる学習として有効な実践であった。これは，その時代の「歴史心理」を解釈させる歴史家体験活動であった。この加藤実践が，解釈型歴史学習における歴史家体験活動であることは，藤岡と対比して本論第7章でさらに論じる。また，歴史家体験活動の方法は，第8章において具体的に論じる。このように日本では，戦後の新教科としての社会科の中で歴史家体験活動として再び解釈型歴史学習実践が試みられ始めたのである。では，社会科としての解釈型歴史学習は，「国体論」に代わり，どのような視点に立つものだろうか。次章において「多重市民権」に注目して論じる。

注

1) 和歌森太郎の社会科教育史的評価は，梅野正信『和歌森太郎の戦後史』（教育史料出版会，2001）年に詳しい。梅野によれば，和歌森にとって，社会科歴史論は戦後を一貫して貫く学問観であり，教育観であり，人生観であった（同書，p161）。

2) 和歌森太郎「社会科と歴史教育（二）」『歴史教育』（和歌森太郎著作集13）弘文堂，1982, p.336。原著は1952年。

3) 同上，p.340。

4) 同上，pp.341-343。

5) 和歌森太郎『天皇制の歴史心理』弘文堂，1973, p.35。

6) 和歌森「社会科と歴史教育（二）」pp.350-352。

7) 同上，p.352。

8) 座談会「歴史教育の現場と『日本歴史』」『岩波講座　日本歴史月報22』岩波書店，1968年3月，pp.1-10。

9) 家永三郎「戦後の歴史教育」『岩波講座　日本歴史』22　別巻1，岩波書店，1968, pp.311-358。

10) 宮原武夫「歴史学と歴史教育」，『岩波講座　日本歴史』24　別巻1，岩波書店，1977, p.204。宮原は，上川淳の「歴史教育の内容と生活意識」（『歴史地理教育』58号）を参照した。

11) 同上，pp.206-207。

12) 同上，p.215。

13) 拙稿「55年体制の成立と社会科教育――系統主義社会科の成立」『「社会科」への招待』学術図書出版，2000，pp.12-14。児玉康弘「社会科の展開」『社会科教育のフロンティア』保育出版社，2010，pp.23-27等参照。
14) 本多公栄,「いまなぜ，社会科歴史なのか」,『教育』No.511，1989，pp.11-12。
15) 同上，p.15。
16) 同上，p.20。
17) 佐々木勝男『歴史地理教育』No.368，1984，p.36。
18) 同上，p.42。
19) 宮原武夫『子どもは歴史をどう学ぶか』青木書店，1998，p.p.188-217。
20) ところが，一方において，小学校の歴史教育内容は，「日本」の古代から現代の歴史事象と人物に限定され，中学校もまた，いわゆる「日本史」を中心とする学習内容に明確に「精選」された。つまり，教育内容の柔軟性は逆に制限された。教育内容の制限と思考の柔軟性を両立可能なのか否かが問われることになった。
21) 『歴史地理教育』No.390，1985，p15。
22) この時期を星村平和は「戦後日本人の歴史意識形成史」の第Ⅴ期に区分している（『教育科学社会科教育』No.460，1998）。
23) 目良誠二郎「加害の歴史の授業の反省から」『教育』No.613，1997，p.50。「暴露＝告発型」の授業とは，近現代史の残酷面を，それを強調して教師が一方的に教材化し，学習者に教え込もうとする授業を意味している。
24) なお，歴史学習内容論については，社会史研究と社会構成史研究との関係性も視野に入れる必要がある。ただ，村井淳志の「「学力」から「意味」へ――社会科教育実践分析の課題と方法」（『社会科教育研究』No.74，1996）に示された分析，つまり社会構成史から社会史にパラダイム転換したとする，社会構成史と社会史とを二項対立的に見る見方には留保が必要と思われる（たとえば，坂本昇による批判がある。坂本昇「歴史学の危機か「歴史教育学」の危機か――「自由主義史観」と「歴史教育学」を批判する」『歴史地理教育』No.568，1997，pp.60-66)。社会史も社会構成史の研究成果を抜きに展開していない。社会史と社会構成史とは歴史観の相違という性格より，視点と対象資料の相違という技術論的側面の相違が大きいと思われる。ヨーロッパの社会史にあって，「心性」という視点を，「表象」に置き換えることが進められているが，それは「心性」という用語の持つ非科学的な曖昧さを廃して，客観性を高めようとする動きに他ならない。歴史研究における視点の移動は，東西冷戦下の社会における研究課題と限界性，それが解消したあとの社会における研究課題の変化という，政治的経済的背景や社会意識とも深く関わる。それらとの関連において解明・評価されなければならず，二項対立的に単純化できるものでもない（拙稿「社会科教育における「歴史心理」――近代史認識を例に」『愛知教育大学研究報告』48（教育科学編）1999参照）。

25) 拙稿「1960～1970年代の社会的事件と子どもの社会認識形成との関連——大学生の自己形成史に見る社会的事件と学校教育」(『学校教育研究』No.8, 1993年) pp.113-123 によれば, 1960～70年代に小中学校時代を過ごした大学生は, テレビを通じて社会的事件をリアルタイムに体験し, テレビカメラの視点から社会的な出来事を見る傾向が強かった。学生運動などについては, それをおこなう立場からでなく, それを阻止する立場から考える傾向があった。資料は, それがどの立場からつくられたものかに留意が必要であるが, 詳しくは8章で論じる。
26) 佐藤正志『歴史を体験する授業』国土社, 1993, なお「体験的学習活動」については森分孝治も具体的に12の活動を例示している。「「体験学習」にかかわる"周辺用語"の検討」『社会科教育』No.478, 明治図書, 1999。
27) 藤岡信勝編著『侵略か自衛か「大東亜戦争」白熱のディベート』徳間書店, 1997, p.26。
28) この点については本章では, 十分に論じないが, この場合, 否定側が, 現在さらに将来のより民主的な社会や平和的国際社会の形成という視点に立って, アジア・太平洋戦争をどう評価するべきかという角度から歴史事象を再構成する論理で立論を展開したならば, 学習者の主体的価値形成に寄与することも可能と考えられる。たとえば, 現代の視点に立って, 自国以外の国・地域に対してそこでの人的・経済的支配や優越を図るため軍事的威嚇や戦争を起こし, そこを占領したり併合したりすることを「侵略」と見なして, 戦闘行為も含めて人的・経済的損失を批判し, 人権保障の重要性を今日的視点から展開する「否定側立論」があるならば, 2つの価値観の比較が明瞭になり, 価値の主体的形成にある程度の寄与が予想される。しかしながら, 「自衛戦争論」の肯定か否定かでは, 最初から「自衛戦争論」という単一の価値観を前提としてのその「否定」か「肯定」かの論議にしかならず, 立論の段階で論理展開が制限されるという「ディベート」のデメリットが学習者自身の主体的価値形成を阻む結果を生む危険性をはらんでいる。社会科の本質論とも関わるので次章も参照されたい。
29) 加藤公明『考える日本史授業2』地歴社, 1995, p.226。特に, 加藤自身注目するように, 他と比べると少数であれ国民説への支持もあった。これについて加藤は, 「日本軍国主義の基底にある草の根のファシズムひいては民衆の側の戦争責任の問題に, 生徒の関心が向かっていく契機となるのであり, 2年または3年で再びこの時代を学習する機会を持つ生徒たちに, 一つの明快な問題意識を与えた結果となったのである。」と述べている。なお, この実践は, 科目としては「現代社会」における実践であった。

第5章
変化する国民国家の中での解釈型歴史学習

1. 戦前期における多文化社会化と歴史教育実践

　これまで述べたように，日本では，明治期以降の国民国家形成過程において自国史教育（国史教育）が重視され，アジア・太平洋戦争以前の義務教育学校では重要な位置を占めた。これに対して，社会科は戦後教育改革の中で生まれた新教科であり，歴史教育はこの社会科に包摂された。この点を見れば，戦前の歴史教育と現在の社会科歴史教育とは明らかに異なる。しかし，日本が独立した1950年代後半以降，カリキュラムの形式上では社会科であっても，歴史教育が一つの教科として独立したかのような状態が生じている[1]。

　一方，戦前の日本社会は異民族を包摂するつまり植民地を持つ国家を形成していた。そこには，「多民族国家」としての多文化社会が出現していたのである。そのような戦前の日本の市民社会は，多文化化しつつある現在の日本社会とオーバーラップするかのような状況だった[2]。そのような状況で，本章で述べるように教師の悩みも両時代共通しているのである。

　単純な類似性が本質的類似性を表すかどうかは，単純に言うことはできないとしても，戦前期の歴史教育を多文化社会という視点から改めて検証してみよう[3]。戦前期の日本の歴史教育において，多文化社会は教育実践にどのような影響を与えていたのだろうか。それとの比較の中で，学習者の視点に立つ現在の解釈型歴史学習の現代的役割が明確化されると考えられる。

　日本の歴史教育は，第1章で述べたように，明治期に成立した「日本史学（国史学）」とパラレルな存在であった。19世紀のナショナリズムに基盤を持つ「日本史（国史）教育」を通して，20世紀の「国民」が創られていった。

「日本史（国史）教育」は，日本列島の枠の中でその時代の「中央政権」がよって立つ地点から歴史を「解釈」するという基本視点を特色としていた[4]。

ところが，20世紀前半の一時期，この基本視点について，実践上の戸惑いが生じた時期がある。それは，1910年以降1945年までの期間である。この期間は韓国を植民地化したことによって，「大日本帝国」が本格的に異文化を内包した時期である。教育史的には，義務教育の普及期にあたる。つまりこの期間は，「日本国内」において，異文化接触が歴史教育実践に問題を引き起こした時期であった。当時の歴史教育雑誌にその状況を見ることができる。

雑誌『歴史教育』は，東京高等師範学校の教師をはじめとした東京の意欲的な歴史教育実践者を執筆者とした当時の歴史教育理論・実践論のオピニオンリーダー誌的雑誌であった。この雑誌からその時代の子どもと教師の実態を窺い知ることができる。本論第3章で紹介したように1929年の座談会記事には，「豊臣秀吉の朝鮮征伐の挙には，皆非常に共鳴して居るのですが，歴史が段々進んで第3学期に入ると日露戦争が済んで，国際関係と云うものを話すと，豊臣秀吉は侵略的ですねと云って来る」[5]という事例がある。つまり，第一次世界大戦後の国際協調期の社会を反映した授業を受けたことによって，秀吉の侵略性を指摘する子どもが育っていたのである。

同誌には，同時に韓国併合と侵略との関係性に苦慮する実践者の姿も示されている。たとえば，盧溝橋事件直前の1937年の同誌には，東京文理科大学教育相談部に寄せられた次のような相談が掲載された。「村の鉄道工事にあちらの人が入り込み，学級にも4人ほど入学した。どうも朝鮮征伐を取り扱うのに気が引けてならぬ。何とかよい方法はないものでしょうか」という相談である[6]。

また，岡崎師範学校訓導による韓国併合の実践報告「実践を目標とする韓国併合の指導案」では，授業実践後に児童が「友達が朝鮮人というので，ぼくが朝鮮の人と言えと教えてやった」「此の間朝鮮の人が道を尋ねたので丁寧に教えてあげたら大変喜ばれた。何時も此の様にしてあげたいものだ」と作文で表現したことが報告された[7]。

これらの事例のように，韓国という異文化を取り込んでいた当時の日本で，

社会や文化的背景の異なる人々がともに生活する状況が生まれ，社会の多様化に対応する授業を実践することが課題となっていたのである。

このような状況の中，本論第2章で述べたように「自学主義」は影響力を持った教育論であった。歴史教育においても自学主義の学習方法は説話主義（教師の講義と問答法中心）と並んで「国史教育の二大潮流」とも称された[8]。自学主義は，児童の個人学習やグループ討論を重視し，追究結果の表現活動も含まれた学習である[9]。実践においては，問題意識を持たせることが重要と主張された。

自学主義の歴史学習では，秀吉の朝鮮侵略や韓国併合について児童自身が歴史的評価をおこなう課題も可能であった[10]。むしろ，多文化化した当時の日本社会にあっては，上述したように子どもにとって切実性のある学習課題でもあった。そのため，このような学習課題を効果的に追究させるための「表現法による国史的作為」（つまり表現法による作業的歴史学習）の時間を十分にとることが重視された[11]。

東京高等師範学校訓導の佐藤保太郎は，このような歴史学習を前提として，児童に「国史帳」というノートを作成させることを主張した。佐藤は，教師の板書を児童が書き写しただけのノートでは「能力査定」にならないから，絶えず予習したことを記させ，また，時に応じ，適切な題目を提出して，家庭で調べさせたものを記帳させる。また，歴史地図を作らせたり，年表を作製させたりする。このような活動の記録が「国史帳」であり，「これは児童の国史学習に於ける作業であって，重要な仕事である」と主張した[12]。

戦前期日本の歴史教育における実践研究は，異文化社会を包含した新たな教育内容と学習者主体の活動を開発するという2つの課題に取り組んでいたといえよう。

2. 戦前期多文化社会の特徴

本論第2章で紹介したように，1930年代の岡崎師範学校附属小学校では，学校行事や地域教材を核とした生活単元が実践されていた[13]。生活単元は，

自然的・社会的・文化的の3つのカテゴリーに分けられ，教科学習と関わらせて総合的に学習させる研究がおこなわれた。歴史学習は，主に社会的生活単元と文化的生活単元とされ，第6学年において，クラスによる史跡見学と個人及びグループ研究による展覧会と発表会という表現活動が実践された。この活動は児童の「自治的」活動として児童自身によって企画・運営された[14]。

　また，第3学年でも社会的生活単元として，唱歌「紀元節」を通して意味理解を図り，その後グループ学習として，「金鵄勲章の模型制作と着用」「万国旗の作成と展示」「神武天皇に関する絵画・写真の収集・展示」等の諸活動が実施され，最後に式典の予行演習と式典に参加する学習が実践された[15]。

　第2章で述べたように，この時期の同校は，このような「生活教育」の目的を「よい日本人」づくりであるとして，縦に国家史，横に民族文化を軸として，児童の日常生活のなから学習されるべきだと考えていた。子どもたちの日常から遊離した教育は「よい日本人」づくりにはならないと主張された[16]。方法論的視座から見れば，このような学習活動は，解釈型歴史学習と方法的に共通している。それは，前節で紹介した同校の韓国併合の実践報告に見られるように異文化が身近に存在した当時の社会状況の中で，多様な「立場」を前提とした学習活動を模索する姿であった。調査や討論を中心とした自学主義による学習活動の実践は，その方向性を示すものであった[17]。しかし，この実践の目的は，あくまでもその時代の「よい日本人」づくりであった。

　この場合の「日本人」は当時の社会の中の多様な「立場」を認めた中でその多様性を保障する存在としては意識されていなかった。日本近代史研究の江口圭一は，戦前戦後を通じて，「日本人」の国家意識は複数の概念が無自覚・未分化の状態で形成されていると指摘した[18]。江口は，ヨーロッパの場合，「LAND」「COUNTRY」「NATION」「STATE」という用語が用いられ，それらの意味は，重なる部分もあるが異なるものをあらわしている。それに対して，日本人の「国」意識にはこれらすべてが混入されているという。その結果，「COUNTRY」「NATION」のために「STATE」を批判するものを「非国民」として排斥できる同質的・同族的国家意識を近代の日本人は持ったという。江口の指摘は，「日本人」概念の中に本来含まれて存在するはずの「地域の人」

「故郷の住民」「国民」「市民」などの多重な「立場」性に対して，多くの人が無自覚・無意識であることを指摘したといえる。江口は，戦前期には，「国家」に所属する「国民（臣民）」という立場のみが強調され，その結果「国家」を批判する立場が認められない状況が生じたと分析した。これは，単一の国家に所属する同質の一国民という視点のみで「日本人」をイメージし，その前提で思考しがちな日本の社会状況を鋭く指摘している[19]。つまり，戦前期の多文化社会では，多様性を統合しようとする意識が優先していたと考えられるのである。しかもその統合の論理としての「日本人」意識は曖昧で本来多様な概念が含まれるにもかかわらず，その点が無自覚であるため，天皇制国民国家の臣民としての「立場」のみが強調されやすい状況だったのである。この点が，戦前期の多文化社会の特徴であった。1930年代の岡崎師範学校附属小学校の「よい日本人づくり」は，多文化社会を前提としつつも，統合の方向を強調する矛盾が含まれていたのである。このように，戦前の日本社会は多民族化に直面しつつあり，それに対応した歴史学習論が模索されつつあったにもかかわらず歴史教育実践は，文化統合の方向に向かった。植民地における皇民化教育の推進は，多文化化の問題を文化統合によって解消しようとする教育政策であったが，日本本土においては，それが自発的に進行したのである。なお，戦前の日本社会で「非国民」とレッテルを貼られることが大きな社会的ハンディキャップとなったが，江口は，その強力な精神構造は戦後日本にも引き継がれたと考えていた。

3. 多文化社会と自国史

アジア・太平洋戦争敗戦によって，日本は植民地を放棄した。そのため，図らずも多文化社会の問題から一時的に解放された。その結果，小熊英二も指摘するように，日本＝単一民族観は戦前よりもむしろ戦後に一般化したのであった[20]。戦後，植民地が解放され，「日本」が日本列島だけを意味するようになったとき，戦前に問題の前提となっていた「多文化化する日本」という課題が抜け落ちて，その結果，「文化的に統合された日本」というナショナルイメー

ジだけがむしろ強化されて継承されたのである。しかしながら，国内には在日韓国・朝鮮人問題を抱え，多民族化の問題は，実際には解消されていたわけではなかった。さらに 1980 年代からはニューカマーと呼ばれる新来の「外国人」との文化摩擦が新たな問題となる中，網野善彦のように「日本人」とは何かという問題に対して新しい視角からの歴史研究が進められるようになった[21]。日本列島に存在し今も影響を持つ複数の文化の存在を歴史的に解読する網野らによる作業を通じて，「日本人」が決して単純に単一の文化を持つといえないことが明らかになってくるとともに，大陸・朝鮮半島等日本列島の周辺諸地域との相互作用のうえに日本の歴史が展開し続けてきたことが，教育者にも意識されるようになった。

第1章で述べたように，戦前の歴史教育では，教育実践にあたる教師たちの現実的苦悩を解決するため，「異文化を吸収しそれを独自のものとした日本」というナショナルイメージが強調されていた。しかし，その「日本」文化そのものが，多様性に富み，決して単一でないことが明らかになるにつれ，戦前型の歴史認識は有効性を失っていった。たとえば，戦前の国史教育においては，日本列島の原始時代は，「神代」と呼ばれ主権者である天皇が治める「近代国家」と同質の国家として，大日本帝国の構造（国体）との論理的整合性が図られていた。一方，神話の歴史性が否定された戦後には，神話の代りに考古学による説明が科学的説明として置き換えられた。しかしながら，縄文時代のはるか以前まだ国家がない時代の日本列島さえも「日本国」の国家史（自国史）として教育されることになったことは，日本国民としてのナショナルアイデンティティーをむしろ科学的に強化する効果をもたらした[22]。戦後日本の歴史教育が「日本人」のための教育として，戦前よりも科学的な論拠によって強化される形で設計される結果となったのである。

しかし，ここで重要な点は，戦後日本の歴史教育が「日本人」のための教育として設計されたとしても，その教育を提供する「国家」は戦前とは大きく違っている点である。それは，「大日本帝国」から「日本国」への転換という点である。形態的には戦前型の独立した自国史教育の形式を取る戦後の社会科歴史教育にあっても，その教科目標が「民主的，平和的な国家・社会の形成者」

育成におかれた点は大きな転換であった。そしてそれは，戦争を否定する学習内容として歴史学習にも大きく影響した。

　歴史思想家であるゲオルグ・G・イッガースは，「歴史」が読み手の「誤解」のうえに成り立つと「歴史」の主観性を表現した[23]。戦前の「大日本帝国」がプラスに評価されずむしろ否定的にとらえられてきたのは，歴史の読み手である戦後日本の人々が戦前を否定的に見ることを正しいことと「解釈」（＝判断）してきたからに他ならない。それは，読み手である人々の多くが貧困や死の恐怖を自らの戦争体験として実際に経験したことから生じていた。つまり歴史の読み手である戦後の「日本人」が戦争への批判的視点を持ち，戦争へ導いた政治を否定する視点から歴史を見ようとしたことによって生じた現象だったのである。マスコミや教育の影響もあったとはいえ，直接的な経験からの判断は人々の歴史認識形成に大きく影響したと考えられる。しかし，読み手の状況が変われば戦前は決して否定される歴史でなく，むしろ逆に評価される歴史となることさえあり得るということを意味する。直接体験によって支えられる歴史認識は，一方で戦後半世紀以上が経過し世代交代が進み，戦争がもたらした貧困や死への恐怖などの直接体験が消えていく中で薄められ，逆に戦前をプラスに評価しようとする視点が勢いを得ることも起こり得ることを意味する。

　たとえば，日本国が民主的で平和的であることを求める考えは，本論第3章で述べたように，戦後のみの特徴ではない。戦前期の大日本帝国憲法下にあって，主権者は天皇であったが，1925年の普通選挙法の成立に示されるように男性のみとはいえ国民の代表者による議会政治がおこなわれていた。議会の権限は弱く軍事クーデターが発生する状況ではあったが議会政治のもとで国連脱退や日中戦争が遂行された。そのときの根拠は，本論第3章で述べたように「東洋平和」つまり平和実現のためという論理であった。天皇は主権者であるが実質的な主権を行使しない状況，その中で日本国民（臣民）が世界平和を守るという政治主張は戦前にも存在していた[24]。

　戦後日本の歴史教育は，「自国」つまり現在の「日本国」が重視する「民主的・平和的」という価値について，それが保障されないケース・事例を歴史の中に求め，それが生じたメカニズムやシステムを学習者に認識させようとして

きた。たとえば，太平洋戦争中の国民生活の窮乏や戦争の悲惨な実態を教育することで，戦争の被害者としての「日本国民」の実態を具体的に教え，戦後の新憲法が戦争放棄したことの重要性を認識させようとしてきた。さらに1990年代には，「国際化」の中で被害者としてだけでなくアジアへの戦争の加害者としての「日本国民」という歴史的視点も教育されるべき歴史と考えられ，その視点から授業が実践されるようにもなった。しかし，この変化は，必ずしも順調に進められているわけではない。近代日本政府の加害責任を認識してそれを教育することの必要性を主張する歴史観・歴史教育観と，逆に加害責任を最小限に評価しようとする歴史観・歴史教育観との対立はその例である。

この問題には，被害者としての経験は伝承されやすいが加害者としての経験の伝承は難しいという一般論もあるが，マスコミと教育の影響も大きかったと考えられる。岩垂弘は，朝日新聞編集委員としての経験から，「日本は唯一の被爆国」という表現について，このような表現がマスメディアを通じて浸透したことが，日本人以外にも犠牲者がいたという事実を多くの日本人の意識から抜け落としてしまった一因ではないかと指摘した[25]。岩垂のこの指摘に注目した歴史思想家の荻野文隆は，戦後「日本人」の意識の中に「他者」を認識せず暗黙のうちに「日本国籍者」のみを対象とした思考に陥った知識人たちの姿を見い出した。荻野は，戦前日本が作り上げた「日本国籍」概念が，戦後の進歩的言説の中にも刷り込まれ，冷戦崩壊後むしろそれが強固に甦りつつあると分析した[26]。荻野は，戦後民主主義を朝鮮系・台湾系日本人等の「他者」を排斥して成り立った構造であると見なし，「人種，宗教，国籍を問わず人間の基本的な権利として規定された人権の価値とは根本的に対立する論理が戦後の法体系の根本理念（憲法理念：著者注）の中に書き込まれてしまった」[27]と判断した。

戦後，日本の多くの人々は，敗戦を経験した被害者としての感覚から，戦争とそれを惹起させた旧体制（大日本帝国）を否定的に捉え，その視点から歴史を読み解いたが，加害者としての感覚から読み解いたわけではなかった。しかも，荻野の言う他者排斥の論理の下での「日本」というナショナルな視座からのみ読み解かれた「歴史」であった。その一方で，戦後半世紀以上の時間が経

過し，戦争の直接体験者が減少している今日の状況は，被害者の立場から経験的かつ否定的に読み解かれてきた戦前日本に関するその読み方自体を読み替えることへの心理的ハードルを低くしているのである。

民主社会における歴史の読み手のこの変化が，1990年代の「自由主義史観」論議のように従来の歴史教育内容への批判を活発化させた。同時にアジア・太平洋戦争の直接経験がない戦後世代以降の学習者に対して，加害者としての歴史はもちろんのこと被害者としての歴史をもどのように学習させるかという課題を引き起こしている。

一方，加害者としての立場からの近代アジアの歴史的メカニズムを読み解く学習は，その時代の「国家」を自分と異なる「他者」としての視座から批判的に見ることになる。過去の国家を批判的に読み解く場合，現在の日本国民（その代表者としての議会・政府）が，戦前の国家と政府を現代のそれらと区別し相対化できない場合，学習者に自己アイデンティティーの矛盾を生じさせ，日本の主権者教育として矛盾を生む[28]。つまり，自己否定によるアイデンティティー喪失の危険がある。このような問題を克服し，過去の国家（特に現代と

写真5-1 長崎原爆朝鮮人犠牲者の追悼碑（長崎平和公園）
長崎在日朝鮮人の人権を守る会により1979年に建立された。同碑の説明には，1945年8月9日のアメリカ軍による原爆攻撃では約2万人の朝鮮人が被爆し，約1万人が爆死したと記されている（著者撮影）。

の共通性が多い近代国家）を相対化する視座として,「異文化としての過去」と「多重市民権」という2つの視座がある。以下この2つの視座について述べる。

4. 多文化社会における解釈型歴史学習の社会的役割

(1)「異文化としての過去」論

1980年代には,歴史学を「過去を異文化として読み解く学問」とみなす論理が主張された。「異文化としての過去」論といえるものである。たとえば小谷汪之は「過去を固有の価値をもった『異文化』として捉え直し,そこに視座を据えることによって,この現代の文明を批判し,歴史の中に相対化するところに,『現代文明批評としての歴史学』のもう一つの方法を求めることができるであろう」と述べた[29]。また林健太郎は,「歴史上の各時代には独自の課題があり価値基準があって,それぞれに意味を持つと言うことである。後世の価値基準を以て簡単に過去を裁断することができないのはそのためである」と主張した[30]。このような視点は,たとえ地理的に現在と同一な地域であっても,その過去は現代における異文化社会と同様に異質な社会であると見なす前提に立っている。この場合,小谷は「現代文明批評」としての役割を歴史学に期待しているが,林の場合は「簡単に過去を裁断することはできない」として現代的視点の歴史学への介入を禁じている。林の場合は,近代日本政府の侵略政策を批判することが歴史学の目的ではないという文脈の中で,日本の歴史教科書を問題にする韓国政府を批判した際の論理であった。小谷と林の論理は,過去を異文化として現代と異なる価値観に支配されていたとみなす点では一致するものの,現代人が過去を批評できるかどうかという点では相違がある。多文化社会の進展という戦後社会の変化の中で,歴史学が,小谷のような現在の「自国」を相対化し文化的多様性を歴史から学ぶ視座を提供する役割も果たすものであるならば,歴史学習は学習者に過去をも相対化できる能力を育成しなければならなくなる。それは,前章で述べた和歌森太郎の「歴史心理」の学習つまり解釈型歴史学習になる。この点については,第7章で更に述べる。

(2)「多重市民権」論

　ヨーロッパにおいては，20世紀末から，国民国家の枠組みを超えてEUというシステムを創り出している。そのような状況の中で，市民権の多重性が重視されつつある。たとえば，イギリスの政治学者デレック・ヒーター（Derek Heater）は，「多重市民権（multiple citizenship）」という概念を用いることを提唱している。彼は，グローバルな経済発展と人口移動が日常的になってきた今日では，国民のみに与えられる市民権という発想は現実に適応できなくなっているため，従来の国家中心の一元的市民権に対して多重な市民権が必要であり，将来的には，EU型の超国家的な市民権や世界市民権のような権利の概念が重要となるというのである[31]。しかもそれらの権利は，どれか一つに限定されるものでなく，同じ一人の個人であっても，いくつかの市民権を重ねて持つ状態，つまり複数の市民権社会に所属する状態が生じるし，現実にそうなってきているというのである[32]。

　EUの成立は，国家市民権と他の市民権とりわけ世界市民権との関係を考えさせる契機を与えている。近代は，国家が国民に対して教育や福祉などのサービスをおこなってきた。しかし，今日のようにグローバリゼーションが進むと，国籍を持つ国民でない外国籍市民にも教育や福祉は保障しなければならず，逆に自国民に対してすら人権を保障できない国家は，他国から政治的，時には軍事的介入を受けることさえ当然であるかのようになっている。世界人権宣言は国家市民権を超える世界市民権を承認したものともいえる。

　デレック・ヒーターの指摘で注目されるのは，このような市民権概念に立てば，「市民」として有益な価値を教育しようとする時，その「有益さ」は一つに限らなくなるということである。彼によれば，これまで歴史的に7種類の市民教育がなされてきている。国家への帰属を重視する市民共和主義の視点からは，国民国家への参加者と愛国的市民の育成が目指され，逆に市民（個人）の権利保障を主眼とする自由主義的市民権の視点からは，民主主義を支持する市民育成が目指された。教育方法の視点から見ると教化型の教育手法でロボットのような市民が生産されるケースもあれば，異なる階級ごとの分離教育という手法でエリート市民の育成が目指されるケースもある。地理（空間）的レベル

での市民権という視点に立てば，国民形成が目指されたり，EUアイデンティティー形成が目指されたり，排外主義や戦争・環境破壊といった地球規模の問題に立ち向かう世界市民の育成が目指されることもある[33]。

つまり，学校でどのような市民を育てるべきかというとき，このような複数の「市民」概念それぞれによって，教育すべき内容の「有益さ」の優先順位は変わってしまうのである。

現在の市民社会をこのように多重なものと見なすとき，重要な点は，このような市民権概念に立てば，「市民」としての「立場」は，イコール「国民」という単純なものでなくなるということである。つまり，一人の個人はいくつかの「立場」を持ち，重なり合う複数の社会に所属している。現実の社会状況を

写真5-2　明治時代の県会議事堂（新潟県県政記念館）
1883（明治16）年に竣工した県会議事堂。国と異なる市民権として少なくとも県民・市民という複数の市民権の中に私たちは生活している（著者撮影）。

前に「立場」の多重性を自覚させる学習こそ重要であることが，今日的課題として浮上しているのである。この「多重市民権」の重要性については，終章においても改めて述べる。

(3) 新しい多文化社会における解釈型歴史学習の役割

　国家市民権が唯一の市民権ではないという視座は，天皇主権の国民国家観にたつ戦前期の日本の歴史教育に欠落した視点であった[34]。では，現在の社会科歴史教育においては，この視座はどう位置付くであろうか。現在の日本の社会科では，戦前のような臣民としての立場の強調は払拭されているが日本国民としての「立場」は強調される[35]。この場合，戦前期とは違って主権者としての「立場」である。しかし，多文化社会にあっては，上述したように日本という国民国家の主権者の「立場」だけが唯一の立場ではない。実際に教室の中には日本国籍の児童・生徒だけがいるとは限らない状況が存在したり，歴史観の異なる海外との交流が学校レベルでもおこなわれるようになってきている。同時に，学習者自身の中にも「日本国民」という一つの立場だけでない「地域市民」や「学校の生徒」「クラブチームの一員」など多様な複数の「立場」がある。したがって，この状況だからこそ，歴史的なトピックやテーマを教材として複数の「立場」にたって考察し，合理的に合意形成できる能力を育てる学習の重要性がより一層増している。つまり，学習者自身の中にある「立場（市民）」の多重性を自覚させることが社会問題の解決策を冷静にさぐることができる市民を育てるうえで重要になっているのである[36]。

　グローバリゼーションの進展は，このような新しい市民権概念を生むとともに，歴史教育の目的を国家市民権の強化という役割から，あくまでも情報の選択とその組み立てという，知的で論理的な役割へとその機能を転換させることになりつつある。学習者の立場からいえば，自らが優先する市民権に合わせて，自ら有益と判断する情報を選択し組み立てて歴史をつくる必要が生じる。したがって原理的にはいくつもの多様な歴史が存在することになる。しかし，それは，一人の学習者がそれぞれ一つの歴史をつくればよいという単純なものではない。「多重市民権」は一人の人間が多重な市民権に帰属している現状を示し

たに過ぎない概念である。つまり，教師は学習者にそのことを自覚させることがまず重要な役割になるのである。そして，常に複数の市民権の視点に立って問題にアプローチするスキル（技能）に習熟させることが必要になる。

　ゲオルグ・G・イッガースが言うように，「歴史学」そのものが過去の誤解の上に成り立つものであれば，「多重市民権」という視点を持つ歴史教育は一方でそのような旧来の歴史研究そのものも新たな方向で再生させるものとなる。さらに，現在と未来の市民教育として，学習者の視点を今日的課題に導くものとなる。日本にあって，従来は，「市民」といえば，「国民」と同義で用いられて支障を感じない状況があった。しかし，近年，日本の社会が多文化であり，多様な人々が共生する社会であることが自覚されつつある。「市民」が国籍を持つものに限定されない状況が生まれてきているのである。戦後に戦前とは異なる国民主権の国家としてつくられた国民国家「日本」が，これまで述べたようにむしろ戦前以上に他者の排斥のうえに成り立ってきた国家だとしても，その排斥の視座を継承するか否かは，学習の主体者であり将来の有権者である児童・生徒に考察・判断の機会が与えられるべきであろう[37]。

　市民社会のこのような変化とそこでの歴史教育の役割を自覚するならば，歴史教育は，単に過去を異文化として理解させる学習に留まるものではない。それは，「民主的で平和的」という現代の日本社会の持つ価値観の背景を歴史的に探り，その価値の実践者として，その実現を図るための思考力を育成することが期待されていると言えよう。このように考えると，歴史教育が日本で社会科教育の目標構造の中に位置付けられてきたことの意味は大きい。現在進行している地域の国際化とグローバリゼーションは，歴史教育の役割を国家市民権の強化という戦前型の精神的でナショナリスティックな機能から，あくまでも情報の選択とその組み立てという知的で論理的な機能つまり解釈へといっそう転換させつつあるのである[38]。

　その一方で，2006年，日本の「伝統と文化」を尊重するという視点から，議会の審議を経て教育基本法が改正された。つまり国民は前述のような多重市民権でなく国家市民権を強調しつつあるようにみえる。このことは，改正反対者が考える日本の民主主義の不完全さによるというだけではない理由があると

考えられる。つまり，国民として自国の伝統と文化を重視した学習が必要であるという課題設定は，市民にとっては荒唐無稽の非常識な意見とは考えられていないということである。それは，「日本の伝統や文化はどのようにつくられてきたか？」という多くの市民が持つ素朴な疑問に応えうる課題設定だからである。この課題は，市民が興味や関心を共通に持つことができる現代的リアリティのある課題といえるかもしれない。つまり，歴史家の意図とは別に，市民には市民のレベルでの歴史的疑問や関心があるのである[39]。

　この現状を踏まえ，次章において，歴史学習における歴史解釈の客観性の問題を「鎖国」という歴史事象を例に考察する。

　注
1) 小学校では第6学年が日本の歴史を学習内容として取り扱う。中学校は，地理的分野・歴史的分野・公民的分野の3分野制を取り，歴史的分野として日本史を中心に通史的に学習される。
2) 国際化社会に対応するために，「日本人」としての自覚を教育することを求める動きは，この文脈の中で戦前社会と現在とが形式的共通性を持っていることをうかがわせる事例といえる。
3) ケネス・ルオフ『紀元二千六百年――消費と観光のナショナリズム』（朝日出版社，2010）は，1940年前後の日本が現在と共通する大衆消費社会にあったことを指摘している。なかでも，植民地朝鮮への観光事業に触れ，総督府の一部を含め，朝鮮人を一日でも早く日本人化しようとする政策とは食い違って，本土との違いを残しておきたいという気持ちが強かったという。多文化社会であることが，一方で求められていた（同書，p.203）。
4) 黒田俊雄「「国史」と歴史学――普遍的学への転換のために」『思想』726号，岩波書店，1984。
5) 『歴史教育』1929年9月号，p.90。東京市日本橋区十恩小学校笠原清七の発言。
6) 『歴史教育』1937年3月号，p.117。これへの回答は，①征伐という言葉は不適当なので直接使用しない。②祖先は祖先，我らは我らの態度ありの認識を育てるというものであった。なお，本書においては，歴史的史料として，朝鮮征伐とそのままの表現で引用したが，当時の歴史認識を無批判に許容するものではない。現在は朝鮮侵略と一般的に表現される。
7) 『歴史教育』1937年4月号，pp.82-88。この雑誌の主宰者である歴史教育研究会の委員からは，「もし，今日秀吉が生まれたならば，国威を輝かす為に，戦争とい

う手段に依らず必ず産業発展に向かって努力して行くべきであろう，そう云う風に僕は説きたい。」と回答された。この例のようにこの時期の教育では，戦争は決して推奨される手段ではなかった。

8) 中山栄作「国史教育の方法私観」『現代国史教育大観』(『教材集録第19巻第3号臨時増刊』) 東京南光社，1930，p.257，中山は当時広島高等師範学校訓導。
9) 同上，p.258。自学主義は，次のような学習方法として紹介されていた。①児童が独自の学習によって，教科書や参考書を用いて研究調査する。②史実を把握して「反省考慮」して自らの歴史を構成する。③その間の疑問について，参考書や教師やその他の環境を利用してその疑問を解決する。④学習結果を整理して，各自のノートに記述し，記憶すべきは記憶し，比較すべきは比較する。⑤独自学習の結果を自己整理する。⑥学習進度が類似の生徒同士が分団して（グループ化），相互の研究を対照し，学級学習の準備をする。⑦学級でいくつかの主要問題について討議し，意見発表，批評の交換をおこなう。
10) 大松庄太郎「現代国史学習の主張と情理」『現代国史教育大観』(『教材集録第19巻第3号臨時増刊』) 東京南光社，1930，pp.80-89，大松は当時奈良女子高等師範学校訓導。
11) 同上，p.98。教科書や参考書を調べたり，友人や教師に聞いたりする。箇条書きでノートに要点をまとめたり，年表や系統表を作ったり，絵画や地図を描いたり，表現文を作ったり劇作したり，粘土で人形を作ったりという活動が例示されている。
12) 佐藤保太郎『国史教育』(小学教育大講座8巻) 非凡閣，1937，p.384。
13) 岡崎師範学校附属小学校『生活教育の実践』東洋図書，1935。
14) 同上，pp.100-105。このような当時のプロジェクト型の歴史学習については，土野長一が，兵庫県明石女史師範学校附属小学校についても事例を紹介している(「大正期における歴史教育改革の試み――永良郡事の歴史教育論と授業実践を手がかりとして」『社会科研究』第69号，pp.31-40)。師範学校附属小学校等で当時積極的に実践されていたと考えられる。
15) 同上，pp.87-91。
16) 同上，p.17。
17) 愛知県岡崎師範学校附属小学校『体験　生活深化の真教育』(東洋図書，1926) では，学校の環境は，「整理するというよりは，むしろ多様」であることが重視された。「多様な環境の中での多様な経験」から児童の「個性」が育つと主張された。
18) 江口圭一「十五年戦争と民衆の国家意識」『歴史地理教育』1984年2月号，pp.8-15。
19) 戦前期教育の特色・限界性について，拙稿「国体論的歴史教育の浸透過程――1930年代における歴史教育転換の論理」『上越社会研究』第2号，1987，pp.29-40にも「平和」認識の点から論じている。

20) 小熊英二『単一民族神話の起源――〈日本人〉の自画像の系譜』新曜社，1995，p.363。
21) 網野善彦『東と西の語る日本の歴史』そしえて，1982。同『日本論の視座』小学館，1990。
22) 本論第1章及び拙稿「歴史教育における「自国（日本）イメージ――歴史的変遷と今後の課題」『愛知教育大学研究報告』第46輯，1997参照。
23) 社会科教育研究においては，森分孝治の「地理や歴史で教授されるのは事実ではなく，一つの価値観から捉えられた事象像であり，解釈である」という指摘がある。森分孝治「地理歴史科教育の教科論」社会認識教育学会編『地理歴史科教育』学術図書出版社，1996，p3。なお，歴史思想家であるゲオルグ・G・イッガースは，「歴史」が読み手の「誤解」のうえに成り立つと「歴史」の主観性を表現している。ゲオルグ・G・イッガース『20世紀の歴史学』（早島瑛訳）晃洋書房，1996，p.128。
24) 拙稿「国体論的歴史教育の浸透課程」『上越社会研究』2号，1987参照。
25) 『朝日新聞』1995年3月29日付。
26) 荻野文隆「ヒロシマ・ナガサキの歴史性――戦後民主主義を問う」（『環』2000. Vol.1) p.207。荻野は，ヨーロッパ歴史思想研究家。東京学芸大教授。
27) 同上，p.203。
28) このことは，社会科教育研究者自身にもいえることである。公民教育研究の工藤文三は，現代のシチズンシップが国民国家に法的資格を保障されたものであって，「国民国家にはそれぞれ固有のシチズンシップが存在」すると指摘して，「社会科は日本という国民国家における公教育として位置づけられている」ので「公民的資質がどの程度まで『地球的』『国際的』になりうるかは，結局日本という国家の利益を維持できる範囲までということになる」と述べている。つまりシチズンシップは国民国家の枠の中に制約され，公教育である社会科教育もまたその範囲で制約を受けるというのである（工藤文三「社会認識における「近代性」と社会科教育」『社会科教育研究』No.79，1998，p.51）。
29) 小谷汪之『歴史の方法について』東京大学出版会，1985，p.100。
30) 林健太郎「教科書問題を考える」『文藝春秋』1986年10月，p.103。
31) Derek Heater: *WHAT IS CITIZENSHIP?*, Polity Press, 1999. デレック・ヒーター，田中俊郎・関根政美訳『市民権とは何か』岩波書店，2002。ただ，2010年のギリシャ経済危機以降，EU加盟国間の経済格差問題が政治問題となり，EU自体の今後にも影響している。しかし，このこと自体，国民国家での国家市民権だけの発想では解決できない問題といえよう。
32) 「市民」に関するこのような社会認識は，二谷貞夫も「重奏」という表現で指摘していた。二谷貞夫「民衆・民族の共存・協生の世界史像を結べる市民の育成をめざして」『社会科教育研究』（別冊2000年度研究報告）2001，p.11。二谷は，ここ

で，日本の社会科教育における国家社会と市民社会と個人との関係，特に市民社会への認識が充分育成されていないと指摘した。二谷は，社会科歴史教育は，地域世界における一市民としての歴史的自覚を促すことであるとし，その地域設定について，「重奏的な広領域が設定されている」と主張した。彼は，「人類みな同じというような意味での単一の世界市民など存在しない」という前提に立ってはいるが中南米世界と日本・地域・一市民という旋律と，韓国・中国・モンゴル・台湾など東アジア世界と日本・地域・一市民という旋律とが重奏しているような個人が実在することを指摘した。

33) Heater, *op. cit.,* (ⅷ) pp.275-276.
34) たとえば，国民学校国史教科書，文部省『初等科国史　下』(1943) は，最後に「私たちは，一生けんめいに勉強して，正行のやうな，りつぱな臣民となり，天皇陛下の御ために，おつくし申しあげなければなりません。」(同書，pp.188-189)と記して，臣民としての立場のみが強調された。
35) たとえば，高等学校学習指導要領は，2009年の改訂で日本史Bの目標を従来の「国民としての自覚と国際社会に主体的に生きる日本人としての資質を養う」という表現から「国際社会に主体的に生きる日本国民としての自覚と資質を養う」と改められたがどちらも「国民」が強調されている。改訂によって，日本人という曖昧さのある表現から国籍を持つ法的資格としての「国民」という意味で明確な表現になった。
36) 国家市民権が唯一の市民権ではないという発想に立てば，日本の歴史教育は，学習者に与えることのできる情報がより柔軟になるし，学習者の歴史認識もより柔軟なものへと転化するだろう。日韓の歴史教育を例にとれば，広島の原爆で亡くなった少女と韓国の三・一独立運動で亡くなった少女とは，子どもが人権を踏みにじられた例としてともに教材となりうるが，日本においては歴史教育が「日本市民のための歴史教育」であり，韓国にあっては「韓国市民のための教育」である限りは，教材として等しい扱いを受けることは難しい。しかし，多重市民権概念によってともに重要な教材となる可能性は高まる。また，このような視点からは，同時に，ユーロクリオが主張する「歴史学習の目的は，歴史が絶対的な真実ではなく，人が選んだ情報から組み立てられた解釈であるとわかることなのである。」という指摘が重要であることをより明確にする。さらに，社会科学習における役割演技（ロールプレーイ・ごっこ遊び）・パネルディスカッション・ポスターセッションなどの「立場」性を伴う学習活動は，本稿の視点から重要性を増すと考えられ，歴史学習においても中心的学習活動としてより重視されるべきである。これら体験学習の方法・意義については，井門正美「役割体験学習の展開——社会科からの学校教育再生論」(『学びの新たな地平を求めて』東京書籍，2000) pp.232-269 も参照されたい。従来のこれらの活動も本論の視点から，市民としての多重性に気づかせ，それ

による葛藤の機会を意図的に設けることで充実させる必要がある。

37） それは経験知のみに由来する歴史認識でなく思考知に由来する歴史認識を育てることである。ただ，人々の経験した歴史的体験は資料として基本的に必要なことはいうまでもない。この意味で資料が残されている近現代の「歴史」は，歴史教育に重要な役割を果たす。議会を持ちつつも人権が十分に保障されなかったのはなぜか。平和を主張しつつ侵略がおこなわれたのはなぜかなど現在の「日本国」の国家システム形成を考えるうえで根幹に関わる問いを扱い，そのうえで将来の政治参加のあり方や人権保障の方法を考察する学習がおこなわれるならば，主権者教育である社会科教育と整合する歴史教育となる。そのための教材の選択と配列が必要とされよう。

38） 欧米圏では，大学でおこなわれる研究も学校の授業も「history」である。交通や生活史等日本で趣味的分野に取り扱われる歴史も同じく「history」のジャンルにある。市民と学問との距離が近く，在野の「歴史家」(historian) が多数存在し，国家史とは別の視角での地域史や社会生活史を描いている。大学の研究者も学校教師も地域史家も historian である。その良否は別として，日本もこの状況が進みつつあると考えられる。

39） 筆者は，戦前の日本歴史（国史）を復活させよというのではない。日本においても市民意識の多様化が進み，そのような市民の現代的関心に応える歴史学習が求められていると考える。そこに従来の市民＝国民とする単層的市民権意識から構成しようとする歴史学・歴史教育とのズレが生じている恐れがあるということである。たとえば，資源とエネルギー，生産と金融，娯楽と暮らし，生命と信仰，女性とマイノリティ，医療と福祉，旅と情報，など従来の政治的な事件や人物だけでは構築できない歴史が，市民にとってリアリティのある「歴史」であるかもしれないのである。歴史教育における学習者の「思考」の問題については，拙稿「歴史教育と教科書」（『歴史研究の現在と教科書問題』青木書店，2005）参照。なお，構築型の歴史学習方法は，現在，韓国でも研究が進んでいる。

第6章
歴史解釈の客観性
歴史教育における「鎖国」論を例に

1. 「鎖国」概念の形成と歴史教育

　本章は，歴史学習内容つまり歴史解釈が時代的制約を受けることを「鎖国」論を事例として考察する。これまで述べたように，解釈型歴史学習は，学習者に過去を解釈する機会を与える点が特徴である。それは，教科書などに描かれた歴史学習内容それ自体が歴史家によってつくり出されたものであることに気づかせる学習を伴っている。歴史家は，慎重な考証を経て歴史を描くが，彼らが生きている時代の影響を受けてしまう。したがって，歴史家によって吟味された歴史教育内容もその時代の影響を受ける。本章は，この点に焦点を当てる。

　1989年におこなわれた学習指導要領改訂は，日本には国際化が必要であるという言説が各種メディアを通して唱えられていた社会状況の中で作業が進められた。当時の「国際化社会論」は，多くの場合，日本が経済的に世界各地域との関係を深め他国との交流が活発になっているにもかかわらず，日本国民の世界認識や意識が閉鎖的でありその改善が急務であるという論調をとっていた。このような「国際化社会論」を受けて，「国際化社会に対応した教育」を実現する必要があると主張された。その結果の学習指導要領改訂であった[1]。

　さて，戦後新教科として設けられた社会科においては，国際理解教育や異文化理解教育の重要性が主張され，研究や実践が進められてきた。また，社会科に包摂された歴史教育でも「異文化理解」の視点を取り入れた実践の必要性が主張された[2]。

　一方，国際化に対応した歴史学習という視点は，前章までに示したように，戦前の日本の歴史教育でも強調されていた。つまり，日本の人々にとって，国

際化や国際平和という言葉は，明治以降の近代化の過程の中で，歴史教育にあって常に主張され続けてきたといえる。第3章で述べたように，日本政府が八紘一宇を主張して戦ったアジア・太平洋戦争もアジアにおける日本を中心とした国際化論と平和論をベースとしていた。では，そのように自ら国際化の必要性を常に強調しつづける日本の人々の意識は，どのようにして形作られたのであろうか。その過程において日本における近代的歴史教育はどのような役割を果たしたのだろうか。

　従来，日本の歴史教育においては，「日本国民」の世界認識の不足や国際意識の閉鎖性について，その歴史的原因を近世の「鎖国」政策とそれに立脚した近世社会に求めることが多かった。「江戸時代の長期にわたる鎖国政策のため国民の閉鎖的意識が強められ，日本の国際化が阻まれた」という視点である。歴史教育において「鎖国」という語は，「国際化」（あるいは「国際化社会」）の対極に置かれて，歴史的実態をあらわすよりもむしろ日本の閉鎖性を批判的に言いあらわす言葉として用いられてきた。近代日本の歴史認識は，「鎖国」政策によって「日本人」のいわゆる「心性」が閉鎖的になったとして，それを批判的にみる視野から国際化の必要性が主張された。それは，近代日本人の意識形成や日本の近代化にとってプラスであったかマイナスであったかという視点からその得失を論じる，いわゆる鎖国得失論と呼ばれる分析視角にもとづいた主張であった。その主張は，本章で論じるように，近代的学問である歴史学の成果にもとづいていた。しかし，1990年代以降の近世史，特に「鎖国」に関する研究によって，情報やモノの交流という視点から，従来の日本史研究の「鎖国」観は大きく揺るぎ，日本の近世社会が決して世界から孤立した閉鎖的な社会だったわけではなかったという歴史認識が一般化していった[3]。また，旧来の「鎖国」概念は，歴史研究において指摘されているように歴史的実態を十分にあらわしていないばかりか，本章で述べるように過去において過度にナショナリスティックに用いられてきたことなど，歴史教育実践上のいくつかの問題点を含んでもいる。本章で述べるように，「鎖国」という語は，その時代の政治的状況によって意義づけられ，教育を通じて自国中心の歴史認識を助長し，むしろ国際化を阻害するほどの強力な自国中心のナショナリズム（エスノ

セントリズム）を育てたという過去を持っている。この事例は，市民社会において，「歴史」が教育を通じてどのようなメカニズムで政治的に利用されるかを解明するうえで貴重な事例を提供する。また，日本の国民国家形成期における歴史学と歴史教育との関係を明確にする。つまり，歴史教育における「鎖国論」の取り扱われ方とその論理の史的経過を分析することによって，正しいとされる歴史学習内容でさえ絶対的なものではなく相対的なものであることや日本の国民国家形成期における歴史学と歴史教育との関係を明確化することができるのである。

さて，「鎖国」という語は，長崎の元阿蘭陀通詞の志筑忠雄が，1801年，17世紀末のオランダ商館医師エンゲベルト・ケンペルの著書『日本誌』の中の一つの章を『鎖国論』と題して訳出したのがその始めとされている[4]。ケンペルの原題は，「日本帝国に於て本国人には海外渡航が，外国人には入国が禁ぜられ，且つこの国と海彼の世界との交流はすべて禁ぜられているのが極めて妥当なる根拠に出でたるものなることの論証」（小堀桂一郎訳）といい，江戸幕府による「鎖国」政策を肯定的に論じたものであった[5]。ロシアをはじめヨーロッパ諸国の日本近海での活動が活発化していた当時，志筑の『鎖国論』は，迫り来る「開国」状況を意識しつつ，ヨーロッパ人であるケンペルの論理を用いて日本の国家としての独自性・特殊性を主張する性格を持っていた。この『鎖国論』は公刊はされなかったが筆写されて流布し，19世紀以降平田篤胤などの国学者たちが日本の特殊性や鎖国政策の正当性を示す際の論拠として引用した[6]。

そののち，『鎖国論』は，黒沢翁満によって『異人恐怖伝』と題して初めて公刊された。ペリー来航の3年前にあたる1850年のことである。黒沢もまた，ヨーロッパ諸国にくらべて「御国の勝れて強く尊く，万の国に秀でたる事を，今の人に悟らしむる」ために，ヨーロッパ人であるケンペルの鎖国肯定論を持ち出して政治的に利用した[7]。この『異人恐怖伝』は攘夷論者や幕末の志士たちに大きな影響を与えた[8]。このように幕末の「鎖国」論は，日本の特殊性や正当性を主張しようとする政治的立場をとる人々によって，鎖国を肯定する根拠として展開され，尊攘論を支える一つの有力な論理となった。

攘夷が不可能となった明治期に入ると,「鎖国」は別の角度から論じられるようになっていった。1892（明治25）年,菅沼貞風は『大日本商業史』を,1895（明治28）年に福地源一郎が『幕府衰亡論』を著した。菅沼は,「鎖国」以前の日本人の海外貿易や移民活動の事例を検討して,江戸幕府による「鎖国」政策が日本人の海外発展の芽を摘み,国民的商業活動の展開を阻害し日本が欧米列国に遅れをとる結果となったと論じた。一方,福地は,「鎖国」成立期の政治情勢を分析して,キリスト教禁教と金銀貨流出抑制策を「鎖国」の原因とした。この両者の分析視角は,その後の「鎖国」研究の展開に大きな影響を与え,この分析視角を受けついだ内田銀蔵や辻善之助らによって,「鎖国」政策の得失面を論ずるいわゆる「鎖国得失論」や「鎖国原因論」として研究が固定化されていった[9]。すなわち,「キリスト教の禁教を徹底させるため鎖国がおこなわれ,その結果,日本固有の文化が育った反面,日本が欧米に大きく遅れる結果となった」という「鎖国」概念の成立である。そしてそれがその後,「国史学」の研究成果に裏付けられた公式的「鎖国」概念として一般に定着していくことになった。それは,幕末の肯定的「鎖国」概念とは対局の欧米に遅れをとったという意味で「鎖国」政策をむしろ否定的・批判的に捉えるニュアンスを含んでいた。では,この公式的「鎖国」概念は,そののち,歴史教育とどのように関わり,また影響しただろうか。

1903（明治36）年,小学校用教科書が国定となり,日露戦争開戦直後の翌年4月から使用が開始された。この最初の国定歴史教科書『小学日本歴史』には,当時の公式的「鎖国」概念が明確に取り入れられていた。『小学日本歴史』では,「第九　徳川家光」の項で,ポルトガル人の種子島来航以降のヨーロッパとの関係そしてキリスト教禁教と島原の乱が述べられた後,「鎖国」について次のように叙述されている。

「この後,キリシタン宗の禁,ますます,かたくなりて,この宗に関係なきオランダ人の外,すべて,西洋人のわが国に来るを禁じ,また,国民をして,みな,かならず,仏教を奉ぜしめ,キリシタン宗の信者にあらざることを證明せしむるにいたれり。これより,わが国人は,外国の事情に

うとくなりて，世界の進歩におくれたり。」(二巻36頁)。

ここには，「キリスト教禁教」「世界の進歩から遅れる」という，鎖国原因論や鎖国得失論にもとづく内容構成が明確に取り入れられている。このように，福地や菅沼に始まる公式的「鎖国」概念は，歴史教育の場においても公式（国定）の概念として採用され，公教育を通じて一般に普及・定着されることになったのである。

さて『小学日本歴史』以後，初等教育6か年用の国定歴史（国史）教科書（児童用）は，1946（昭和21）年発行の『くにのあゆみ』を含めて，大きく区分すると7期に分けることができる[10]。それぞれの教科書における「鎖国」に関する評価的記述（つまり，「鎖国」政策についてどのような評価をおこなっているか）が，直接的に述べられている部分を抜き出して表示した（表6-1参照）。これによると，1903年の『小学日本歴史』以降の国定教科書にも，その当時の日本史学の公式的「鎖国」概念である鎖国得失論が，微妙にニュアンスを微妙に変化させつつも一貫して述べられていることがわかる。つまり，この得失論にもとづく「鎖国」概念が，基本的には変わることなく長期にわたって国定教科書に取り入れられ，教育を通じて社会一般に定着していったわけであるが，それは，国民の「鎖国」政策に対する認識，いわば鎖国観を得失論の形で固定化させていくことになったのである[11]。

2. 日本における国民国家成立期の歴史教育における「鎖国」概念の展開
小学校歴史教科書の場合

さて，表にみるように，小学校国定歴史教科書の記述は一貫して鎖国得失論の立場をとりつつも，ニュアンスの微妙な変化を含んでいた。

『小学日本歴史』につづく『尋常小学日本史』(1909, 明治42年）では，「鎖国」政策が幕府側に利益があった点を記述しており，この形で得失両面を述べるパターンが1940（昭和15）年までの37年間続いた。これが変化したのは，日中戦争の長期化に伴って日米開戦が取りざたされていた1941（昭和16）年

表6-1　国定歴史教科書における「鎖国」に関する評価的記述の比較

教科書	記　　述
『小學日本歴史』 1903（明治36）年	これにより，わが國人は，外國の事情にうとくなりて，世界の進歩におくれたり。　　　　　　　　　　　　　　　　　　　　　　　　（二　36頁）
『尋常小學日本歴史』 1909（明治42）年	此の鎖國の政策は邦人をして外國の事情にうとからしめ，世界の進歩におくれしめたるの恨みあれども，切支丹宗の傳播を抑止せんとする幕府の目的は遂に之れを達するを得たり。　　　　　　　　　　　　　　　（巻二40頁）
『尋常小學國史』 1921（大正10）年	かく國を鎖せしかば，キリスト教は遂に國内に絶えて，幕府の目的は達したけれども，外國との交通は全く衰へ，洋書を読むことをさへ禁ぜられて，國民は外國の事情にうとく，世界の進歩におくるるに至れり。 　　　　　　　　　　　　　　　　　　　　　　　　　　　（下巻37頁）
『尋常小學國史』 1935（昭和10）年	かやうに，國の出入りをすつかり鎖してしまつたので，キリスト教はとうとう國内になくなり，幕府はその目的を達することが出来た。けれども，一方では，これが為に外國との交通は全く衰へ，洋書を読むことさへも出来なかつたので，國民は外國の事情にうとくなり，世界の進歩におくれることとなつた。　　　　　　　　　　　　　　　　　　　　　（下巻43頁）
『小學國史 尋常科用』 1941（昭和16）年	かうして，國の出入りを鎖してしまつたので，外國との交通は衰へ，國民は海外の事情にうとくなつた。しかし，この後，太平が長くつづき，國内の産業や交通が発達し，学問や教育もひろくゆきわたつた。 　　　　　　　　　　　　　　　　　　　　　　　　　　　（下巻39頁）
『初等科國史』 1943（昭和18）年	八幡船が活躍を始めてから，およそ三百五十年の間，年とともに盛んになつた國民の海外発展は，惜しくも，ここでくじけました。(中略) そこで，せつかく築きあげた南方発展の根城も，次から次へと，ヨーロッパ人にくづされて行きました。海國日本は，これからおよそ二百年の間，島國の姿に変ります。國民は，海外事情にうとくなり，江戸と長崎との間にさへ，遠いへだたりを感じるやうになりました。　　　　　　　（下　42〜43頁）
『くにのあゆみ』 1946（昭和21）年	鎖國によつて，海外との関係が全く断たれることになつたのは，関原の戦ひからおよそ四十年のちのことであります。徳川氏の地位は，ここに動かすことのできないものになりましたが，國民は，こののち世界の事情に暗くなり，また海外の文化にふれる機会を失つてしまひました。(中略) また，幕府は，オランダ人が年年さし出す報告を見て，世界のやうすをわづかに知ることができたのです。　　　　　　　　　　　　　　（下7，8頁）

4月に改定された『小学国史　尋常科用』においてである。「鎖国」に関する記述は，次のように微妙に変化した。

① 国民が海外事情に疎くなったという記述は残ったが「世界の進歩に遅れた」とする記述は削除された。
② 幕府側からの評価である「幕府はその目的を達することが出来た」という記述は削除され，その代わり，国内産業の発展や学問・教育の普及を肯定的に評価する記述が加えられた。
③ 「鎖国」に先立って「日本町」について触れることは，1921（大正10）年の『尋常小学国史』以来おこなわれたが，本教科書では，山田長政についての記述が加わって詳しくなり，同時に日本を含む東アジア地図が，「海外発展要地図」と題して新たに載せられた。

つまり，「鎖国」政策を得失論で評価するという従来の視点を継承しつつ，アジア（東南アジア）に対する日本の発展が阻害されたというニュアンスで，損失面をより具体的に強調する傾向が見られるようになった。また，従来は「徳川家光」という人物名の項目で扱われていた「鎖国」が，「徳川家光」の項目自体がなくなって「諸外国との交通」という社会史的視点で独立した項目となり，もっぱら「鎖国」政策について詳しく述べられるようになっている。
　この『小学国史　尋常科用』は，1936（昭和11）年の教学刷新評議会答申を受けて，「国体明徴」の観点から改定された教科書だった[12]。国体明徴運動は，満州事変と国際連盟脱退による国際的孤立化という政治状況の中でおきた。それは，天皇機関説排撃に端を発し，天皇制国家としての日本の特殊性を強調すると同時に，日本の国体に反するものとして西洋的近代思想を排斥していった。この主張を受けて改定された教科書において，前記した変化が現れたことは，後述するように注目すべき点であろう。つづく『初等科国史』（1943，昭和18年）では，この変化が，よりいっそう明確な形で現れることになった。
　太平洋戦争中に作成された『初等科国史』は国民学校設立の趣旨にそって編纂され，皇国民の錬成を図って設置された新しい教科である国民科における国

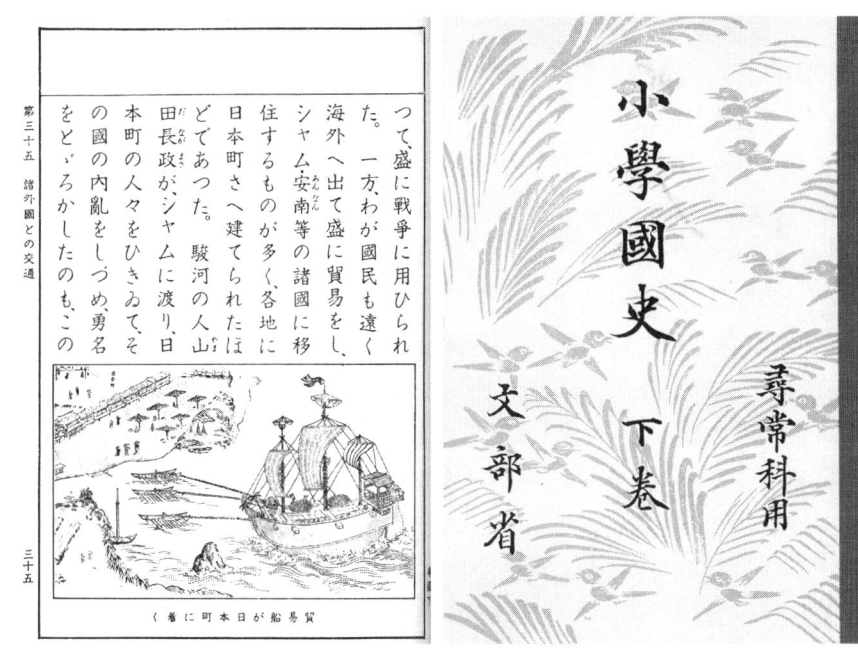

写真6-1 『小学国史尋常科用』(1941年)

史教育の内容的特徴を端的に示す教科書である[13]。当時、日本は中国との長期の戦争に加え英米と開戦し、戦争は太平洋にも広がっていた。政府はその戦争目的を大東亜共栄圏の確立にあると主張していた。この教科書は、そのような政治情勢のもとで編纂された。

この教科書を『小学国史　尋常科用』以前の教科書と比較すると内容構成に次のような大きな変更が加えられている[14]。「鎖国」に関しては、『小学国史尋常科用』で強調された観点が明確になり、より詳細に構成された。たとえば、朱印船貿易に関する地図は『初等科国史』では「南洋の日本町」という題となり、東南アジア地域の地図に日本町の所在地が明記され、日本人の東南アジアへ移住がわかりやすく示されるようになった。また、「江戸と長崎」という項目の中に小項目として「日本町」及び「鎖国」という項目が初めて独立して設けられた。そして、「鎖国」に関しては、「せっかく築きあげた南方発展の根城も、次から次へと、ヨーロッパ人にくづされて行きました」と述べ、「鎖国」

政策をアジアにおける日本と欧米との勢力関係を逆転させた契機として捉え，それを否定的に見る視点がより明確になった。

また，『初等科国史』では19世紀のアジア情勢に関する記述が詳細になり，「海外の形勢がすつかり変つて，イギリス・フランス・ロシヤなどの強国が，しきりに東亜を侵略し，わが国へもだんだんせまって来たのです」[15]という歴史認識が示され，イギリスによるインド侵略，アメリカ合衆国の独立，ロシアの南下及び，それに対する幕府・諸藩の対応が9頁にわたって記載された。

このような内容構成は，従来の「世界の進歩に遅れた」という鎖国に対する直接的表現が削除されたとはいえ，ヨーロッパの帝国主義的発展に遅れをとったことへのコンプレックスとも言えるほどヨーロッパを強く意識したものであった。そして，このような歴史意識を背景に日本がアジアを侵略する機会を早期に摘んでしまった失策として，江戸幕府による「鎖国」政策が批判的に強調されていったとみることができる。それは別の意味でいえば，大東亜共栄圏確立の主張のもとに「ヨーロッパにかわってアジアを植民地化する」ことを明確に示しはじめた当時の日本の政治姿勢が，このような形で歴史教育へ反映したことを意味していた。

このように，歴史教育における「鎖国」の取り扱い方は，「鎖国」そのもの，つまり「鎖国」体制下の貿易や交流の歴史的実態を生徒に理解させるという取りあげ方ではなく，「鎖国」政策を近代日本の発展（それは，ヨーロッパ型の帝国主義的発展であるが）にとって，プラスであったかマイナスであったかという視点から評価し，その結果，マイナス面を強調する取りあげ方が明治以来一貫して続いてきたのである。そしてこの傾向は，日中戦争の進展と太平洋戦争の開始，それに伴う大東亜共栄圏構想の普及という政治情勢を背景として，より露骨に強調されるようになった。

3. 戦後における「鎖国」概念の継承

敗戦後の1946（昭和21）年，最後の国定歴史教科書である『くにのあゆみ』が出された。この教科書は，国体観念からの脱却をめざし，新しい日本史教育

の方向を示したとされるが，一方では通史的構成をとっておりその後の社会科歴史教科書のスタイルを通史構成という形に導いた教科書でもあった[16]。この教科書では，「鎖国」は「江戸幕府」という項目の中の3つの中項目（「江戸の城」「朱印船」「鎖国」）の一つとして独立し，キリスト教禁教の徹底を目的として幕府が「鎖国」政策を断行したことを詳しく述べている。「鎖国」の説明に重点をおいて近世成立期を叙述することは，この教科書以降の歴史教科書の一貫した基本的構成となった。そして，「鎖国」政策に関する歴史的評価についても『くにのあゆみ』の評価が，その後の歴史教科書に受け継がれた。たとえば『くにのあゆみ』では，『初等科国史』に見られたような帝国主義的海外発展にマイナスであったという点を強調して「鎖国」政策を否定的に見る論理は姿を消したが，「鎖国によって日本国民が世界の事情に暗くなり，海外の文化にふれる機会を失った」とする得失論にもとづく「鎖国」の概念規定は，大枠としてそのまま継承された。この概念規定は，冷戦期にも生き続け，「このような鎖国によって，日本には独自の文化が生まれましたが，世界の文化の発展からはとり残されることになりました」というような表現で，小学校教科書をはじめ中学・高等学校教科書に1990年代まで受け継がれた[17]。

　では，敗戦と共に大東亜共栄圏構想のような露骨な侵略肯定論が否定されたにもかかわらず，アジア侵略を正当化する論理に用いられてきた得失論にもとづく「鎖国」概念が，敗戦後の歴史教育に残り得た理由は何であろうか。それは，次に述べるように，和辻哲郎にみられるような「鎖国」概念の読みかえが歴史教育においてもおこなわれたためと考えられる。

　1950（昭和25）年，和辻の『鎖国――日本の悲劇』が出版された。和辻は，「鎖国」前の日本とヨーロッパの社会状況が類似していたにもかかわらず，「鎖国」政策の断行によって社会状況に変化が生じ，日本人の「創造的活力」が失われる一方においてヨーロッパ人は「無限探究の精神」を発達させ，その結果両者の民族的性向に大きな相違が生じたと考えた。彼は，同書序説の冒頭を「太平洋戦争の敗北によって日本民族は実に情けない姿をさらけ出した」と書き出し，このような状態に立ちいたった日本民族の欠点を「科学的精神の欠如」であるとしたうえで，この民族的性向の形成に深く関わる歴史的背景とし

写真6-2 『くにのあゆみ』(1946年)
下巻に「鎖国」が「国民はこののち世界の事情に暗くなり，また海外の文化にふれる機会を失ってしまいました」と述べられている（同書. p.7）。

て「鎖国」を考察する必要があると指摘した[18]。つまり，太平洋戦争における日本の敗北の原因を「科学的精神の欠如」という「日本民族の性向」に求め，「鎖国」政策をこのような民族的性向を形成させた原因として捉え批判的に論じたのであった。

このような彼の批判的「鎖国」観は，同書の終章における「現在のわれわれはその決算表をつきつけられているのである」という結語に示されるように，敗戦という事態の中で，敗北の原因を批判的に探り始めた当時の社会情勢を反映していた。たとえば，科学的精神の欠如を日本民族の欠点と見なす視点は敗戦直後の教育改革論にも示され，その改善を図るために教育内容や教育方法の改革をおこなう必要があると主張されている[19]。このような状況の中で，「鎖国」を日本民族に特有な科学的精神欠如の原因とする彼の論理は，これらの改革論の正当性を側面から補強すると同時に，従来の鎖国得失論を装いを新たに存続させる役割を果たしたのであった。つまり，「鎖国」概念は，「アジア支配に遅れをとった」という理由で損失面を強調した戦前の得失論から，「日本民族の近代的科学的精神の形成を阻害した」という理由で損失面を強調する新たな得失論へ転換したのであった。植民地獲得に視点をあてて説明されていた伝統的「鎖国」概念は，このような視座の転換によって戦後歴史教育に継承されていくことが可能となった。

同時に「近代科学」の精神の獲得を価値基準とするこの新しい得失論は，江戸時代における「蘭学」の役割を相対的に強調することとなった。たとえば，

『解体新書』を著した杉田玄白は『初等科国史』で初めてその名が記載されたが、『くにのあゆみ』においては彼の肖像画と『解体新書』の写真とともに西洋医学の「正しさ」が述べられ、記述がより詳細になった[20]。その後、玄白と『解体新書』は戦後の社会科歴史教科書の中でも必ず触れられていった。そして、それは西洋科学の先進性を確認するとともに、その導入に困難を極めざるをえない状況を生んだ「鎖国」政策に対する批判的印象を与える役割を果たした。「蘭学」は江戸時代の海外情報の流入・伝達の具体的姿を示す教材としてではなく、封建社会の中の近代化の芽を摘み取った「鎖国」政策の損失面を強調する形で結果的に得失論の枠組みを継承・強化する教材となった。

4. 歴史教育における「鎖国」概念の再検討

　得失論にもとづく伝統的「鎖国」概念が戦後歴史教育に継承されたことは、明治以来の得失論が本来的に持っていた問題点をも継承する危険性が伴うことを意味していた。つまり、「キリスト教禁教の徹底のため鎖国が断行された」とする鎖国原因論もそうであるが、得失論もまたヨーロッパとの関係を主軸として立論されているのである。そのため、ヨーロッパを日本に対抗する勢力と捉えてそれにどう対処したか、また、その結果どうなったかという視点で「鎖国」は叙述された。このことは、「鎖国」概念が形成され一般化した明治期における次のような政治状況と深く関わっており、その特有の時代性ゆえに今日検討すべき問題点を含んでいるといえる。

　1880年代以降、日本の言論界では、欧米脅威論とアジア侵略論が対になって主張されていた。すなわち、ヨーロッパ諸国を「列強」と意識して、この列強によるアジアの植民地化の危機の中で日本の独立を守るためには、列強と並んでアジアを侵略する必要があるとする主張である。芝原拓自は、切迫した日本独立の危機が実在しなかったにもかかわらずこのような主張がなされたと分析して、それは、当時の日本の知識人の意識が、ヨーロッパ列強の世界争覇の情勢に対応して「日本の小型の帝国主義候補国への方向確定」をおこなうことに向いていたためであると指摘した[21]。ヨーロッパ＝列強イメージは、日本

の知識人の対外野心（帝国主義的意識）の高まりとともに，意図的によりいっそう強調され浸透していったわけである。そしてそれは同時に，ヨーロッパ列強によって分割される憐れむべきアジアというアジア蔑視観を増幅させていった[22]。このような時期に，原因論や得失論にもとづく「鎖国」概念は形成され歴史教育にも「応用」されたのである。

　このことは，この時期の日本におけるヨーロッパ列強イメージの浸透と日本政府が帝国主義国家を志向するようになったことと無関係ではない。『小学日本歴史』以降の教科書において，「鎖国」後の対外関係で新井白石による金銀流出抑制政策や松平定信による海防強化政策が必ず述べられているように，ヨーロッパ諸国を日本への脅威として強調する一方，中国との関係については触れない状態が一般的になった。つまり，国定教科書において「世界の進歩におくれた」というときの「世界」は，アジア・アフリカが含まれたグローバルな「世界」ではなく，単に「ヨーロッパ」のみを指していたのである。このように，原因論や得失論にもとづく「鎖国」概念は，ヨーロッパを志向してアジア蔑視観を増幅させていった明治期の対外認識のフィルターがかかった概念であり，この「鎖国」概念にもとづく「歴史学」そしてそれを受けた歴史教育は本質的にアジア蔑視観を持ち，またそれを助長させる危険性を伴っていたのであった。

　このことは，従来の「鎖国」概念の枠組みを基本的に引き継いだ戦後の歴史教育が，戦前と類似したアジア蔑視観を生徒に生じさせる本質的危険性を孕んでいたことを意味した。すなわち，前節で述べたように，戦後は，「近代社会の形成に必要な科学的精神」の形成を阻害したという視点から，「鎖国」政策の損失面を指摘するようになった。しかし，このような理由で「鎖国」政策を否定的に評価する視座は，中国や朝鮮などのアジア諸地域をヨーロッパの対極と見なして，「非近代的な非科学精神にたつ遅れた地域」と考える意識を生む可能性を持っていた[23]。和辻は，『鎖国――日本の悲劇』において，江戸時代の中心的思想であった「儒教」をヨーロッパ合理思想の対極においてそれを否定的にとらえた[24]。このような視点が近代合理精神の発現地であることを根拠としてヨーロッパを先進と見なし，中国を非合理的精神に囚われた後進地域

と見なす蔑視観をよりいっそう拡大させ一般化させることになった。しかもこの場合，明治期に「文明開化」を成し遂げたことを根拠にして，日本は，後進であるアジアに含まれるのではなく，先進であるヨーロッパに含まれていることはいうまでもない。

つまり，「鎖国」概念に関しては，ヨーロッパを先進と考え，ヨーロッパとの関係を基準にした得失論の視点にとらわれる限り，戦前型のアジア侵略肯定論を否定したとしても，アジア蔑視観を払拭することは困難なのである。しかも，「近代科学精神」という一見客観的な判断基準で近代ヨーロッパをアプリオリに肯定し絶対視することによって，ヨーロッパ型の帝国主義国家を目指した近代日本がおこなった対外侵略を肯定する認識さえ生みかねないのである。これは，南北問題をはじめ，近代帝国主義的国際関係の改善を視野において「国際化社会」への対応を摸索している現在の社会科歴史教育にとってもなお課題となる問題点であると考えられる[25]。特に，学習者の思考力・判断力を育成するための歴史教育という視点からいえば，本論の視点抜きに，旧来の得失論的論議に学習者を導いた場合，明治期のアジア侵略そのものを肯定する認識へ無意識のうちに誘導してしまいかねない危険性さえ有している。

では，このような問題を含んでいる得失論を離れ，社会科歴史学習の内容構成を組替えることは可能なのだろうか。

5. 「鎖国」研究の変化と社会科歴史学習内容の再構成

1970年，朝尾直弘は，「鎖国」は16・17世紀の東アジアの社会変動の中で，幕府が独自の小中華意識（日本型華夷意識）を発展させる中から生じたと考えた。この視点は，1975年に同氏の著作『鎖国』においてより明確にされた[26]。田中健夫・荒野泰典はこの視点を発展的に継承したうえで，16・17世紀の中国（明・清）や朝鮮（朝鮮王朝）がとっていた「海禁」政策と日本（江戸幕府）の「鎖国」政策との共通性に着目して，「鎖国」が決して日本独自のものでなく当時の東アジア諸国家に共通した政策であったことを示した。荒野は，このことを明確にするため，「鎖国」という用語を使用することをやめ，当時

写真 6-3　コーンウォリス砦の大砲（マレーシア・ペナン島）
イギリス統治時代の 18 世紀末にマラッカ海峡のおさえとして造られた。19 世紀に入り石造りの現在の姿になった。その頃，日本国内の知識人の中で「鎖国」という自国認識が拡がっていった（著者撮影）。

中国が用いた「海禁」という用語に統一させることを主張するにいたった。中世に東シナ海域を中心とした通交圏が形成されていったが，そこでは，人々（この場合，国家権力を背景としないいわゆる民間人）によって海上交易が担われる状況が生じていた。この状況を国家が管理・掌握しようとしたのが「海禁」であり，その結果民衆を統制するより強力な国家権力（幕府）が形成された。つまり江戸幕府は，中国を中心とした当時の東アジアにおける国際秩序の基本的枠組みであった「華夷の関係」（華夷秩序）を周辺諸国との間に独自に編成しようと試みたのである。荒野は，幕府が貿易を統制・管理する「海禁」（鎖国）政策はそのために必要であったと考えたのである[27]。

　「鎖国」を即「海禁」と呼ぶ荒野の主張には留保を求める意見もあり[28]，こ

の点に関しては現在も一般化されず「鎖国」という表現が用いられている。しかし，「鎖国」を東アジア世界の中で考察しようとする視点は，得失論に固定されがちなこれまでの「鎖国」概念を転換させる点において十分な説得力を持っており，社会科歴史教育にも有効な視座を与えたと考えられる。彼の「四つの口」から近世の対外関係を見る視座は1990年代に歴史学界に広まり，社会科歴史教科書にも取り入れられるようになったのである。

「東アジア国際秩序」や「東アジア通交圏」という視点から「鎖国」を新しく定義づけようと試みることは，まず，前節で問題としたヨーロッパをアプリオリに志向した帝国主義の視点に立脚した明治期のフィルターを外す糸口になる。また，ヨーロッパとの関係を軸に論じられてきた「鎖国」論を東アジア史の中で論じることを可能にした。同時に長崎やそれ以外でおこなわれていたアジア諸国家・民族との交易に視点をあてることによって，「鎖国」体制を総合的に把握することを可能とし，「鎖国」という語が持つ過度の閉鎖的イメージが実態を十分にあらわしていないことを示すことにもつながってきている。このような歴史研究によって，アジア諸国家と日本との歴史的共通性が明らかとなり，「鎖国」得失論がよって立っていた「日本特殊論」を離れて，明治期以降の日本の近代化（ヨーロッパ化）を世界史の中でより冷静かつ相対的に評価する可能性が生まれた点は評価できよう。

以上述べたように得失論は，歴史事象の中に日本の特殊性を見つけ出してそれを「鎖国」の結果であるとする点において，日本を世界から切り離して特殊な国家と規定する性質を基本的に持っていた。それは，先に述べたように，「鎖国」という語自体が，幕末にヨーロッパ近代国家との対抗関係が意識された中から生じて，日本の特殊性（皇国としての）を強調しつつ広まったという事情によるところがある。このような事情を背景として生まれた「鎖国」概念は，明治以降の歴史教育において，植民地獲得というヨーロッパ帝国主義の政治手段を肯定しつつ，一方において日本の特殊性を強調することで，日本をヨーロッパの帝国主義国家をも凌駕する国家として規定する役割を果たしていった。前節で述べたようにアジア・太平洋戦争期はこの傾向が特に顕著であった。そしてそれは，「歴史学」という科学的裏付けのある通説と見なされた。この

通説は，国民国家形成期の日本においては，自国イメージ形成の重要な要素として機能した。それが同時にアジア蔑視観を助長するとともにアジア侵略を正当化する役割を担ったことはすでに述べたことである。

したがって，「東アジア国際秩序」・「東アジア通交圏」という東アジア間交流の視点から「鎖国」を見直し，教材化することは，学習者に「鎖国」と呼び示された近世期の国際関係の実態を，よりリアルに考察させる効果がある[29]。それは，日本のアジア侵略の論理を補強した戦前型の日本特殊論から離れることでもある。つまり，学習者に，中世における「倭寇的状況」[30]に連続して近世の「鎖国」を東アジアの論理と国際関係の視点から理解させることになる。その結果，近世日本を東アジア世界の中に位置付けるとともに，近代国民国家形成期における明治政府によるその位置付けの意図的で劇的な逆転（つまりヨーロッパ型の国際関係への転換）をより明確にできると考えられるからである。「鎖国」に関する歴史学習内容は，現在ようやくこの視点から再構成されつつあるといえよう。また，歴史研究もこの視点からさらに進められている[31]。

以上本章をまとめると，歴史教育において「鎖国」概念は得失論という視角から形成され，江戸時代の対外関係の閉鎖的側面を否定的に強調し，近代日本にとっての利害得失を論じるというパターンで長い間固定化されてしまった。この「鎖国」概念は，明治の国民国家形成期の政治的視座に立脚し，科学的装いのもとで正当化された概念であった。そのため次のような特質を持っていた。第1に歴史教育を通じて，近代日本政府によるアジア侵略を正当化する論理に援用された。第2に，それに付随して，「鎖国」概念がアジア蔑視の世界認識にもとづいて形成されており，歴史教育によって，教師の意図の有無にかかわらず潜在的にアジア蔑視観を助長する危険性を有していた。この2つの特質は，得失論にもとづく「鎖国」概念の枠組みを基本的に継承した戦後の歴史教育においても同様であり，解決されなければならない問題点であった。

この事例のように，科学的学問としての歴史学とそれにもとづくとされた歴史学習内容の客観性は，ともに時代的制約を受けざるを得ないのである。そして，国民国家形成期にあっては，「国家」の歴史（国史）及びその教育（国史教育）は，「国民」の歴史認識を画一的な視角から組み立てていき，むしろ時

代的制約を自ら強化していった。本章の事例によれば，学問的に「正しい歴史」が時代の制約を受ける以上，そのような「歴史学」を相対化することを基本活動とする解釈型歴史学習は，歴史学習の基本的方法として必要性の高い学習方法であると考えられる。本章で扱った「鎖国」概念の変遷事例は，本論序章で示した「史実に対して批判的態度をとる」ことや「視点の多様性がいかなる歴史的事件やその進展にもあると認識する」ことをめざす解釈型歴史学習によって，その時代の通説さえも相対化する必要があることを示す事例といえる[32]。なお，一方において，解釈型歴史学習が，たとえば民主的な考えを制約する国家主義的解釈さえ肯定することができるのか等，すべての解釈を許容すべきかという問題も残される。この問題については，歴史心理という視角から次章において論じる。

写真6-4 「輸出用棹銅」（出島史料館複製）
18世紀銀の産出量減にともない，幕府は銅の輸出を重視するようになった。四国の別子銅山で産出した銅は大坂の銅吹屋に送られ精錬され，輸出用の棹銅として長崎に送られた。その生産，流通を担った住友家は近代には財閥に成長した（著者撮影）。

注

1) 中野重人「新しい社会科がめざすもの——改訂の背景と方向」『改訂小学校学習指導要領の展開　社会科編』明治図書，1989，pp.20-22。
2) 星村平和「異質文化の理解をめぐって（1）〜（3）」『月刊歴史教育』1979年6〜8月号。
3) 荒野泰典『近世日本と東アジア』東京大学出版会，1988，pp.ⅰ-ⅲ。
　　「鎖国」研究は，朝尾直弘が，「鎖国」を16，17世紀の東アジアの社会変動の中で，幕府が独自の小中華意識（日本型華夷意識）を発展させたものであるという視点を提出して以来，東アジアとの関連性の中で「鎖国」を捉え直してきた（朝尾直弘「鎖国制の成立」『講座日本史4』東京大学出版会，1970，同『鎖国』小学館，1975）。朝尾の視点を発展的に継承した荒野泰典は，「鎖国」が，その名が示すほど閉鎖的ではなく，長崎・対馬・薩摩・松前を通じて東アジアと緊密に結びついた貿易体制であったことを論証しつつある。これらの研究は，従来「鎖国」といわれ過度に閉鎖的に考えられてきた江戸時代の対外関係について，従来の先入観を外して具体的に実態を究明する方向にある。
4) 岩生成一『鎖国』中央公論社，1966，p.458。
5) 同上，pp.456-458及び小堀桂一郎『鎖国の思想——ケンペルの世界史的使命』中公新書，1974，pp.61-124。
6) 小堀，前掲書，pp.146-147。
7) 小堀，前掲書，p.160。
8) 加藤栄一「鎖国論の現段階」『歴史評論』1989 11月号，p.4。
9) 同上，p.5。
10) 中村紀久二「歴史教科書の歴史」『複刻国定歴史教科書　解説』大空社，1987，p.28。
11) 大島明秀『「鎖国」という言説　ケンペル著・志筑忠雄訳『鎖国論』の受容史』，ミネルヴァ書房，2009。同書は，本章の基礎となった拙稿「歴史教育における「鎖国」概念の再検討——「鎖国」概念の形成と展開」（『史潮』新31号，1992，pp.37-49）も引用して論じている（大島，前掲書，pp.198-202）。
12) 中村，前掲書，p.42。
13) 和歌森民男「国民科の中の国史教育」『講座歴史教育1』弘文堂，1982，p.23。
14) 国定歴史教科書の内容構成を全体的に知るには，内容項目の比較が参考になる。黒羽清隆「皇国史観の国史教科書」（『講座歴史教育1』弘文堂，1982）pp.214-232に項目の一覧表が載せてあり参考にした。
15) 『初等科國史　下』1943，p.64。
16) 加藤章「戦後の歴史教育の出発と社会科の成立」『講座歴史教育1』弘文堂，1982，p.296。

17) 学校図書版小学校 6 年生用社会科教科書（1991, p.91）このほか「（鎖国は）幕府の支配をかためるのに役立ちました。しかし，民衆の海外とのいききは禁止されたので，人々は長崎という小さなまどから，やっと少しずつ，世界の動きや西洋の文明を知るだけとなりました。（大阪書籍, p.78）」などの記述がある。また，自由書房版『最新版 高等学校新日本史』には，「（鎖国によって）国内では，平和な世がつづき，産業が発達し，国民文化の形成もみられたが，その反面，日本は世界の情勢から孤立して停滞をつづけ，近代国家への発展が，諸外国にくらべて著しく立ち遅れることになった。（同書, p.162）」という表現で「得失論」にもとづく「鎖国」概念が記述されていた。
18) 和辻哲郎『鎖国――日本の悲劇』筑摩書房, 1964, pp.1-2。
19) 文部省『新教育指針』1946, pp.3-8 及び pp.81-90。このなかで敗戦の原因となった「日本人の欠点」として（1）近代化の不徹底（2）人間性・人格・個性尊重の不十分さ（3）権威盲従（4）合理精神の不足及び低い科学水準の 4 つがあるとされ，その改善の必要性が説かれている。とくに，西洋近代の合理的・科学的精神の摂取が教育の緊急課題として主張されている。
20) 『くにのあゆみ下』1946, p.17。
21) 芝原拓自「対外観とナショナリズム」『日本近代思想大系 12 対外観』岩波書店, 1988, pp.505-507。
22) 同上, pp.525-532。
23) ヨーロッパを文明国とみなし，アジアを後進国と見なす視座は，福沢諭吉に顕著に示されている点はよく知られている（『文明論之概略』岩波文庫, p.25）。和辻は，意図的でなかったとしても，この福沢の視座を継承したといえる。それは，和辻に限らず多くの知識人に共通であったと考えられ，日本の人々の戦後長らくのアジアへの加害意識の薄さの遠因ともいえる。
24) 和辻, 前掲書, pp.400-401。
25) この点に関して，1991 年改訂の学習指導要領にもとづく 1992 年版小学校社会科教科書では，「開国」以前の近世における対外関係は「鎖国」と「蘭学」に精選，集約されて述べられた。「鎖国」に関しては，朱印船貿易について全く記述しない教科書もあり，扱いは小さくなるが，「鎖国」に関する記述自体に大きな変化は見られない。一方「蘭学」に関しては，各社とも「解体新書」について詳細に記述しており，特に，中国の解剖図とオランダの解剖図とを並記して，後者の正確さを印象づけることを試みていた。しかし，これは場合によっては，中国の後進性の証明として扱われて，短絡的に中国蔑視観につながる危険性を持っていた。このような状況は，1998 年版の学習指導要領による教科書編集時から改善されつつあり，帝国書院版『社会科中学生の歴史』(2001) では，「世界へひらいていた 4 つの窓口」という項目で，「鎖国」について，荒野の観点から叙述している。

26) 朝尾，前掲書，pp.99-101。
27) 荒野，前掲書，pp..29-31。
28) 永積洋子「「鎖国」にかんする最近の研究」『歴史と地理』1989年12月号，山川出版社，p.26。
29) たとえば，歴史教育にあっては，朱印船貿易について，これまでは，「日本町」の存在は強調してきたが，日本国内に同様に存在した中国人や朝鮮人の居住地である「唐人町」「高麗町」については触れられることがなかった。また，「鎖国」政策確立後の貿易に関しても，日本国内の経済が，長崎のみならず対馬や薩摩・松前を通じて中国や朝鮮と深く結びついていたことについては，あまり注意をはらってこなかった。それは，従来の歴史教育における「鎖国」論が，日本の「世界」からの孤立を余りにも強調しつつ展開されたために見失われていたことであった。

「鎖国」に関する歴史教育内容は，ようやくこの視点から再構成されつつあるといえよう。また，歴史研究も今後この視点からさらに進められよう。唐人町・高麗町に関しては，荒野泰典「日本型華夷秩序の形成」（『日本の社会史』第1巻，岩波書店，1987）pp.195-204に詳しい。また，加藤栄一・北島万次・深谷克巳編著『幕藩制国家と異域・異国』（校倉書房，1989）は，このような状態に対する批判的立場から，長崎・対馬・薩摩・松前における異国・異域との関係を総合的に捉えようと試みている。「鎖国」期の日本と朝鮮との経済的関係については，田代和生『近世日朝通交貿易史の研究』（創文社，1981）に詳しく，歴史教育の教材開発に参考となる。
30) 16世紀の東アジアは，中国人（華僑）・ベトナム人・カンボジア人などの諸民族が海上交通を媒介として交流していたが，これに日本人やポルトガル人も加わって広範で大規模な海上通商網が形成された。荒野泰典は，その要因を日本銀の産出量の増大とポルトガル人の通商参加によるものとしてこの状況を「倭寇的状況」と規定している（荒野，前掲書，pp.185-190）。つまりこの場合，東アジア海上通商網で主要な地位を占めていたのは，王直らに代表される民間の中国人であった。このような状況を管理するかたちで近世において「鎖国」政策がとられていく。ところが，歴史教育においてはこれまでポルトガル人（ヨーロッパ人）の日本来航を強調するあまり16・17世紀の東アジア海上交易における倭寇や華僑の役割が軽視されがちな面がある。ポルトガル人も倭寇の通商ルートに加わるかたちで日本に来航し，東アジア地域間交易の枠内で活動したことは歴史教育においてもより重視すべきであろう。
31) このような内容論的検討にあたって，朝尾直弘や荒野泰典，永積洋子らの研究成果が有効な視座と内容を提供している。東アジアの国際秩序であった華夷体制という視点から，幕府が日本型の華夷体制を形成しようと試みたのがすなわち「鎖国」であるという新しい「鎖国」概念が確立されつつある。（荒野泰典『近世日本と東

アジア』 朝尾直弘編『世界史のなかの近世』（日本の近世第1巻）中央公論社，1991。永積洋子『近世初期の外交』（創文社，1990）。また，これらの成果をふまえて編集された，曽根勇二・木村直也編『新しい近世史』（第2巻）（新人物往来社，1996）。紙屋敦之「日本の鎖国とアジア」（『異国と九州』，雄山閣，1992）。永積洋子他『鎖国を見直す』（山川出版社，1999）等が注目される。

32) 本論にもとづく実践研究として，拙稿「世界との関わりを重視した社会科歴史授業の開発——中学校歴史分野の単元「鎖国」の場合」（『社会科研究』第41号，1993）pp.79-88がある。これは，本論により高等学校でおこなった授業モデル開発であるが解釈型歴史学習モデルではない。

第7章
解釈型歴史学習における主観の相対化
対話の役割

1. 解釈型歴史学習における主観

　前章で明らかにしたように，歴史家の歴史叙述自体が時代的制約を受けて変化する。このような事実から，解釈型歴史学習は「唯一正当な『歴史』は存在しない」ことを前提としている。

　序章で述べたように，「歴史は人（歴史家）によってつくられ描かれたもの」であるという前提に立って歴史教育がおこなわれる場合と，「絶対的真実」であるという前提でおこなわれる場合とでは，学習方法が大きく違ってくる[1]。序章で述べたように冷戦終結以後，日本における歴史教育に関する議論の中で，「歴史」の見方・考え方を育てることの必要性が強調されるようになってきた[2]。その時，特に歴史の見方つまり歴史認識の問題は，近現代史に焦点化して議論された。たとえば，社会科教科書の近現代史叙述とそれにもとづく授業が日本の歴史を暗黒的・自虐的ストーリーで描いているとして，そのストーリーの転換を主張するいわゆる「自由主義史観」の議論は，その代表的なものである[3]。この主張には「暗黒的」「自虐的」という表現にも示されるように，学習者の心理的・情意的側面つまり主観性に注目している。それが，この議論を子どもの心理という視点に立つ議論として教育論の土俵に乗せている。しかし，一方でこの議論は，「歴史」と「心理」というキーワードが十分整理されないまま展開し，その結果，議論が噛み合わない状況も生まれている。

　これまで述べたように，解釈型歴史学習においては，子どもも歴史家と同様に歴史の解釈者である。そのとき問題となるのが，「歴史」を読み解くときの「主観」の問題である。本章では，社会科における歴史教育いわゆる社会科歴

史教育における「主観」の問題とそれを相対化する「対話」について，歴史を描く学習活動過程における「対話」の機能に注目して両者の関係性を明らかにする。解釈型歴史学習は，複数の社会集団の立場に立ってそれら集団の生活変化や他集団との関係性を読み解き再構築する学習活動である。この学習活動に必要不可欠な活動が，他者の立場に気づく場としての「対話」と考えられる[4]。

2. 「歴史心理」と「歴史意識」

　歴史を解釈するとき，ある時代の人々の心性を指して「歴史心理」と呼ぶ場合がある。1984年に心理学者の寺内礼次郎が『歴史心理学への道』を著し，「歴史心理学」という研究対象について学問的認知を求めた[5]。寺内の「歴史心理学」は，フランスの歴史学（アナール派社会史）に注目して，歴史的変化の中にマンタリテ（心性）の変化を探る視点や手法を心理学研究においても重視すべきだという文脈で用いたものである。したがって，社会史における「心性」と同意の用語と言える。

　日本の社会科歴史教育にあっては，和歌森太郎が，1954年にその著『歴史教育法』において，「史心」という表現を用い，また，1973年『天皇制の歴史心理』を著して「歴史心理」という語を用いた。しかし，社会科教育においてこの用語は一般化せず，「歴史意識」という用語が同義語的ニュアンスを持って用いられた。たとえば，1982年に刊行された『講座歴史教育』全3巻では，「幕藩制下民衆の歴史意識」「明治維新期における歴史意識と歴史教育」「第一次世界大戦と歴史意識の変化」「歴史意識とその育成」などのテーマが設けられていた。これらは，日本社会科研究会が1971年に刊行した『歴史意識の研究』等の歴史教育学上の先行的研究での用法を踏まえたものと考えられる[6]。

　この場合，「歴史意識」は，先の「歴史心理」あるいは「心性」よりも限定的な概念である。『講座歴史教育』では，高橋敏「幕藩制下民衆の歴史意識」，乾宏巳「明治維新期における歴史意識と歴史教育」，金原左門「第一次世界大戦と歴史意識の変化」の各論は，ある時期の民衆の歴史認識の特徴を紹介・分析したもので，いわばその時代の人々が，「歴史」をどのように意識していた

かという視点から，その時代の「心性」を明確化しようとする特徴があった[7]。

一方，古川清行「歴史意識とその育成」は，「歴史意識」という用語の定義化と学校教育におけるその育成方法を論じたもので，「歴史意識」については，斎藤博による分析（①今昔の違いがわかること，②変遷がわかること，③歴史的因果関係がわかること，④時代構造がわかること，⑤歴史の発展がわかること）などを援用しつつ学習者の心理的側面からの規定を試みている[8]。これは，生徒の認識を心理学的なアプローチで解明しようとしたものである。

つまり，「歴史意識」という場合，認識の主体はいずれも読者や子どもという現在の人間だとしても，その客体が，過去のある時期の人々の「心性」である場合と，あくまで主体としての現代人のその内面的心理構造・認識構造である場合とがある。歴史教育におけるこの2つの用法の混在は，歴史教育が，過去の人々や社会を学習材としつつ，同時に教育という立場から，現在に生活している学習者の心理や認識の枠組みをも考察対象にしなければならないという二重性から生じるものである。しかしながら，用語に関する曖昧な認識は，以下に述べるように，時として重大な齟齬を生じたり，不要な理論対立を生むことにもつながる。

3. 日本近代史認識における2つの解釈
日露戦争を例に

1989年の学習指導要領改訂に際して，小学校社会科第6学年の内容に関して，東郷平八郎が学習すべき人物の一人として例示された。このとき，軍人である東郷が例示されたことへの批判があったが，結果的には，日露戦争を勝利に導き日本の国際的地位を向上させた「偉人」として取り扱われ，教科書に載せられることになった。

この改訂前，高等学校日本史教科書として『新編日本史』が出版され，それが，戦前の皇国史観的な復古的教科書として議論を呼んでいた。歴史学者である林健太郎はこの教科書を積極的に肯定する立場から発言していた。彼は，東郷が「活躍」した日露戦争に関して，また歴史教育で東郷を評価することにつ

いて次のように主張した[9]。

① 当時朝鮮に対するロシア帝国の圧力は強く，それを放置すれば日本の独立を危うくすることが明白であった。
② それ故日露戦争は「民族自立のための防衛戦争」である。
③ その勝利は「西洋列強の脚絆下におかれていた諸民族に多大の鼓舞を与えた」。
④ 大山巌や東郷平八郎はこの戦争を勝利に導いた偉人である。
⑤ このような日露戦争の「世界史的意義」を記述している『新編日本史』は高く評価される教科書である。

　林の主張する「日露戦争＝防衛戦争」論は，戦前においては国定国史教科書に一貫して主張されていた公式の歴史認識であった。また，西洋列強の支配に対する「諸民族の自覚の鼓舞」という視点から日露戦争を意義付けることは，大東亜共栄圏の建設を主張して太平洋戦争を開始した1941年の国定国史教科書にはじめて採用された論理であった[10]。しかしながら，このような認識は，第二次世界大戦後の教育改革で否定されていたものである。

　1990年代になって，いわば当時としては非公式の過去のこの論理を，教育学の立場から強力に主張したのが藤岡信勝であった。藤岡は，作家司馬遼太郎の作品『坂の上の雲』をはじめ司馬の著作に示された司馬の論理を援用して日露戦争は日本にとって自衛の戦い，つまり「祖国防衛戦争」であったと定義し，「要するに今日の日本人も日本文化も日露戦争に日本がまけていれば存在しなかったのである」と論じた[11]。彼は，この歴史認識にもとづいた「近現代史」の授業改革が必要であると主張した。では，日露戦争に関する上記の解釈，つまり「日露戦争＝防衛戦争」論は，再び広く一般的に肯定された論理として，歴史学界において復活したのだろうか。

　当時，歴史研究における争点を一般向けに的確に紹介した『争点　日本の歴史』は，日露戦争のような，「海を渡り他国を戦場とした戦争を『防衛戦争』だとしたことが，戦前の日本人，とくに軍人の先制・主導型の戦争観を作った

写真7-1　記念艦三笠

日露戦争のときの連合艦隊旗艦。第一次世界大戦後の国際協調時代，ワシントン軍縮条約により廃艦となったが，日本海海戦の戦歴を記憶する記念艦として保存された（艦尾より写す。著者撮影）。

ことこそ銘記されるべきである」として，日露戦争を世界史的な英－露対決構造の中で引き起こされその後の軍事思想に大きく影響した戦争と見なし，多角的に考察することの必要性を指摘していた[12]。

日本近代史を全10巻にまとめた『近代日本の軌跡』シリーズでは，日本を取りまく世界が「パワー・ポリティックスの支配」する世界であることが，朝野を問わず共通の認識であった[13]という視点を持ちつつも，基本的事実として，その戦場が，サハリンを除けば日露両国ではなくその争奪の対象となった朝鮮・中国東北地域であったことを指摘して，「この二つの地域の人々に戦争がなにをもたらしたのか。この戦争を考えるにあたってこのことは決して避けてとおることのできない問題である」と述べられていた[14]。同時に，日露戦争下の農村社会において，「尚武会」「青年報国会」等の軍事援護団体が創設され，その中心メンバーらが，「ロシアの南下を阻止し国家の独立を守る『国民戦争』であるとする日露戦争の戦争目的を自発的に受容」し，積極的に戦争支援に取り組んでいった状況に視点をあて，その社会状況を明らかにしている[15]。

一般向けの通史書である『集英社版　日本の歴史』では，東アジアの国際情勢が，ロシア・フランス対イギリス・アメリカという対立構造の影響下にあり，日本政府がその情勢下においてロシアの武断外交に対するリアクションとして日露戦争を引き起こしたとする認識に立つもの[16]，韓国の中立声明を無視して，開戦と同時に韓国全土を軍事的に支配していった日本政府の動きと，韓

国・日本国内の人々の動向に記述の多くを割いていた。

　これら歴史家によって著され，現在なお一般に流布している概説書は，日露戦争を防衛戦争として意義づけていない。むしろ，日本国外である朝鮮半島・中国東北部を戦場とし，韓国併合を進めた侵略戦争の実態が述べられている。これら概説書は，歴史学の研究成果をもとに著されており，当時の歴史研究の基本的方向性や視点を正確にあらわしていると考えてよい。にもかかわらず，このような歴史研究の一般的成果に相反する評価（つまり日露戦争＝防衛戦争論）が，教育問題としてなぜ論じられたのだろうか。

　その大きな要因として，当時の歴史研究の方法論的変化が影響していたと考えられる。

写真7-2　板門店協同警備区域
韓国では，韓国が日本の植民地にならず独立を保っていたら南北分断が引きおこされなかったと考える意見が強い（著者撮影）。

4. 戦後歴史学の転換
「歴史心理」の復権

「日露戦争＝防衛戦争」論を主張した林健太郎は、自らの主張への批判を予想して、次のように述べた。

「（ヨーロッパ列強の植民地獲得競争は、）今日言われているような意味で侵略であったにはちがいないが、歴史という学問は過去の歴史的事実に一々道徳的解釈をするのが任なのではない。それは客観的な事実を明らかにし、それによって構成されるそれぞれの時代の状況や傾向（それは嘗てドイツで理念などと呼ばれたこともある）を認識することを己が仕事とする。そして忘れてならぬことは、歴史上の各時代には独自の課題があり価値基準があって、それがそれぞれに意味をもつと言うことである。後世の価値基準を以て簡単に過去の事実を裁断することができないのはそのためである」[17]と。

つまり、日露戦争当時においては、国際情勢は弱肉強食のまさにパワーポリテクスによって支配されており、その時代の価値基準で考えるならば、日露戦争は防衛戦争であったというのである。

ここで用いられた「各時代には独自の価値基準がある」「後世の価値基準を以て簡単に過去の事実を裁断することができない」という論理は、1980年代後半に日本史学でも注目され始めていた「社会史」の研究視点と共通する視点であった。

当時、日本社会史研究の中心的推進者であった網野善彦は、「これまで封建地代といえば専ら強制的に収奪されるものといわれてきたけれども、それを負担する側の立場に立ってみると、負担することについての――いい方は悪いけれども――「自己納得」の論理が当然あっただろうと思う。その論理を本当につかまないと年貢や公事という中世社会を支えてきた基本的な負担の特質は解明できないですね。これは、いままで暴力とか武力という次元で処理されてきたものを越える民衆自身の論理を追求し、解明することにもつながる」[18]と述べ、「奴隷制→農奴制→資本制というかつて『世界史の基本法則』といわれて

いたものだけでなくて，共同体それ自体に則した法則を探る必要がある」と主張していた[19]。当時，社会史研究は，ソ連崩壊・米ソ冷戦構造の解消という世界情勢の変化を受けて，戦後日本史研究をリードした社会構成史（マルクス主義）への懐疑や反発に支えられ「歴史学の主要な潮流の一つ」[20]となったが，先の林の論理は，「その時代の人々の心理」という社会史における研究視点との共通性を持つ故に，新鮮で先進的な論理という印象を人々に与えることとなった。

また，歴史研究における社会史への注目は，社会構成史において固定化された感のあった「時代区分」について再検討の必要性を認識させるとともに，その手法として，「国民国家」の枠組みで構成されてきた従来の歴史研究の方法論自体にも検討を迫るものとなった[21]。そのような状況の下で，近代日本において「国民国家」を形成した，あるいは形成しつつある当時の人々の心理，社会史の用語でいう「心性」へ視点を置いた研究が注目されることになった。たとえば，1995年に刊行された『幕末・明治期の国民国家形成と文化受容』は，そこに収録された高木博志の論文「初詣の成立」に代表されるように，近代日本において「伝統の創出」という形で「国民化」が進められた状況を描き出した[22]。この論攷は，現代日本の人々が「伝統」と意識している「初詣」の習俗さえ，明治期以降の国民国家形成期に一般化した新しい「伝統」であることを明らかにした研究である。このように，信仰・習俗という人々のメンタリティーの部分に立ち入って前近代から近代への社会変化を描き出し，近代の特性を浮き彫りにする手法が，「新しい歴史学」と呼ばれて，日本史研究においても有効な研究方法として認知されていった。

ところで，日本史研究において，このように歴史の「心性」に注目した研究は，類例のない全く新しい発想ではない。たとえば，先に挙げた和歌森太郎の『天皇制の歴史心理』では，天皇及び天皇制に関して「歴史心理を見る」という表現が用いられていた。これについて和歌森は，その意味を次のように説明していた。

「歴史現象の中において，支配者層は，天皇をどういう心理によって動かし，特殊に位置づけてきたか，あるいは，被支配者の民衆は，どのような心理のも

とにこれを受けとめ，その働きをみてきたのか，そうしたことをそれぞれの時代の社会条件とからめてうかがおうとするものである」[23]と。また，和歌森は，古事記・日本書紀について「そのなかにある個々の伝承資料や，あるいは中国などに古くから成立していた古典を引用しての説明など，どうしてそれらのものが含まれたり引き合いに出されたりしたのかということを緻密に，それぞれの作者なり執筆者なり，あるいは伝承者の心理に立ち返って考えながら，学問的に使う使い方を按配しなければならないはずである。こうしたことをしない限り，じつは，古代において天皇がどのような意味において発生し存続したのか，正しい把握を困難にするであろう」[24]とも述べていた。

このように和歌森は，歴史における過去の「心性」への学問的アプローチの必要性を主張し，それを試みようとした。一方，和歌森は，戦後の「社会科歴史」つまり今日おこなわれている社会科の中に組み込まれた歴史教育を理論的・内容的に支えた人物の一人[25]であるが，社会科歴史学習における認識主体としての学習者の心理に関して次のように発言していた。

「過去に関する歴史学習が，すべて追体験的理解で進められることは，必要であり，当然である。ただ違うのは，抽象された過去の人間像の中にある精神の追体験でとどまるか，時代の社会的カラクリの中で，いろいろの立場ごとに異なる，各種の人間のそれぞれごとに追体験を求めることから，やがて全時代像を把握させるに至らせるかであろう」[26]と。つまり，過去の様々な階層・人物の「心性」の解明を通じて，それらを総合した全体史として歴史を認識させることを社会科歴史の特徴と見なしていたのであった[27]。社会科としての歴史教育が構想されたとき，「日本史」という枠内ではあったが，このような視点から「心性」へ着眼する研究があった。

前節で述べたように，20世紀末の日本近代史研究にあって，日露戦争に関して，19世紀末の東アジアを取り巻く国際情勢や当時形成されつつあった「日本国民」意識や韓国・中国の情勢やその人々の意識，つまりその時代の「心性」も含めて多角的な視点から，「全体史」を描くことが試みられつつあった。それは，従来の社会構成史の成果を踏まえつつ，より視点を拡大・深化させた研究に発展していた。ところが，そのような歴史学の状況が，マルクス主

義社会構成史研究から産み出された従来の「歴史学上の通説」への批判的考察を可能かつ容易にしたのであった。その結果，通説から離脱することを心理的に容易にし，「日露戦争＝防衛戦争」論を強調することへの心理的抵抗を格段に軽減させ，ひいては，通説と全く反する歴史認識をも正当な認識として主張することを可能とする状況を生んだと考えられる。

では，歴史研究における社会史的アプローチが一般化した今日の状況の中で，解釈型歴史学習はどのような意義を持つのだろうか。たとえば，林が主張するように，日露戦争に関しては当時の人々の「心性」を追体験的に考察させ，防衛戦争であったことを学習者に認識させる授業が必要であろうか。解釈型歴史学習における「歴史心理」の意味や方法論をより明確にしておく必要があろう。

5. 解釈型歴史学習における「歴史心理」

先に，歴史学における心理に注目した和歌森太郎は，第二次世界大戦つまりアジア・太平洋戦争の学習について次のように述べていた。「相手がこちらの正当な自己防衛上の要求を頑固にはねのけて折り合わなかったから，拳をあげたのだといわれるかもしれないが，日華事変や太平洋戦争についてそういえるかどうか私は疑問である。当時の国民の気持ちには，そんな自己正当化がはたらいていたけれども，今日の調査資料に基づく限り，そういう気持ちにさせられるよう支配層指導層の宣伝が行き届いたといわれる点が多い。十分に話し合いをもってする折合い調整の努力を欠いて，先に実力を揮ってしまったと反省すべきものである。どこまでもかんじんなことは，歴史を客観的に見ることであり，それが主観的印象と変わっていれば，どうして主観的にはそうだったのだろうかと，外まわりから考えをたてるように訓練をせねば生徒たちの今後のためにならない」[28]と。

つまり，アジア・太平洋戦争当時，それが自己防衛上やむを得ないという心理が国民にあったことを指摘したうえで，客観的にみれば外的諸条件によって，そのような心理状況にコントロールされたと考え，その心理状況に至った歴史過程いいかえれば諸条件の関係性（メカニズム）を明らかにすることこそ重要

であると主張したのであった。特に,「どうして主観的にはそうだったのだろうかと,外まわりから考えをたてる訓練」を歴史教育の重要な要素と考えていたことは銘記されてよい[29]。

このように,社会科歴史学習における「歴史心理」の必要性を指摘した和歌森が考える「歴史心理」は,単に過去の人々の「心理」を明らかにしてそれを無批判に受容するのではなく,その「心理」が生じた社会的・文化的要因を明らかにしていくことを意味していたといえる。

この点は,先にあげた林健太郎の「歴史心理」についての認識とは基本的に質を異にしている。つまり,林は,各時代には独自の価値基準があり,後世の価値基準を以て簡単に過去の事実を裁断することができないとすることで,日露戦争については,その時代の状況に照らして,防衛戦争であったとする当時の価値基準を正当なものとして受容した。いいかえれば,「時代独自の価値基準」に絶対性を持たせたといえよう。これに対して和歌森は,「時代独自の価値基準」を絶対性のあるものとしてではなく,現在の価値基準との相対性の中でとらえ,その価値基準を生んだその時代の社会や文化の解明という,いわば「時代独自の価値基準」への批判的思考こそ歴史研究・歴史学習の本質であると見なしていたのだった。その思考を誘発し深化させるものとして,「歴史心理」に注目したといえるであろう。このことを教育的視点からいえば,和歌森の場合は,歴史解釈における学習者の主体性を保障しつつ,その主体的解釈のために,批判的な思考の必要性を主張したということができる。

さて,前節で述べたように,社会史は,従来の社会構成史に変革を迫りつつ歴史研究方法の幅を広げ,内容を深化させた。その日本の社会史研究にも影響を与えたアナール派社会史は,「心性の歴史」あるいは「歴史心理学」という研究分野を開拓してきた。ところが,アナールの心性史について,1990年代に,その発想に偏りがあるという批判がアナール派内部で提起された。それは,歴史の中の「心性」というアナール派の基本手法の大きな変革を意味したのだろうか。

「心性」に対する批判理由の第1は,「心性」という概念を用いることによって,「心性」が自らは変化しにくい受け身のものとしてとらえる傾向があるこ

と。第2は,「心性」を最初から集合的なものと考えて,個別性の契機を見失いがちであるというのである[30]。アナール派研究者のロジェ・シャルチエは,「心性」という概念に代えて「表象 (representation)」概念を採ることを主張した。シャルチエは,16世紀末に「最底辺」の読者層に提供された「青本叢書」について,それが流布したというだけでこれを短絡的に民衆文化とすることの問題性を指摘した。それは,ある史料を特定の文化に固有のものと頭から決めてかかることの危険性への指摘であった。彼によれば,この叢書の流布には「目先の利く,事情に通じた出版＝印刷業者」が教養人以外へ提供しようとした事情や,これらが教養人にも購読されたことを無視することはできないという。つまり,叢書は,民衆だけの文化ではなかったのである。さらに,このような書物の流布によって,それまで書物は聴衆に読み聞かせることを前提としそれにあった文章で書かれていたものが,目による黙読という今日の読書法に対応した形式に変化した[31]。このように「青本叢書」という直接的に目に見えるモノ (資料) を利用しつつも,その背後にある直接には見えない過去の社会変化を現在の人々の目の前に露わにしていくことこそ歴史研究者の真の仕事である。彼は,この作業が,「表象」という概念を用いることでより正確になると説明した。すなわち,すべての物事や現象つまり「表象」は,それを受けとめる人間によって「表象される」(＝その人のうちに想い描かれる) ことによって初めて歴史現象となる。それ故,歴史学は,「表象されることによって意味を付与されていることがらの,その意味を解こうとする」読解の歴史学ともいえるものになるのである[32]。つまり,彼は「歴史」が基本的に現在の読み手により読解＝解釈されたものであることをより明確に主張したのだった。

シャルチエによれば,言説は,「それが生み出される場 (と環境),それぞれが内包している可能性の条件のうちに位置づけられ,それを秩序立て統御している規則性と関連づけられて,言説の信頼性と真実性を保証している仕組みが何かを問いただす」[33]ことが必要である。つまり,例えば「歴史的定説」というようなものは,それが正しいと人々に支持される社会条件・合意されるシステムの存在があってのことなのであるという。そのシステムを解明することが重要なのだというのである。

この主張のように，シャルチエは，「心性」の歴史を史料への短絡的信用あるいは「心性」を固定的なものとして捉える先入観に陥りがちであると見なして，そのような先入観を排除したより厳密なアプローチを要求した。それが彼の言うところの「表象」の歴史である。それは，「心性」概念を全く否定したというのではなく，従来の「心性」という用語のもつある種の曖昧さを発展的に補正したといえよう。

　このように，和歌森のいう「歴史心理」あるいはシャルチエのいう「表象」の歴史というとき，ある事物がどのように想い描かれた（つまり解釈・表象されたか）という行為そのものが研究対象になるのであって，想い描かれたことを無批判にストレートに受容することでは決してない。

　このことを，日露戦争を例に考えると，当時の日本国内で「防衛戦争論」が流布したことをもって当時の多くの「日本人」が防衛戦争論に与していたと短絡的に結びつけるのでなく，その言説が流布し受容された環境やメカニズム・関係性を解読することがより重要なこととなる。つまり，当時のジャーナリズムや出版界の状況，教育，社会政策などの分析（世論形成のメカニズム）が厳密になされなければならないといえる。さらには，これらの作業は，日本国内のみでなく，この戦争に関連する朝鮮・中国・ロシア・イギリス等にも横断的なことがより一層客観性を増加させる。少なくとも，日露戦争によって植民地化を進められる韓国内の言説，たとえば安重根の言説などが，植民地において信頼性と真実性を保証されていく社会環境への視野も必要となろう。

　歴史学習の視点からいえば，「防衛戦争論」の根拠とされた事物を，「客観的」なこととして頭から決めてかかるのではなく，それが客観的な根拠として主張されたメカニズムを解明することが，現在及び将来の市民としての学習者の主体性を保障するといえよう。この意味で，その時代の「歴史心理」が教育的意味を持つということができるのである[34]。では，その学習方法とはどのような方法であろうか。

6. 解釈型歴史学習における対話の重要性

　対話は，アジア・太平洋戦争敗戦後に新教科として社会科が発足したときから，討論という形で日本でも重視されてきた。社会科は，民主主義を発展させるために設けられた教科であったからこそ発足当初から討論が重視されたのである[35]。前節で紹介した和歌森太郎[36]は，社会科歴史のオピニオンリーダーの一人でもあったが，歴史学習について，歴史研究が先にあるのではなく，学習者側の課題が先にあると主張した[37]。この視点から，小学校段階では人物学習をおこなうことを提案した。ただし，本論第4章で述べたように，人物学習においては英雄・偉人への崇拝観をあおるべきではなく，その時代の社会との関係性を読み解くことこそ人物学習であると考えた[38]。彼は，人物学習においても，情報をもとにその時代の社会を読み解くことが学習であると主張した[39]。

　前節で述べたように，和歌森は，ある時代の人々の常識について，「どうして主観的にはそうだったのだろうかと，外まわりから考えをたてる訓練」をすることが歴史学習の重要な要素と考えた[40]。和歌森は，単に過去の人々の「心理」を無批判に受容するのではなく，その「心理」が生じた社会的背景を明らかにすることが歴史解釈であり，それが社会科歴史学習でも重要かつ必要であるという。

　ここには日本の社会科における解釈型歴史学習の2つの要素が示されている。

1）歴史解釈とは過去の人々の心性を過去の社会の中で読み解くことである。
2）歴史解釈とは過去の人々の心性を現代から読み解き，さらにそれを客観化することである。

　和歌森にとって歴史学習は歴史家の解釈を覚えることでなく，生徒たち自身が歴史家のように過去を読み解き解釈する点で，まさに学習者が主体的に「現代の問題」に関わる学習であった[41]。このように，1950年代の日本にあって，

「解釈」を歴史学習の基本要素と見なす学習論があったのである。その視点は，学習指導要領においても「歴史的思考力」という表現で，社会科歴史学習の基本的な学習活動と見なされてきた（表7-1参照）[42]。このような中で，高等学校における歴史家体験学習として，本論第5章に挙げた1990年代の加藤公明の実践が再び注目される。

　加藤は，「日本はなぜ原爆を投下されたのか」というテーマで，原爆投下の原因を考察させていく実践をおこなった。加藤実践の特徴は，生徒が複数の立場から仮説を提出している点である。それら仮説にはそれなりの根拠が示されていた。「当時の日本の国体は天皇主権だったので……」「当時の国民はみんな天皇のために死ぬように教育されてきたので……」「昔は今の右翼みたいな人が沢山いたので……」という生徒の意見は，その時代（当時）の社会背景に関する理解を踏まえた発言といえる[43]。

　加藤には，この他にも，高校日本史の授業として有名な「加曽利の犬」の実践がある[44]。加曽利貝塚から縄文時代の犬の骨が完全な形で発掘された事例をもとに，犬はその時代どのような役割だったかを考察させる過程で，縄文時代の社会生活を推理させる実践である。この実践は2003年におこなわれた。生徒たちから，食用犬説・番犬説・村のシンボル説・ペット説・犬神説・軍犬説・猟犬説が出され，それらの説を出したグループ間で調査にもとづく対話（討論）が繰り返された実践である。資料から情報を引き出し，それらの情報を組み立て解釈する作業は，本論の解釈型歴史学習そのものであった。

　1999年，愛知教育大学附属岡崎小学校において，大久保彦左衛門が著わした『三河物語』の現代語訳を使った授業実践がおこなわれた（山西正泰教諭6年生対象）。徳川家康が，織田信長への忠誠を証明するために妻子を自害（殺害）させた事件について，そのときの家康の心情を推理させた授業である。家康関係の史跡調査も含めた単元（22時間計画）の19時間目で「家康はどんな思いで長男に切腹を命じたのか」というテーマでのクラス討論がおこなわれた。子どもたちの意見は，「家康はつらかった」という意見と「平気だったはず」の大きく2つに分かれ議論が進んだ。その途中「資料が家康を美化しているのではないか」という疑問が一人の子どもから提起された。『三河物語』は，

表7-1　「学習指導要領における高校日本史目標の変遷（歴史家体験に関わるもの）」[45]

1951年版（試案）
- 日本歴史における史実を，合理的・批判的に取り扱う態度と技能を育てること。

1956年改訂版
- 常に具体的な史実を重んじ，実証的，客観的方法に基いて，日本史の発展を科学的に理解しようとする能力と態度とを養う。
- 具体的な史実の分析や総合を通じて，歴史を動かす諸条件を的確に把握し，歴史における発展の概念を明らかにして，各時代のもつ歴史的意義を理解させる。
- 現代社会の諸問題を，その歴史的背景の理解に基いて，発展的，総合的に考察する能力と態度とを養う。
- 調査・見学・研究などの学習活動を通じて，資料を歴史的に理解する能力を育て，また，発表や討議に必要な技能と態度とを養う。

1960年版
- 日本史における各時代の政治，経済，社会，文化などの動向を総合的にとらえさせて，時代の性格を明らかにし，その歴史的意義を考察させる。
- 史料なども利用し，史実を実証的，科学的に理解する能力を育て，史実をもとにして歴史の動向を考察する態度を養う。

1970年版
- わが国の歴史に関する基本的事項を理解させ，歴史的思考力をつちかい，各時代の性格や時代の推移を把握させて，それぞれの時代のもつ歴史的意義を考察させる。
- 資料をも利用し，史実を実証的，科学的に理解する能力を育て，歴史的事象を多角的に考察し，公正に判断する態度を養う。

1978年版
- 我が国の歴史における文化の形成と展開を，広い視野に立って考察させることによって，歴史的思考力を培い，現代日本の形成の歴史的過程と自国の文化の特色を把握させて，国民としての自覚を深める。

1989年版
- 我が国の歴史の展開を，世界史的視野に立って総合的に理解させ，我が国の文化と伝統の特色についての認識を深めさせることによって，歴史的思考力を培い，国民としての自覚と国際社会に生きる日本人としての資質を養う。

1998年版
- 我が国の歴史の展開を，世界史的視野に立って総合的に考察させ，我が国の文化と伝統の特色についての認識を深めさせることによって，歴史的思考力を培い，国民としての自覚と国際社会に主体的に生きる日本人としての資質を養う。

2000年版
- 我が国の歴史の展開を諸資料に基づき地理的条件や世界の歴史と関連付けて総合的に考察させ，我が国の伝統と文化の特色についての認識を深めさせることによって，歴史的思考力を培い，国際社会に主体的に生きる日本国民としての自覚と資質を養う。

この事件から半世紀もたっていないうえに著者の彦左衛門は家康の家来という立場であるので客観的ではないというのである。授業者である山西教諭は，この時間の学習指導の留意点として，「感情に流されず史実に基づいた発言で関わらせたい」「資料による解釈の違いに気づかせ，自分なりの考えを持たせたい」という2点を明記していた。学習者がその2つ目の留意点に気付いた瞬間である[46]。

この事例のように，解釈型歴史学習における「立場」は，過去の人々の多様な社会的立場と，それを読み解く現代人の立場という，次元の異なる2つの立場に立つことが特徴である。解釈型歴史学習における学習者相互の「対話」の場合，それらの立場を意図的に区別して議論する活動が基本的な活動となる。その際，情報（史料）の信憑性，つまり情報（史料）の作成者のその時代での立場を推理する能力は，この実践のように小学生も基本的に持っている。それに気づいた子どもが，対話を通して他の子どもたちにもそれを気づかせることができる。なお，解釈型歴史学習における「立場」の重要性については，次章で詳しく述べる。

以上のように，対話は，解釈型歴史学習における学習活動の重要な要素となる。対話は，多様な解釈を知り，それを踏まえたより確かな解釈に導く手段であったり，解釈に用いた情報の信憑性をめぐって批判的思考を深める機会であるからである。しかも，対話は，民主的な社会における基本的な技能である。また，そのような社会では，歴史家は市民と離れて孤立した解釈で満足するのではなく，人々に広く共有される解釈となるまでその精度を高める必要がある。そのとき，多様な他者との対話は，多様な「心理」が存在することに気づくための不可欠の手段である。解釈型歴史学習において対話が有効かつ必要であるのはこのような理由からである。このような変化の中で，解釈型歴史学習の具体的方法は，どのような姿となるだろうか。次章において，本章を踏まえ，多文化社会が進行するヨーロッパを事例に現代型の解釈型歴史学習の方法的特徴を明確化する。次章で扱うイギリスにおける解釈型歴史学習も学習者相互の対話が前提となった活動である。それは，過去の心性を読み解く歴史家体験活動ともいうべきものである。

注

1) 日本において「歴史」が創られたものとする発想は，ベネディクト・アンダーソンの『想像の共同体』(リブロ・ポート，原題は *Imagined Communities*) が翻訳出版された 1987 年以降，とりわけエリック・ホブズボウムらの『創られた伝統』(紀伊國屋書店，原題は *THE INVENTION OF TRADITION*) が翻訳出版された 1992 年以降，「国民国家」の絶対性を批判する論調の中で，批判もあるとはいえ歴史家の中でも定着しつつある。

2) たとえば，2008 年 1 月 17 日中央教育審議会答申『幼稚園，小学校，中学校，高等学校及び特別支援学校の学習指導要領等の改善について』の社会・高校地歴等参照。

3) たとえば，藤岡信勝『近現代史教育の改革』(明治図書，1996 年) など。なお，この問題について，「ナショナリズム」の視点から，拙稿「歴史教育をとりまく「ナショナリズム」論――歴史教育内容の二つの方向性」(『探求』第 8 号，1997 年) に若干論じている。

4) 「対話」は，生徒同士のコミュニケーション，生徒と教師とのコミュニケーションである。「対話」は，「討論」と言うこともできるが，ペアの場合や教師と生徒との場合など，「討論」よりも多くの場面に用いることができる活動である。また，「討論」が結論を求めて議論を戦わせるイメージがあるのと違い，「対話」は結論がない情報交換の場合にも用いることができる。「討論」と言い換えることも可能であるが，本論では，より広義の活動である「対話」という表現を用いる。多田孝志は，著書『対話力を育てる――「共創型対話」が拓く地球時代のコミュニケーション』(教育出版，2006) で，「対話とは，話し合うことにより，完全な一致はできなくとも，ともに話し合ったことにより共通な部分を膨らませる。理解は十分できなくとも相手の立場や思いに気づき，それらの過程を通して一人では到達し得ない高見に至るためにするもの」と述べている (同書，p.viii)。

5) 寺内礼次郎『歴史心理学への道』大日本図書，1984 年。

6) 日本社会科教育研究会『歴史意識の研究』第一学習社，1971 年。本書は，生徒の意識調査等を踏まえて心理的側面から論じている。

7) 高橋・乾・金原とも，加藤章・佐藤照雄・波多野和夫編『講座・歴史教育』(第 1 巻，弘文堂，1982 年) に所収。

8) 古川清行「歴史意識とその育成」『講座歴史教育』第 2 巻，弘文堂，1982 年。

9) 林健太郎「教科書問題を考える」『文藝春秋』1986 年 10 月号，pp.102-103 及び p.109。

10) 『小学国史 尋常科用 下巻』1941 年には，「かくて我が国は，一躍世界の一大強国たることを諸外国に認めさせるに至ったが，同時に，これまで欧米諸国に圧迫されてゐた，東亜諸国の自覚をうながすことも多かったのである。」と述べられて

いた（同書，p.143）。
11)　藤岡，前掲書，pp.98-101。
12)　山田朗「日露戦争とは世界史的にどんな戦争であったか」『争点　日本の歴史』（第6巻）新人物往来社，1991年，pp.89-99。
13)　猪飼隆明「不平等条約からの脱却」『日清・日露戦争』（近代日本の軌跡3）吉川弘文館，1994年，p.31。
14)　山田，前掲書，p.87。
15)　山田，前掲書，pp.126-142。
16)　海野福寿『日清・日露戦争』（集英社版日本の歴史第18巻）集英社，1992年，pp.146-147。
17)　林，前掲書，p.103。
18)　網野善彦『中世再考』日本エディタースクール出版部，1986年，p.10。
19)　同上，p.17。
20)　高橋昌明「特集にあたって――いまなぜ時代区分論か」『日本史研究』400号，1995年，p.1。
21)　朝尾直弘「時代区分論」『歴史意識の現在』（岩波講座日本通史別巻1）岩波書店，1995年，pp.100-101。
22)　高木博志「初詣の成立――国民国家形成と神道儀礼の創出」『幕末・明治の国民国家形成と文化受容』新曜社，1995年，p.449。高木によれば，正月の初詣という慣習は，官国幣社を中心とした国家神道に照応して，社会変動と近代都市の成立により，農村の年中行事から切り離され都市に流入した民衆の信仰あるいは生活文化として拡がっていった。それは，1890年代に始まった学校における新年節の実施等を媒介として社会に浸透し，日露戦争後に定着した。
23)　和歌森太郎『天皇制の歴史心理』弘文堂，1973年，p.35。
24)　同上，p.34。
25)　梅野正信「「社会科歴史」を支えた歴史教育観――和歌森太郎を中心に」『社会科教育研究』第55号，1986年，p.53。
26)　和歌森太郎「歴史学習における科学性と感動性」『社会科教育』明治図書，1972年11月。『歴史教育の理論』（和歌森太郎著作集13）弘文堂，1982年所収，p.376。
27)　このような和歌森の非マルクス主義的「社会科歴史」論は，マルクス主義社会構成史の強い影響下にあった当時の「進歩的」歴史学者・歴史教育者からは保守的・反動的と批判され，否定的に評価された（梅野，前掲書，p.48，53）。しかしながら現在，歴史研究における「社会史」的アプローチが肯定的評価を受ける状況は，和歌森の言った「歴史心理」の復権ともいえる。それは「社会科歴史」の復権的性格をも同時に有するものといえる。
28)　和歌森太郎『社会科歴史』2の7～11，実業之日本社，1952年7月～11月。『歴

史教育の理論』(和歌森太郎著作集 13) 所収, p.352。
29) これは，前節で触れた和歌森の「時代の社会的カラクリの中で，いろいろの立場ごとに異なる，各種の人間のそれぞれごとに追体験を求めることから，やがて全時代像を把握させるに至らせるかであろう。」という考えと同質の発言といえよう。
30) 二宮宏之「読解の歴史学，その後」『思想』812 号, 1992 年, p.2。
31) ロジェ・シャルチエ, 二宮宏之訳「表象としての世界」『思想』812 号, 1992 年, p.14。
32) 二宮, 前掲書, p.4。
33) ロジェ・シャルチエ, 前掲書, p.20, 30。
34) このことについて, *Social Education* 誌の 1995 年 10 月号は, "Teaching About the Holocaust" と題する特集である。個々に紹介された実践は，方法論的示唆を与えると考えられる。特集中の「アメリカの新聞とホロコースト」及び「反ユダヤ主義——大虐殺の根拠」という 2 つの実践案は，前者は，ドイツにおけるホロコースト期にあって，合衆国のジャーナリズムの対応を教材としてその関心の低さを明らかにしていくものであり，後者は，ドイツ国内における反ユダヤ法整備の過程を教材化することによって，合法的な手続きを取りながらホロコーストが進められたメカニズムが明らかになる学習プランである。詳しくは，土屋敦子「アメリカ社会科教育における歴史学習——「ホロコースト」を例に」(『哲学と教育』44 号, 1997 年, 35-44 頁)。

近年，日本の歴史家の中で，その時代の「心性」に注目して時代のメカニズムを明らかにする研究者として加藤陽子『それでも，日本人は「戦争」を選んだ』(朝日出版社, 2009 年) の研究は注目される。
35) 1970 年代には，少人数によるコミュニケーション活動を用いたバズ学習が実践された。塩田芳久・梶田叡司『バズ学習の理論と実際』(黎明書房, 1976) は，愛知県春日井市での実践にもとづくものであるが，今日においてもその方法と理論は評価される。また，現在，池野範男の「市民社会科」という視座は本論の観点からも注目される (池野範男「市民社会科歴史教育の授業構成」『社会科研究』第 64 号, 2006, pp.51-60)。池野は，思考技能 (思考力) として論理構築の技法であるトゥールミンモデルに注目している。本章は，対話に注目して論じた。
36) 和歌森太郎の社会科教育史的評価は，梅野正信『和歌森太郎の戦後史』(教育史料出版会, 2001) に詳しい。梅野によれば，和歌森にとって，社会科歴史論は戦後を一貫して貫く学問観であり，教育観であり，人生観であった (同書, p.161)。
37) 和歌森太郎「社会科と歴史教育 (二)」『歴史教育』(和歌森太郎著作集 13) 弘文堂, 1982, p.336。原著は 1952 年。
38) 和歌森は，「各人物がどういう意味の社会的責任を持った人であるか，それをどんなふうに果たしたか，その果たし方が社会の大多数にどう批判されたり，どうよ

ろこばれたりしたか，つまり，どこまでもそれぞれの時代の社会一般との相関関係においてとらえるようにするのである。」と主張した（同書，p.340）。

39) なお，和歌森は，その時代特有の人々の心性を「歴史心理」と表現した。彼は，その時代の社会の中での人々の心性を解読することが重要であるという。和歌森太郎『天皇制の歴史心理』弘文堂，1973，p.35。

40) 同上，p.352。

41) ドイツを代表する社会学者・歴史人類学者ボルフ・レペニースは，1997年9月3日付『朝日新聞』で，「歴史は，けっして過去のものにはならないのだと私は考えています。歴史というのは，いまから見た過去のことで，いつも現在の問題だからです。」と発言している。彼は，当時ベルリン高等研究所所長を務めていた。この発言は，「日本人は過去を忘れてしまいがちなのか」という問いへの答えである。このように，「歴史」が「いまから解釈した過去」であることは，定説化している。歴史家体験学習は，このことを踏まえた意図的学習でもある。

42) 表7-1に示すように「歴史的思考力」という言葉は，1970年版から用いられている。具体的な定義付けはおこなわれていないが，解説編では，多面的・多角的考察という表現で具体化が示されていることから，本表に示したそれ以前の目標を引き継いでまとめられた表現と考えられる。

43) 加藤公明『考える日本史授業2』地歴社，1995，p.226。特に，加藤自身注目するように，他と比べると少数であれ国民説への支持もあった。これについて加藤は，「日本軍国主義の基底にある草の根のファシズムひいては民衆の側の戦争責任の問題に，生徒の関心が向かっていく契機となるのであり，2年または3年で再びこの時代を学習する機会を持つ生徒たちに，一つの明快な問題意識を与えた結果となったのである。」と述べている。なお，この実践は，科目としては「現代社会」における実践であった。

44) 加藤公明『考える日本史授業3』地歴社，2007，pp.102-121。この実践は，NHKテレビ『わくわく授業――私の教え方』で2003年6月12日に紹介された。

45) 各学習指導要領の高校日本史の目標のうち，歴史家体験と関わる目標を示した。なお，1978年版以降は，目標が一つにまとめられたため全文を示した。1989年版以降は，地理歴史科の日本史Bの目標を示した。

46) 拙稿「歴史学習」『21世紀「社会科」への招待』学術図書出版，2000，pp.100-105。

第8章
解釈型歴史学習における歴史家体験活動

1. 現代の多文化社会における歴史教育内容
EUの場合

　前章までに，解釈型歴史学習について，日本における成立・変遷過程を社会的背景から分析し整理した。第5章で述べたように，現在は，EUにおける「多重市民権」が新しい市民権概念として注目されている。この多重市民権概念を生み出したEUは，国家主権を残したまま経済統合をおこない，それを実質化させるためにヨーロッパという視点からの教育が重視されている。この場合の基本は，多様性を認めることを合意点として統合するという新しい「ナショナリズム」であった。EUのような多様性を統合原理とする市民社会が出現したことは，歴史学習において，学習活動を従来のような画一性の論理ではなく多様性の論理に組み替えることが必要であることを意味した。序章で述べたように，今日，EUでは歴史学習において文化多元主義とナショナリズムとは相反しないと主張されている。つまり，「文化多元主義とナショナリズムとは相反する概念」だと考える人は，すでに一民族一国家と考えるタイプのナショナリズムに囚われており，それは過去の考えであるという[1]。本章では，EUのような新しい国家観がもたらした学習内容の変化をテーマ史という視点からその特色を明らかにする。同時にそのような新しい学習内容の視点を踏まえ，解釈型歴史学習実践において社会的な「立場」に注目させる歴史家体験活動が重要なことを明らかにする。

　英国カーディフ大学名誉教授ロバート・ストラードリングは，これまで国家の枠組みで描かれ構成された歴史教科書を国家を越えて共通する新たな視座に

組み替えることを提案した[2]。彼によれば，20世紀の歴史は，従来はトピックを中心に教育されたが，今後はテーマという視点から学習させる必要があるというのである。ストラードリングによるトピックスとテーマの比較は表8-1の通りである[3]。

表8-1　トピックスとテーマ

○トピックスによる内容構成	○テーマによる内容構成
・第一次世界大戦の起源 ・第一次世界大戦 ・ロシア革命 ・1918年のヨーロッパの再建 ・全体主義の興隆：コミュニズム，国家社会主義，ファシズム ・経済恐慌・国際平和の崩壊 ・第二次世界大戦：人民戦争 ・1945年ヨーロッパの再建 ・冷戦期：NATOとワルシャワ条約 ・脱植民地化 ・1945年以後の政治的経済的協力 ・ヨーロッパ共同体 ・グラスノスチとペレストロイカ ・ソ連の崩壊 ・中欧と東欧で出現した独立した民主主義国	・20世紀における科学技術の発展 ・社会変化特にふつうの人々の生活変化 ・社会における女性の役割の変化 ・大衆文化と若者文化の出現 ・20世紀に特徴的な文化運動と芸術運動 ・産業革命とポスト産業社会の出現 ・都市化 ・輸送と通信 ・人口移動 ・ヨーロッパにおける少数民族その他のマイノリティの状況変化 ・紛争と協力 ・ナショナリストの運動 ・全体主義と自由民主主義 ・人権

両者の違いは，「トピックス」が20世紀を象徴する出来事（トピック）にタイトルを付け年代順に構成しているのに対して，「テーマ」は，時系列の基準にこだわらず社会問題として構成されている点である。ストラードリングは，「トピックス」では国家間における対立的な枠組みが強調される危険があり，歴史をそれとは別のバランスで取り扱うことが必要であると主張した。別のバランスとは，政治や軍事，外交に偏重した従来の歴史からは見落とされていた社会扶助，経済，文化などである[4]。このような歴史教育で重視される能力・歴史認識は表8-2のとおりである[5]。

つまり，ストラードリングは，従来のトピックスは重要な視点ではあるが，戦争や革命，政治・経済のマイナス発展が中心となっており，20世紀のヨーロッパについてかなりのマイナスイメージを与えているという。さらに，女性・マイノリティ・子どもや一般人，日常生活，科学技術や社会発展は無視されているという。彼は，悲惨で破壊的な出来事から少し離れて，建設的で前向きな発展を少し強調すると，国家間の困難な関係や民族間の憎悪や侵略もほんの少し和らぐのではないかというのである。この考えから，彼は，テーマによるカリキュラムを作ることを提案した。これらのテーマは，伝統的解釈を無視したものではなく，それらをもとにして異なる視座から組み替えたものである。

つまり，歴史教育の役割は，単に個々の歴史事象つまりトピックそのものを理解させることではなく，「歴史」の持つ主観性と，それを乗り越えて客観性＝合理的整合性を形成していく技能を育てる学習と考えられている[6]。このようなヨーロッパ型の学習活動の具体例は，イギリスの中等歴史教科書に見ることができる[7]。

表 8-2　歴史教育で育成される能力及び認識

① 国家あるいは民族の歴史に限定されていない歴史に対して継続する興味。
② 広い視野で世紀を概観するとは，部分的には年代順，部分的にはテーマで見ることである。
③ 「概観」を組み立てる場合，特定の歴史知識がまとまった部品の役割を果たす。
④ 歴史では繰り返される変化と急激な変化があること，及び歴史がただ戦争，強大な力，外交と経済に関することだけではないということを理解する必要がある。それは普通の人々の暮らしの変化についても，またそれらの変化を引き起こした力についても同様である。
⑤ 近現代史についての情報が歴史家や著述者，政治家，ジャーナリスト及び一般的なマスメディアによってどのようにして解釈され歴史的事実となるのかを理解することは社会的に必要な批判的技能である。
⑥ 客観的・合理的な根拠によって定説への評価を下す能力。この能力は普遍的な能力として実践つまり生徒と教師との関わり合いを通してその双方に身につけられる必要がある能力である。

2. イギリスの歴史学習における歴史家体験活動

　ロングマン（LONGMAN）社の歴史教科書「歴史から考える（*Think Through History*）」シリーズは，イギリスを中心とした英語圏の中等教育における代表的教科書である[8]。各巻の各単元は，すべて次の3つの要素で編集・構成されている。

　第1の要素は，資料である。歴史上の文書や絵画，遺物の写真，そして現代の歴史家による資料解説などである。第2の要素は，問い（Think）という，生徒への問いの部分である。この問いは，第1の要素である資料をもとに作られ，資料に注目させそれを読解させるための問いである。資料から情報を取り出す役割を担っている。第3の要素は，活動課題（Your enquiry）である。活動課題は，取り出した情報を生徒自身で整理・構成する表現活動である。この第3要素は，以下に2つの単元を例に述べるように，イギリスの歴史教育における歴史家体験活動の特徴を特に示しているものである。

(1) 単元「ある女性の生活」

　このシリーズの一つである『心の変化　英国1500-1750』（*Changing Minds Britain 1500-1750*）[9]の第4単元は，「女性の生活（A woman's life）」という単元である。サブテーマは，「歴史家たちは同じ資料に基づきながら，どのようにして異なる説を生み出すのか？」である。つまり，歴史家が異なる解釈を立てるプロセスを考察させることがサブテーマとなっている。

　この問題の導入となる課題設定は，表8-3に示すような設定である。表8-4は，この単元の活動課題（Your enquiry）である。

　表8-4のように，この単元は，16・17世紀のヨーロッパにおける女性の生活について，異なる歴史解釈があることを前提として構成されている。そして，この前提の下で，そのような解釈の違いが生じる理由を説明することが生徒に求められる。

　生徒たちがこの課題を解決することを助けるため，教科書では，資料から情報を取り出す活動とそれらの情報を整理・表現する活動が順序立てて指示され

表 8-3 「課題設定」(異なる 2 つの解釈)

> サー・リチャード・サントンストールの妻のような裕福な女性は，たいてい 20 代前半に結婚した。自分自身で夫を選ぶことが認められない場合もあった。両親が，誰と結婚すべきかを決めた。一度結婚すると，ずっと結婚し続けなければならなかった。きわめて裕福な女性だけが離婚できた。現在，わかっていることは，社会階層を問わず多くの女性が，人生の大半を妊娠して過ごしたことである。16・17 世紀の人々は，いつ子どもを産むか選べなかった。しかし，当時は妊娠・出産は非常に危険だった。多くの女性が，30 代・40 代で死亡した。相手が若くして死んだため結婚が終わるということがよく起きた。
> 　歴史家たちの間では，こうした事実については意見が一致している。しかし，彼らの意見が一致できていないことも多い。1500～1750 年における既婚女性の生活がどのようなものであったか，以下の 2 人の歴史家の間での考えにはかなり大きな違いがある。
>
> **解釈 1**
> 16・17 世紀における既婚女性の生活は，きわめて過酷だった。妻は常に夫に従わなければならなかった。彼女たちは，しばしばひどい扱いを受けた。自分の望むとおりに振る舞える自由は，妻たちにはなかった。彼女たちの時間はすべて夫と子どもの面倒を見ることに使われた。
>
> **解釈 2**
> 当時の既婚女性には，あなたが考えるよりもずっと多くの自由があった。往々にして，男性と女性とは，結婚生活において対等のパートナーだった。夫はたいていの場合，妻を適切に扱っていた。また妻は，いつも夫に従ったというわけではなかった。既婚女性は，家族の世話だけでなく，様々な仕事を多くこなしていた。

表 8-4 「活動課題 (Your enquiry)」

> この場合，歴史家の間で，以下の点に関して意見が異なっている。
> 1. 夫と妻との関係
> 2. 女性の仕事
> 　歴史家の間では，しばしば，過去に関する意見の不一致が見られる。そうした不一致が起きるのは，彼らが異なる信念・視点から物事を眺めるからであり，また異なる資料を観察するためである。しかし，この単元で検討するのは，歴史家たちは同じ資料に基づきながら，どのようにして異なる説を生み出すのかということである。

る。たとえば，当時の宗教家によって出されていた家庭道徳読本や助言集という歴史資料から情報を取り出す活動 (Think) は次の表 8-5 のようなものであ

る。つまり，表8-5の問い（Think）は，解釈1と解釈2という2つの異なる解釈について，資料の中から，それぞれの解釈の根拠となる情報を取り出させて分類させる問いとなっている。いわば，資料を単に示すのでなく，そこに情報を発見（発掘）させる活動といえる。表8-6は，このような活動を踏まえて，さらにその情報を段階的に分析・整理させていく一連の活動指示を表にして示したものである。

　この教科書には，学習活動で用いる資料が豊富に掲載されている（この単元の場合は8つの資料）。そしてこれら各資料には，表8-5のような第2要素である問いが付けられている。表8-7は，この単元（女性の生活）の最初の活動（ステップ1）で用いられている資料とその資料への問いを示したものである。問いは，このように1つ1つの資料を読みといて情報を取り出させる問いとなっている。このような，活動のあと表8-6に示したようにステップ1～4の4段階の活動を経て，最終的に生徒自身が小論文を作成していく。ステップ1～4はあくまでも生徒が自分自身で順次におこなう活動である。このように資料から情報を読み解き，論述していく活動は，この単元の中心的活動であるが，それは異なる2つの解釈の双方の立場から情報を取り出させることが基本

表8-5　「情報（根拠）を引き出させる活動」

家庭道徳読本や助言集には，以下のような助言が含まれている。

・夫は，妻を支配しなければならない
・良き妻は，忍耐強く愛に満ちあふれ，優しくかつ親切である。
・夫は，妻の面倒を見なければならない。
・夫は，決して妻を殴ってはならない。
・男性は，女性よりも強く賢い。
・夫は，妻を尊敬しなければならない。
・妻は，夫に従わなければならない。

Think（問い）

・どの助言が，解釈1の根拠となるか。
・どの助言が，解釈2の根拠となるか。
・どの助言が，双方の解釈の根拠となるか。

第8章 解釈型歴史学習における歴史家体験活動　167

表8-6　「情報を分析・整理させる活動」（ステップ1～4の構造）

Step1
1) まず，次の表をノートに写しなさい。次に家庭道徳読本・助言集のセクションにある資料を用いて，各解釈の根拠となる証拠をできるだけ多く集めなさい。

	解釈1の根拠となる証拠	解釈2の根拠となる証拠
家庭道徳読本・助言集		

2) 家庭道徳読本・助言集から得られた証拠は，解釈1・2のどちらをより支持するものであるか。あなたの答えを説明しなさい。

Step2
1) まず，Step1で始めた表に「絵と記述」という項目を付け加えなさい。次に，「絵と記述」のセクションにある資料を再度読み直して，解釈1・2の根拠となる証拠をさらに書き加えなさい。
2) こうした絵や記述から得られた証拠は，解釈1・2のどちらをより支持しているか。あなたの答えを説明しなさい。

Step3
1) まず，Step1で始めた表に「日記」という項目を付け加えなさい。次に，資料のペピーとアイヤーの日記の中から，解釈1・2の根拠となる証拠をさらに付け加えなさい。
2) これらの日記から得られた証拠は，解釈1・2のどちらをより支持するだろうか。

Step4
1) 資料にある歴史家たちの研究成果のうち，各解釈の根拠としてどれが利用できるか，まず決定しなさい。次にStep1で始めた表に「通説（General findings）」という項目を付け加えた後，正しい欄に各成果を記入しなさい。

Thinking your enquiry through
　既婚女性の生活について，歴史家たちがどのような異なる見方をするか，あなたはそれを説明する小論文（essay）を書こうとしている。あなたの考えを補強するため，あなたの表の中の情報を活用しなさい。以下の「書き方」が参考になる。

　歴史家の間では，1500年から1750年にかけての既婚女性の生活に関して，意見が分かれている。ある歴史家たちの意見では……。また，別の歴史家たちの意見では，……。
絵や記述から得られた証拠には……ということが示されている。
日記から得られた証拠の多くが示しているのは……という視点である。
既婚女性の生活に関して，歴史家たちは，今後もずっと異なる見方をするだろう。なぜなら……。

的な活動となっている（表8-7参照）。

　このような歴史学習は，資料を1つ1つ読み解き，分析し，情報を読み解き整理するという活動である。そのうえで，情報を組み合わせて説を立て論理的に説明する。それは実際の歴史家がおこなう活動を追体験することに他ならない。その結果，歴史家自体も異なる説と葛藤することを学習させることになる。これは，歴史家の説を結論として単純に受け入れる学習とは大きく異なる学習方法であり，まさに「歴史家体験」活動といえる。さらにこの学習内容の最大の特色は，「過去は異なる複数の視点から読み解かれる」という内容となっている点である。

表8-7　単元「女性の生活」のステップ1における資料の種類と読解のための問い

資料1　サー・リチャードサントンストール一家の絵（絵画資料）
　問い　・この絵の変なところはどこか。
　　　　・サー・リチャードがこの絵を描かせた理由は何だと思うか。

資料2　16・17世紀に宗教家によって書かれた家庭生活助言集の一部（文字資料）
　問い　・解釈1の根拠となるのはどの助言か。
　　　　・解釈2の根拠となるのはどの助言か。
　　　　・双方の解釈の根拠となるのはどの助言か。

資料3　1523年に法律家アンソニー・フィッツハーバードが著わした『家政に関する本』の一部分（文字資料）
　問い　・この本では，どの部分が解釈1の根拠となるか。
　　　　・この本では，どの部分が解釈2の根拠となるか。
　　　　・この資料がより多くの支持をどちらかの解釈に与えているとすれば，それはどちらの解釈か。また，なぜそうなのか。

資料4　17世紀に女性によって書かれた家庭生活のパンフレットの表紙（絵画資料）
　問い　・次のような女性は，どこに描かれているか。
　　　　　チーズをつくっている。料理をしている。薬をつくっている。食糧を貯蔵している。お化粧をしている。
　　　　・双方の根拠として，この表紙はどのように活用できるか。

---

(2)「最悪の恐怖，どのようにすればペストに関する良い物語をつくれるか？」

　本書の第3の要素であるYour enquiry（あなたの情報収集）による歴史解釈活動の特色をさらに明確にするため，第3単元「最悪の恐怖，どのようにす

表8-8 単元「最悪の恐怖」の活動課題の構造（問いの構造）

	Your enquiry による活動課題
導入	（資料に紹介した）この話は，これで終わりです。ウイリアム・ブリュワーとメルトン村は実在しません。しかしこの話は本当に起きたことをもとにしています。ペストで何百万もの人が死にました。この伝染病は中世の人々に起きた出来事の中で最も恐ろしいものでした。この課題では，恐ろしいこの病気が中世の人々の生活をどのように変えたか学んで下さい。
ステップ1	メルトン村にペストがやってきたとき何が起きたかあなたが考えた物語を書きはじめよう。 1. ペストに最初に感染した人を決めよう。自分でキャラクターを考えても良いし，pp.24-25の話に出てくる誰かでも良い。 2. 病人がどのように苦しんだか，その家族がどのような治療を試みたか描こう。 3. 話の冒頭部分を興味深くし，また歴史的に正確なものにするために，中世の村の生活の詳しい描写をたくさん入れてみよう。
ステップ2	1. 中世の人がなぜそのようなことをしたかを理解するには，彼らの行動と信仰とを対応させる必要があります。次の表をつくって，彼らの行動を正しく書き入れよう。 | 神からの授かり | 悪い空気 | 人から人へ | |---|---|---| | | 衣服を埋葬した | | 2. 今度は，あなた自身で描く物語の第2節を書きましょう。多くの人が死んでいく中，村人たちは，何をしたら良いかを決めるため教会に集まります。ウイリアム・ブリュワーはその会合で何と言ったでしょうか。人々はウイリアムの意見に賛成したでしょうか。伝染病で死んでいく人の数が増え続ける中，村人たちの間にはどんな事態が起きたでしょうか。
ステップ3	メルトン村のウイリアム・ブリュワーとその他の生き残った村人たちの物語を完成させる時が来ました。「生き残ったものたち」というこのセクションの情報（資料）を用いて，ペスト流行後にブリュワーや村人たちがどうなったか説明して下さい。

最終課題	あなたの歴史物語のできばえはどうですか。もちろん，完成ですね。しかし，本当に良い歴史物語にしたいなら，ペストについて多くの事実にもとづかなければなりません。 1. 赤ペンを持って，あなたの物語のうち，ペストがいかに恐ろしいか「事実」にもとづいている部分にアンダーラインを引いて下さい。 2. 緑のペンを持って，あなたの物語のうち，中世の人々がペストについてどのように「考えていたか」ということにもとづく部分にアンダーラインを引いて下さい。 3. 黒ペンを持って，あなたの物語の中で，ペストが農民に及ぼした「影響」にもとづく部分すべてにアンダーラインを引いて下さい。たとえば，ウイリアム・ブリュワーは自由になりましたか。彼は領主の支配から抜け出すことができましたか。 おそらく，これらの色のうちアンダーラインをあまり多く引いていない部分に気づくでしょう。あなたの歴史物語をより良くするためにどこを直すと良いかわかりますね。

ればペストに関する良い物語をつくれるか？」を例に分析する。この単元は中世ヨーロッパの伝染病（ペスト）に関する単元である。表8-8はYour enquiryとして生徒に課される活動課題である。

　この単元において，生徒たちは文章で歴史を描く活動をする。表8-8からわかるように，教科書の中にある情報を生徒自身が組み立て，最終的には，中世の村で起きたペスト流行の物語を自分自身で描写する活動である。この論述活動は，前項に示した単元と同様に最初は高いレベルが前提とされず，ステップ1から順に示される下位の活動課題に沿って段階的にレベルが高められていく。

　表8-8に示した一連の活動の中で最も特徴的な活動は，最終課題である。生徒自身がつくった物語を生徒自身に校正させる活動である。それは，単なる文字の正誤チェックではなく，「事実」「当時の人々の心理」「出来事の影響」という3つの視点から，それぞれの情報が明記されているかを色ペンを使って確認させる活動である。つまり，資料にもとづく事実を示しているか。次にその時代の人々の「考え」（心性）。さらにその出来事の「影響」という生徒自身の判断が書き込まれているかをチェックするのである。このように，単に文章

を書くことを求めるのではなく，歴史研究の成果として，複数の分析視点と情報相互の因果関係が抜け落ちていないかを分析的に確認させる活動となっている。本書の教師用ガイドブックによれば，このような活動を課すことによって，「私は，どんな事実（もしくは証拠やアイデア）がほしいのか？」「私は，それ（情報）を文章の中のどこに置くか？」という思考の基本的道筋を育てるという[10]。このように，この教科書が想定する学習活動は，学習者に資料から歴史情報を引き出させ，それらを用いて，学習者自身が情報を組み立てることによって「歴史」を描き出す活動である。それはつまり歴史家体験活動なのである。

このことについて，この歴史教科書の主要著者であるクリティーン・カウンセルは，歴史学習は，すでに与えられた答え（given model）を書くのでなく，優先順位を決めたり重要性を判定する活動であり，生徒自身が歴史的因果関係を構築（construct）する活動であるという[11]。そして，このような「思考」方法は「読解」する方法と同じであると考えている。彼女は，「読む」ことは，ただ単に新しい情報を知るのではなく，新しい考えに達することであると指摘している[12]。このように，歴史学習は，情報を文章中の適切な場所に置き，生徒自身が自分の言葉でそれを表現する論述活動と考えられている。この学習活動において，生徒は「歴史」を解釈し，それを文章で表現する歴史家としての立場に立たされる。つまり，Your enquiry という活動は，過去を解釈させるという擬似的な歴史家体験を学習者に繰り返させているのである。

なお，表8-8の最終課題の場合，それまでに生徒自身が描いた文章にアンダーラインが多く引かれない場合は，歴史を論述するさいの重要な要素が欠落しているサインとなる。最終課題は，「これらの色のうちアンダーラインをあまり多く引いていない部分に気づくでしょう。あなたの歴史物語をより良くするためにどこを直すと良いかわかりますね」という形で，更に詳しい調査が必要なことに気づかせて終わる。教師用ガイドブックによると，このような活動課題は，生徒の書く力（論理的表現力）を伸ばす踏み切り板の役割を果たしている。この活動を計画的に進めることで，生徒たちが目的もなく情報を収集したり，情報を単純にコピーすることを防止し，情報相互の関連性や優先順位を

表 8-9 イギリスナショナルカリキュラムの歴史学習の達成目標

KS1	
1	生徒は自分自身や他の人々の人生における現在と過去の区別を認識する。生徒はいくつかの事件や事柄を時系列に配列すること、および日常的な言葉を用いて過去について表現することによって、時間の経過についての様々なストーリーの中のエビデンスを示す。年代感覚が身につきつつあることを示す。過去についての様々なストーリーの中のエビデンスを示す。また自分がとった行動にはそれなりの理由があったことを認識しつつある。情報源を利用して答えることができる。
2	時間の経過に関わる用語を使いこなすこと。事件や事柄を時系列に配列することによって、年代感覚が身につきつつあることを示す。現存している人々の時代の様々な事件や人々について知識をもち、理解している生徒はこれは知識をもちつつある。また自分が学んだことについて、知識をさらに過去の表現の仕方についての様々な表現について。生徒はさらに過去の表現の仕方について、相当程度把握しつつある。単純な観察に基づいて発せられた過去についての疑問に答えを出すことができる。
KS2	
3	過去は様々な時代に区分されるということを理解したうえで、これらの時代相互の間に類似と相違があることを認識し、と歴史用語を使用することによって、生徒は年代についての理解を深めつつあることを示す。また学習対象になっている主要な事件、人々、変革を時代の相当部分について、知識をもって理解しているのである。主要な事件や変革についての原因と結果をいくつか挙げることができるようになりつつある。生徒はさらに過去の変革について、相当な理解を示しての疑問の領域を作り出すことができるために、単純な観察の領域を超えた方法で情報を利用する。
4	生徒は英国史、ならびに世界史の諸分野に関する事実について知識をもち、理解している。生徒はこうした知識・理解を用いて、過去の社会や時代の典型的特徴を説明し、特定の時代における、また複数の時代にまたがる変化について把握している。生徒は主要な事件、人々、変革を時代の相当部分について、知識をもって叙述することができる。主要な事件や変革については、その原因と結果をいくつか挙げることができる。生徒はさらに過去の諸状況が様々な方法で解釈、ないし解釈されていることについて、相当な理解を示している。様々な情報源からの情報を抜粋し、総合することができるようになりつつある。さらに年代や歴史用語を適宜用いて、体系的な学習成果を創り出すことができつつある。
5	英国史、ならびに世界史の諸分野における事実についての生徒の知識と理解は、次第に深みを増してきている。生徒はこの種の知識・理解を用いて、過去の社会と時代の特徴を叙述する、と同時にこうした社会と時代の特徴を関連づけることができるようになりつつある。生徒はこうした事件、人々、変革を時代について叙述することができる。また事件と変革を関連づけて説明できる。生徒はまた事件、人々、変革を多様な見方で理解される場合もあるという認識をもち、同時にそうした解釈の背景にある理由となっている可能性がある、と思われる要素を指摘することができる。生徒は知識・理解を活用して各種情報源を評価し、その中で特定の課題に対処する上で有益なものを特定できるようになりつつある。また情報を抜粋・整理し、年代や歴史用語を適宜用いながら体系的な学習成果を達成する。

第 8 章　解釈型歴史学習における歴史家体験活動　173

		KS3
6	生徒は英国史，ならびに世界史の諸分野に関する事実についての知識と理解を用いて，過去の社会と時代について叙述し，特定の時代における複数の時代の特徴を関連づけることができる。生徒はさらに時代について，人々，変革について，事件や変革がおきた理由について説明し，様々な歴史的解釈が生じる理由を特定し，評価することができるようになりつつある。また，これらの知識を活用することによって生徒は情報を批評的に活用していくつかの軸に沿って調査を遂行し，また関連する情報を抜粋・整理・展開・利用し，年代や歴史用語を適宜用いて結論の論拠とする。また関連する情報を抜粋・整理・展開して結論として体系的な学習成果を達成する。	
7	生徒は英国史，ならびに世界史の諸分野に関する事実についての知識と理解を用いて，社会相互の関連性を用いて特定の時代，ないし社会の特徴を分析し，さらに事件や変革についてのその原因と結果も分析することができる。生徒はさらに多様な歴史的解釈がなされてきた経緯と，その理由について説明し，利用することができる。生徒は利用する情報源を批評的に情報を抜粋・整理・利用・展開し，年代や歴史用語を適宜用いながら構成のしっかりとした結論に到達することができる。また関連する情報を抜粋・整理し，記述，説明を行うことができる。	
8	生徒は英国史，ならびに世界史の諸分野に関する事実についての知識と理解を用いて，過去の様々な社会，および文化の持つ特徴点相互の関係を分析することができる。事件や変革の原因と結果の説明は，より広い歴史的フレームワークの中に位置付けられており，同時にそれらの評価もできるようになりつつある。生徒はさらに歴史について多様な歴史的解釈を活かして，説明することができる。同時に情報源を批評的に利用しながら歴史調査を遂行し，独自にしっかりとした結論に到達することができる。生徒は関連する情報を抜粋・整理・展開し，説明を一貫性をもって行うことができる。	
☆	生徒は英国史，ならびに世界史の諸分野に関する事実関係について，各自が持つ広範かつ詳細な知識と理解を用いて，広範な事件，人々，思想，変革相互の関係，ならびに過去の様々な社会，および文化の持つ特徴点相互の関係を分析することができる。事件や変革の原因と結果の分析・説明は十分な具体的論拠によって裏付けられており，同時により広い歴史のフレームワークの中に位置付けられている。生徒は様々な国々において発生した事件や展開相互の関連を分析することができる。さらに歴史上の事件や展開について様々な解釈がもっている価値に関する。また歴史についての知識と理解を用いながら各自の理解に立脚して，歴史的フレームワークを活かして，情報源を批評的に用いながら歴史調査を遂行し，同時にバランスがとれて中身のしっかりとした結論に独自に到達する。それを維持することができる。生徒は広範な関連情報を抜粋・維持・整理・展開し，構成された結論に適宜用いながら叙述，記述，説明を首尾一貫して行うことができる。	

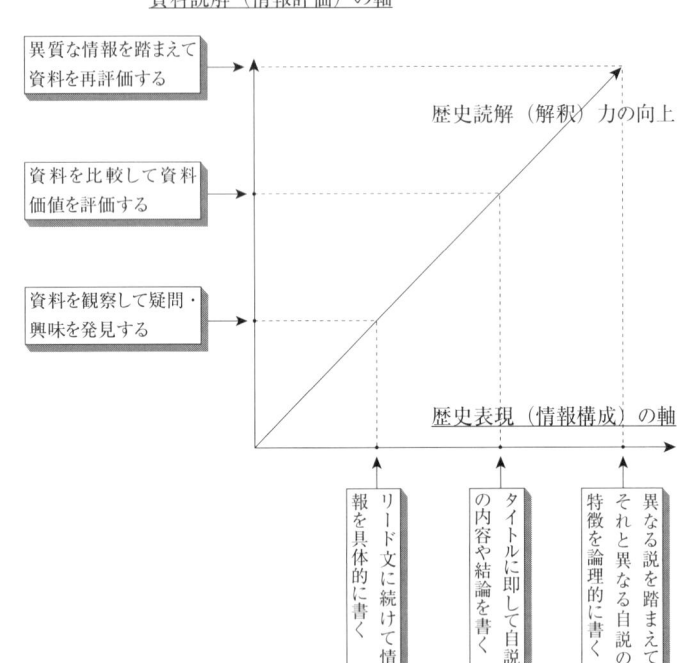

図8-1　解釈型歴史学習における歴史読解力育成モデル（著者作成）

資料読解（情報評価）の軸

- 異質な情報を踏まえて資料を再評価する
- 資料を比較して資料価値を評価する
- 資料を観察して疑問・興味を発見する

歴史読解（解釈）力の向上

歴史表現（情報構成）の軸

- リード文に続けて情報を具体的に書く
- タイトルに即して自説の内容や結論を書く
- 異なる説を踏まえてそれと異なる自説の特徴を論理的に書く

つけることを手助けするというのである[13]。このように，歴史家の説を結論として単純に受け入れる学習と異なり，資料を読み解き整理し表現するという実際の歴史家がおこなう活動を追体験する方法で意図的に学習させようとしている点に現在の解釈型歴史学習の大きな特色がある。しかも「歴史家体験」は，異なる複数の視点に立って考えることをその基礎として重視しているのである。

では，このような学習方法の評価基準はどのようなものであろうか。表8-9は，イギリスのナショナルカリキュラム（歴史）の評価基準を示した。レベル3は，初等教育段階（10才以下）で多くの生徒が達成することが期待されている。レベル5は，中等教育段階で多くの生徒が達成することを期待される。中等段階で目指す高いレベルがレベル8である[14]。

この目標に示されるように初等教育段階では，複数の解釈があることに気づ

き，意図的な調査ができる能力。中等教育段階では，そのうえで，さらに情報の重要性を評価したり，因果関係を説明できる能力が求められる。レベル8は，それらの能力を使って，正確で首尾一貫した作品を創りあげる姿が想定されている。つまり，歴史用語を適切に用いつつ自身の歴史解釈を論述した作品を創り出す能力が重視されていることがわかる。教科書 *Think Through History* シリーズは，この目標を，資料読解（情報評価）を軸とする活動と歴史表現（情報構成）を軸とする2つの活動を組み合わせることにより育成しようとしている。このようにイギリスにおいては，歴史情報を評価し，それらを組み合わせて論述する歴史家としての疑似体験活動を前提とした学習が求められ，その学習方法に沿った評価基準を開発している。

　以上のように，現在の解釈型歴史学習は，解釈つまり歴史読解を2つの学習軸で高めていく学習であるといえる。2つの学習軸とは，1つは資料読解の軸ともう1つはそれにもとづいて自説を理論的に表現する軸の2つである。図8-1は，それをモデル化したものである。

3. 解釈型歴史学習における「立場」[15]の重要性

　「歴史から考える（*Think Through History*）」シリーズの『現代の心』（*Modern Minds*）[16]は，20世紀の歴史に関する学習活動が13の単元で構成されている。その第6単元「悪魔の心と悪魔の時代――ヒトラーはどのようにしてドイツを支配したか（Evil minds and evil times: How did Hitler gain control of Germany?）」というテーマの場合，その学習活動（作業課題）を示すと表8-10のとおりである。

　この学習活動は生徒が資料（情報）からテレビ番組をつくる活動である。現代社会においては歴史書だけではなくテレビ番組も，「歴史」を描く媒体として重要なものの一つである。学習者は，番組を企画する活動を通して資料（情報）を批判的に利用する技能を獲得していく。同時に，ヒトラーの政権獲得過程が巧みな情報操作によって大衆を操作した歴史であり，彼の政治手法はこの点からも批判的にとらえる必要があることにも気づくことができる。この活動

表 8-10　説明する立場

作業課題：
　この課題によって，あなたは1918～1938年の間にヒトラーがどのようにしてドイツの独裁者になったかその理由を見つけ出すだろう。あなたの考えを説明するために，あなたは一連の3つの新しいテレビ番組を企画する。あなたの番組は，最も重要な出来事を報道してヒトラーの独裁を支えた最も重要な要因を説明することになるだろう。

ステップ1：
　「始まり」と題された節に記載された情報を用いてあなたの最初のテレビ番組を企画しなさい。
　その番組は，1918年から1924年の期間を扱います。
　1　あなたが番組で扱おうと考える重要な出来事を示す年表を作りなさい。
　2　この期間にヒトラーを助けた最も重要な要因を3つ書き出しなさい。

ステップ2：
　「ヒトラーの権力への道——1924-34」という節にある情報を用いてあなたの2本目のテレビ番組を企画しなさい。この番組は，1924年から1934年の期間を扱います。
　1　あなたが番組で扱おうと考える重要な出来事を示す年表を作りなさい。
　2　この期間にヒトラーを助けた最も重要な要因を3つ書き出しなさい。

ステップ3：
　あなたはいま最後のテレビ番組を企画しなければなりません。この番組は，1934年から1938年を扱います。最後の番組は，この期間にヒトラーを支援した次の3人の人物に焦点をあてます。「ヒトラーの統治——1934-38」という節に書かれている情報を用いてそれらの人々がなぜナチスを支持したか可能な限り多くの理由を書き出しなさい。
・1933年に失業中の工場労働者
・1936年にヒトラー青年団に入った10代の青年
・ナチスの考えすべてに賛成したわけではないがナチスに入党した主婦

最終課題：
　あなたは，この新しいテレビ番組の宣伝のためにこのシリーズのタイトルを決め予告編のナレーションを考えることであなたの企画を完成させる必要があります。ヒトラーがどのようにしてドイツの独裁者となったのかということについて，あなたの考えを説明するために1から3のステップの情報を利用しなさい。

は，当時のマスメディア（ヒトラーの場合はラジオや映画）が果たした歴史的役割を評価する活動にもなっている[17]。この単元は，一人物の視座ではなく当時の複数の人物の「立場」から歴史を描かせる学習活動である。

ステップ３には，学習者を当時の３人の人物の「立場」に擬似的に立たせることによって，複数の視点から歴史を描かせている[18]。そして最終課題は，テレビ番組の宣伝をおこなわせる学習活動である。学習者自身が描いた「歴史」を他者へ宣伝するという活動は，学習者たちが生活している今の複数の「立場」の人々に対して，自分自身が解釈した歴史を多くの人々に理解させる思考表現活動としている。このような歴史学習は，社会に複数の「立場」が存在することを前提とした活動である。しかも，過去の人々の「立場」と現代の人々の「立場」という，歴史家が意識しなければならない時代の異なる人々の立場にも立たせる。このような歴史学習は，「歴史は，異なる立場から異なる根拠があったり，異なる見方ができる」ことを前提とし，それを自覚させるための意図的な学習活動となっているのである。

これと共通する学習活動は，アメリカの *Social Education* 誌（Vol.59, No.6）の"Teaching About the Holocaust"という特集号に報告された「ホロコーストとアメリカの新聞」と「反ユダヤ主義：虐殺の根拠」という２つの実践である。この実践は，「立場」が重要な役割を持っている[19]。「ホロコーストとアメリカの新聞」は，当時のアメリカの新聞が，ユダヤ人への迫害が進むドイツの状況をどのように伝えていたかを考えさせる学習である。当時のアメリカの新聞を教材として，その新聞がドイツにおけるユダヤ政策よりもアメリカ国内のスポーツ記事を大きく扱っていたことを発見させる活動がある。当時のアメリカ合衆国の人々が海外の政治的な出来事に無関心な状況が，ドイツにおけるホロコーストを許す結果になったという事例を生徒に検証させている。

「反ユダヤ主義：虐殺の根拠」は，ナチス政権下のドイツにおいて，ユダヤの人々に対する人権侵害が，議会による法整備という「民主的」手続きを経て合法的におこなわれていった事例を教材としている。この学習によって，生徒たちに現在の市民として人権保障のためにいかに行動すべきかを考察させる[20]。

編集者ミッシェル・シンプソンによると，この特集の主旨は，①大量虐殺がナチスドイツによる過去の問題というだけではなく，いまも世界各地で発生している現在の問題であること，②今後それを阻止し現在の問題を解決するため

に，なぜ，どのようなメカニズムで虐殺が起きたかを学習させることである，という[21]。大量虐殺は民主主義の形式をとって「民主的」に進められ，そのときジャーナリズムがこの問題の進行に大きく関与したのか，逆にあえて関与しなかったのか。これらの点について，その事実を検証させ，現在でもこの問題が起こりうることに気づかせ，それを防ぐ方法を考察させる必要性があるという。この学習は，民主主義の担い手である学習者に対して，虐殺と民主主義とが必ずしも対立するものでなく，民主主義のルールの下で虐殺がおこなわれていった過去の事例から，民主主義の担い手として情報を発信したり受けとる「立場」の重要性に気づかせる活動になっている。

教科書 Modern Minds も同様の活動を取り入れている。この本の第10単元は，「世界を変えた爆弾（The bomb that changed the world）」である。この単元は，日本に投下された原子爆弾の被害[22]を述べた後，米ソ両大国の冷戦が始まり，その対立の中でキューバ危機，インド・パキスタンの核実験（核拡散）と進み世界が変化していった歴史を考察させる。この単元は，核問題が広島に始まり現在もなお続く「現代の問題」であるという視点で内容が構成されている。この中で，キューバ危機に関する学習活動は次のとおりである[23]。

> 「あなたが1962年当時のジャーナリストだとします。キューバ危機が終結した直後に編集者があなたに記事を書くよう求めました。記事の最初の段落は，短く正確で目立つ概要を，次の段落は，この出来事の重要性について説明してください。各段落はそれぞれ40語以内で書くこと」

核兵器を使用するか否かという判断をする場面で，第二次世界大戦時のトルーマンとキューバ危機時のケネディの2人の大統領は逆の決断をした。トルーマンは核兵器を使用し，ケネディは用いなかった。核戦争の危機を前に，ジャーナリストの立場から，これらの決断にどう向き合いいかに評価すべきだろうか。この学習活動は，大統領の「立場」と，その動向を人々に伝えるジャーナリストの「立場」という2つの「立場」に学習者を立たせている[24]。

以上取り上げた学習活動事例には，3つの重要な活動が含まれている。

第1は，歴史上の多様な人物の視点，つまり「立場」から「歴史」を描く活動が取り入れられている点である。第6単元「悪魔の心と悪魔の時代——ヒトラーはどのようにしてドイツを支配したか」では，表8-10に示したように，ステップ3において3名の人物の視点が設定されており，多様な社会的「立場」が登場する[25]。その時代のいくつかの社会的「立場」に立たせて，その視座から過去の人々の決断の理由を読み解き，表現させる活動である。

　第2は，「ホロコーストとアメリカの新聞」と「反ユダヤ主義：虐殺の根拠」の実践や単元「世界を変えた爆弾（The bomb that changed the world）」のいずれもが，ジャーナリズムの社会的機能（役割）に気づかせる活動を伴っている点である。ジャーナリズムは民主的システムの一部である。情報の送り手と受け手の「立場」に立って歴史を描かせる活動をおこなうことによって，未来の民主社会形成につながる学習活動となっている[26]。この活動の結果，学習者は，政治的指導者の行動を伝えるジャーナリストの「立場」の重要性，そして，メディアの読み手としての市民の「立場」もまた重要であることに気づくことになる。この場合，ジャーナリストも「歴史家」と同じ役割を果たしている。歴史家体験はジャーナリスト体験に置き換えられている。歴史家もまた，過去の情報を収集し，分析し，構成する点で現在のジャーナリストと共通する技能と責任を必要とする。ジャーナリストの立場に立たせる活動は，歴史家と共通する活動なのである。

　第3は，その時代の人の「立場」か現代の人の「立場」か，学習者が時代の異なる立場を自覚するように意図的に構成されている点である。この能力を高めるために，生徒同士の対話（討論）がおこなわれる。生徒のペアやグループ相互の対話は，学習の基本的な活動である。

　以上のように，解釈型歴史学習は，多様な「立場」の人々の関わりの中で社会が変化してきたことを，情報を組み立てて（構成し）解釈し表現する歴史家体験活動である。その過程で多重な自分の「立場」（過去か現在かも含む）を自覚させ，多様な社会的「立場」を整理させ，自分自身の「立場」を相対化して問題を整理・分析する技能を育てる学習方法なのである。米国スタンフォード大学教授サム・ワインバーグを中心とする研究グループは，歴史学習は，

「歴史家のように読み取る（Reading like a Historian）」学習であるという。それは，歴史資料から，それを残した過去の人たちの相互の関係や年代的な前後関係を明らかにする学習である。しかも，このような学習を経験した学生たちは，その後コンピュータで情報検索するときも情報の相互関係やその情報の発信者の意図を読み解く技能を使おうとするという[27]。つまり，歴史家体験活動は，現代社会で必要となる情報読解の技能も同時に育成されるし，それを意図的に育成する点にも特色があるのである。

しかしながら，そこには，大きな問題点も含まれている。生徒自身の歴史解釈を優先した場合，明らかな誤謬や曲解，あるいは現代日本の教育の基本である平和や民主主義を否定する解釈を生じないかという問題である。この問題を

写真8-1　アブラハムリンカーン高校（サンフランシスコ）の歴史授業（サム・ワインバーグの研究グループの授業）
　　　　グループによる対話形式で進められる（著者撮影）。

第 8 章　解釈型歴史学習における歴史家体験活動　　181

写真 8-2　写真 8-1 の授業で用いられるワークシート（著者撮影）

資料（史料）に書き込む形で生徒の活動が進む。教師による指示（課題）は，次の通り。
・資料の著者は，どんな主張をしていますか？
・資料の著者は，それらの主張を説得するために，どんな証拠を使いますか？
・この文書（資料）は，あなたをどんな感じにさせますか？
・資料の著者は，自分が正しいと信じさせるために，どんな語やフレーズを使用していますか？
・資料の著者は，どんな情報を無視していますか？

解決するため，本章第 2 節で例示した「歴史家体験」活動の第 2 要素である資料から情報を読み取る活動が繰り返しおこなわれる。それと同時に，歴史家が歴史家相互でおこなっている対立的対話（討論）が意図的に教材化される必要がある。1950 年代以降，日本において和歌森の解釈型歴史学習論がありながらも，それが一般化しなかった背景には，歴史が分野・科目として専門的に取り扱われる中等教育において，対話（討論）を基礎とした学習方法が歴史学習の基本的方法として十分に示されなかったことがある[28]。実践者が解釈型歴

史学習の方法的重要性を自覚し資料から情報を複眼的・批判的に読み取るための生徒相互間の対話（討論）を歴史学習の基礎として繰り返す授業実践を試みることが課題といえる[29]。この点については，終章で更に論じる。

注
1) Textbook improvement with a view to enhancing mutual understanding between countries：(韓国教育開発院主催2002年10月16日）における，Alain Choppin（フランス国立教育研究所）の発言による。Alain Choppin "Textbooks and textbook researches in Western countries", *Textbook improvement with a view to enhancing mutual understanding between countries*, Seoul, korean Educational Development Institute, 2002, pp.16-27. 彼によれば，EUのように文化的に多様性を持つ人々が統一するには，その多様性を前提とし，それを保障するという視点しかあり得ないという。なお，イギリスの解釈型歴史学習について，拙稿「新学力観にもとづく歴史教材開発の視点――イギリスの歴史教育を例に」（『愛知教育大学教科教育センター研究報告』第21号，1997）。「イギリスの歴史教育における思考力の意味」（『愛知教育大学教育実践総合センター紀要』第2号，1999）。「思考力育成型歴史教材開発の基礎的視点」（『愛知教育大学教育実践総合センター紀要』第8号，2005）等も参照。
2) 注1) の会議における報告による。
3) Robert Stradling, "A Council of Europe Handbook on Teaching 20th Century European History", *History for today and Tomorrow what Does Europe Mean for School History?*, Hamburg, 2001, p.239,: Robert Stradling, *Teaching 20th-century European history*, Strasbourg Cedex: Council of Europe Publishing, 2001, pp.21-24.
4) *Ibid.*, p.234.
5) *Ibid.*, p.241.
6) 旧社会主義諸国の歴史教師の民間研修機関のユーロクリオは，「歴史の基礎能力」を次のように説明している。
　・史実に対して批判的態度をとること。
　・歴史家や歴史教科書の著者，ジャーナリスト，テレビ番組のプロデューサーが単に事実を報じているのではなく，入手可能な情報を解釈したり，出来事や成り行きを理解し説明するための異なる諸事実の間で関係をみようとしていることを理解すること。
　・この過程をとおして，彼らが選んだ事実を証拠（つまり，何が起こったのかについて，ある特定の議論や解釈を支えるために利用される事実）へ変えていることを

理解すること。
・視覚の多様性がいかなる歴史的事件やその進展にもたいてい可能であると認識すること。
・歴史認識と歴史解釈に必要不可欠な思考プロセスを育て適用すること。
Huibert Crijins, "History on the move in Europe-Challenges and Opportunities of a Complex School Subject". In *Textbook improvement with a view to enhancing mutual understanding between countries*. Seoul, Korean Educatinal Development Institute., 2002, pp.51-87.
7) イギリスは，EU の中にあって，政治的経済的には EU とは一線を画する部分も多い。しかし歴史教育方法においては，ヨーロッパの中でも先進的かつ共通した方法を用いている。
8) この教科書は現在次の全 6 巻構成である。*Medieval Minds Britain 1066-1500, Changing Minds Britain 1500-1750, Minds and Machines Britain 1750 to 1900, Modern Minds the twentieth-century, Citizens Minds The French Revolution, Meeting of Minds Islamic Encounters c.570 to 1750.*
9) Byrom, J., et al., *Changing Minds Britain 1500-1750* Essex, U. K., Pearson Education 1997. キーステージ 3（11～14 才＝7～9 学年）向けの教科書である。全部で 14 単元で構成されている。本論で例示する第 4 単元は，pp.32-39 の全 8 頁構成である。
10) Byrom, J., et al, *Medieval minds britain1066-1500 Teacher's Book* Essex, U. K., Pearson Education, 1997 p.8. 本書は，この教科書の教師用ガイドブックである。
11) Christine Counsell, "Breaking out of narrative and into causal analysis", *History and Literacy: Year 7 (History in Practice)*, Hodder Murray, 2004, pp.35-54. 彼女によれば，このような活動は，ナショナルカリキュラム施行以降特に重視されるという。また，英国の中等学校における教育課題として言語と思考とを結びつけることが強調されている点から見ても，実践上最も重視すべき活動だとも主張している。
12) *Ibid.* p.1.
13) Byrom, J., et al, *Medieval minds britain1066-1500 Teacher's Book* Essex, U. K., Pearson Education, 1997 p.4.
14) *History Programme of study for key stage 3 and attainment target* (This is an extract from The National Curriculum 2007) p118. 同書は，Web 上でも公開されている（www.qca.org.uk/curriculum）。なお，基準は，レベル 1～8 さらに「特別なパフォーマンス」の 9 レベルある。
15) 本章でいう「立場」は，「視点」あるいは「役割」（役割演技（ロールプレイ）時の役割）とも表現できる。しかし，具体的学習活動を考察するとき，学習者にもわかる表現として「立場」と表現する。

16) Byrom, J., et al, *Modern Minds*, Essex, U. K., Pearson Education, 1999. この巻は, 20世紀をカバーしている。
17) 佐藤正幸は，欧米の書店に歴史年表がないこと，また，学校の歴史の授業で市販の年表が使われているのを見たことがないことから，欧米と東アジアとの年表観の相違は歴史認識の基本的な相違であると分析した。佐藤は,「規範的歴史学」である東アジアに対して欧米は「認識的歴史学」であると考えた。東アジアでは，歴史は国家という最高権威によって価値づけられたものであり，それを補完するものとして年表が重視された。一方，欧米では，歴史は16世紀に「新しい」学問として登場し，学問を追究する人が自らの価値を確立するため，出来事を時間的契機の中で位置づけていくという認識論的手段が重視された。その結果，年表の重要性は低下したというのである。つまり，欧米では，出来事相互の関係を説明する論理が優先され，歴史の描き手の論理を補うものとして，その描き手自身によって年表が作られるというのである（佐藤正幸「視覚化された時間・共有化された時間——紀年認識の発達を歴史年表に探る」『歴史と時間』岩波書店，2002, pp.145-179)。
18) この教科書に準拠して教師用に発行されているワークブックでは，3人の登場人物について，9枚の「せりふカード」を，その内容から，誰のせりふかを推理して3人に振り分けていくワークシートがある。また，到達度の高い生徒の場合，ナチスを支持した理由がわかるより詳しいせりふを作らせることが,"Extra challenge"として示されている。(Byrom, J., Counsell, C., Gorman, M., Peaple, D., Riley, R., (1999) *Modern Minds Teacher's Book*, Essex, U. K., Pearson Education Ltd, p.36.)
19) Paul Wieser, "The American Press and the Holocaust, Anti-Semitism: A Warrant for Genocide", *Social Education*, 1995, pp.C1-C8.
20) 前者のプランの目標は次の2点であった。①書籍や過去の新聞の調査を通して，生徒に一次資料の重要性を理解させる。②アメリカ社会が，日刊紙の通常の状態で読むことで，ユダヤの迫害についてどの程度把握できたかを明確にする（同書，p.C2)。
21) Michael Simpson, "TEACHING ABOUT THE HOLOCAUST", *Social Education*, 1995, p.321.
22) 原爆の被害については，体験者の証言や写真・絵を用いて日本の教科書よりも具体的に説明されている。広島への原爆投下については,「爆弾を開発したのは科学者であるが，それを使ったのはアメリカ大統領トルーマンであり，トルーマンは，爆弾が大量破壊をもたらすことを知りながら戦争終結を早める目的で使用した」と述べられている。Byrom, J., Counsell, C., Gorman, M., Peaple, D., Riley, R., *Modern Minds Teacher's Book*, Essex, U. K., Pearson Education Ltd., 1999, p.93.
23) *Ibid.*, p.99。キューバ危機について，ケネディ大統領の選択肢（可能性ある政治判断）として,「国連に仲裁を頼む」「キューバを侵略する」「キューバに向かうソ

連船を止める──海上封鎖」「何もしない」「ミサイル基地を爆撃で破壊する」という5つの吹き出しがケネディの写真の横に示され，学習者への考察問題として「この選択肢のどれが核戦争の危機が高いか」「どれがケネディを軟弱にみせるか」「なぜキューバ危機は核戦争につながると考えられるか」「なぜ米ソ超大国は最終的に核兵器を使わなかったのか」という問題も示されている。
24) 原爆投下に関する学習活動は，1945年の8月末に原爆についての記事を書くという課題であり，条件は，1962年次のものと同じ書式である。
25) 注8) 及び18) 参照。
26) これらの活動では，過去の人々の「立場」と現在の自身の「立場」との葛藤が生じる。結果的に学習者自身の「立場」を問いかけ，それを育てる活動となる。
27) Sam Wineburg, Daisy Martin, Chauncey Monte-Sano, *Reading Like a Historian*, New York: Teachers College Columbia University, 2011, p.vi.
28) 高校世界史教育を分析した児玉康弘は，日本の歴史授業が，解釈過程がブラックボックス化されて，生徒に対して閉ざされているため，事実としての歴史と多様な解釈としての歴史の区別がつかず，生徒による事実の探究が放棄され歴史の本質がわからなくなっていると指摘している（児玉康弘『中等歴史教育内容開発──開かれた解釈学習』風間書房，2005, pp.18-19）。本論の「歴史家体験」は，これまでの歴史教育でブラックボックス化されてきた解釈（討論）過程を市民教育としてオープン化していく役割を果たす。加藤公明の実践は，この点を推進する実践として評価される。

中等教育での歴史家体験を重視するアメリカのスタンフォード大学教授サム・ワインバーグ（Sam Wineburg）は，根拠を示して文脈のなかに出来事を位置づけることこそ歴史家体験であるという。(*Reading like a Historian*, Teachers college Press 2011 p.vi.)
29) また，対話を通じて歴史解釈を精密化させていくための評価基準についての研究も必要と考えられる。

終章
アジア共通歴史学習としての解釈型歴史学習の可能性

1. 競争の教育期の解釈型歴史学習

「授業方法は，大いに進歩して，予備，提示，比較，応用だと立派だが，肝心の精神が一向にできていない。授業時間の冒頭にその教材に何ら関係ない事項でも必ず生徒に反復問答する。それは予備ではなく復習だ」

これは，いまから100年以上前の1910（明治43）年，文部省図書編集官の喜田貞吉が著書『国史之教育』で述べたことである[1]。1901年文部省に招かれた彼は，第1章でふれたように国定制度となった歴史教科書の編集・執筆に携わった。彼は，いわば日本の自国史教育（「国史教育」）の創設者とも言うべき人物である。その彼が，上述のように，歴史授業はその時間の目的に沿った導入こそ重要であり，単に前時の復習で始めるべきでないと指摘していた。それは，何のために子どもに「国史」を学習させるのかを教師自身が自覚せよという彼の主張だった。しかし，そう主張した喜田自身，この本を出版した同年中に，同じ理由で休職処分を受けた。それは，彼が編纂した小学校歴史教科書が，日本の室町時代の南北朝を並列して扱った点が政治問題化した結果だった。いわゆる南北朝正閏問題である。天皇主権の大日本帝国の国家体制の市民（臣民）教育にあって，どの王朝を正統とするかは教育上の重要事項と主張され，政治問題化したのだった。義務教育6年制への延長（1907）という国民教育の充実と韓国併合（1910）という明白な多文化国家への変化が同時進行し，そのような中で国民に教育すべき「正しい歴史」とは何かが問われたのだった[2]。

戦前の「正しい歴史」において，さかんに用いられた「国体」という言葉は，

幕末には，鎖国・攘夷の意味で使われていた。日本は鎖国をしている国体であり，それを守るべきだというのである。それが明治維新後，攘夷政策の放棄とともに，尊皇の意味で用いられるようになった[3]。大日本帝国を天皇主権の国家と規定したとき，「国体」は，天皇を建国の始祖とし，主権者である天皇とその臣民とで構成される国家という意味で用いられるようになった。本論前半の各章で述べたように，明治期のこのような自国認識のもとで，近代的学問として「国史」と「国史教育」が創造されていった。そのような時代の視座が投影されて解釈された「歴史」が学校というシステムによって教育されていった。それは，本論前半で述べたように大日本帝国の近代的国民統合に大きな役割を果たした。

このとき創られた「皇国」思想にもとづいた学習内容は，アジア・太平洋戦争敗戦後の教育改革の中で払拭され変更された。しかし，本論で明らかにしたように「国家」としての歴史を描くという基本構造は戦後も継承された。

しかしながら，いまだ引き継がれる戦前のナショナルな「歴史」と逆の「歴史」を今教えればよいという意見には，筆者は単純には賛成しない。本論各章で述べてきたように，「歴史」は「解釈」つまり「表象されたもの」としての性格を持つ。それを描く権利は市民自身にあり，その場合，市民には国民としての立場だけでなく多様な立場を描くことが保証される。したがって，歴史教育で重要な点は，今後予想される多様で多重な市民社会にあって，「歴史」を多様性をもって解釈できる能力，そして，それら多様性の中から未来のために有効な視座を他者との対話を通じて選択する能力，それを市民的資質の本質的な要素として，その育成を目指した教育方法を開発することである。それは，「歴史」の学習者である児童・生徒たちを，同時に「歴史」の描き手として育てることに他ならない。その方法として，本論で示した「歴史家体験学習」としての解釈型歴史学習がある。

本論で扱った20世紀前半の教育観では，子どもは大人に支配される存在であった。その子ども観を転換し，子どもを大人のパートナーとして位置づけたのは，社会心理学者のエリクソンであり[4]，1960年代のことである。歴史教育にあっても，「歴史」を描き創造していくパートナーとして，教師と子どもと

のパートナーシップが必要といえる[5]。そのように子どもをみる，そして実際の教育活動の中で子どもたちをそのように位置づけていくことが20世紀末の教育の到達点であったと考えられる。子どもは，未来を築く（選択する）「市民」として教育される存在である。しかしそれは一方的に教育される存在ではないのである。子どもは，大人の創った「歴史」を大人になるまで一方的に与えつづけられる存在ではなく，大人とともに「歴史」を「解釈」・「判断」し「創造」する機会が与えられたパートナーシップの中に存在していると考えられる。このことこそ，市民的資質の育成を目指す社会科教育の中で歴史学習が実践される本質的メリットといえるだろう。つまり，このような視点に立つとき，「教育」は，教師と子どもとの，また子ども同士の協力し合う活動（cooperative learning）を意味するようになる。学校はそのような場となる。このような場を提供することこそ，多様な市民社会の中で，主体的な個人として他者との合意形成を図っていく能力を子どもたちに育てる役割を担っている「教育」が持つ課題であろう。

この課題の自覚が，日本における従来の解釈型歴史学習において不足したと考えられる。ともすれば，教師の「解釈」を教えることになりがちであった。本論で明らかにしたように，特に戦前期は，強力なナショナリズムの前で，歴史教育が国民国家におけるアイデンティティー教育のみに強化されたため，あるいは，教師たち自身もその時代性故に「平和のための戦争」論の前で，学習者の解釈権を狭めていった。しかし，そのような社会状況が変化し，歴史が社会科として教育されるようになった戦後も，解釈型歴史学習は一般化しなかった。

本論前章までに述べたように，日本において，解釈型歴史学習の方法の蓄積は戦前からあったものである。また，戦後も，歴史的思考力として，多面的多角的な歴史認識の必要性が説かれてきた。しかも，戦前の国体論による制約が無くなったにもかかわらず，戦後，その方法が，一般化しなかったのはなぜだろうか。この問題には，「競争の教育」が大きく影響していると考えられる。日本の教育は，1960年代以降「競争の教育」の時代といわれてきた。1960年代以降，「競争に勝つことが何より大事とする価値態度」が日本の教育を支配

した。進学志望者に対して進学先の間口が不足する状態は「閉じられた競争」と呼ばれ，「競争の教育」とともに日本の教育環境を規定してきたとされる[6]。

数学者上野健爾の体験は，この「競争の教育」の時代の特色を表している。上野は，高校生に数学を教えて，「数学でわからない問題があったとき，解けるまで一晩考えたことがあるか」と質問した。その結果，一人もその体験がなかったことがわかり，驚いてその理由を尋ねたという。すると「同じ問題集をみんながやっているから，一題で時間をとってしまうとほかの人に追い越されてしまう，みんながどんどん先に行っているかと思うと不安で仕方がない」とある生徒が答えたというエピソードを紹介している[7]。上野は，これは，同じ問題を同じ進度で解決していく単線型の競争を前提にした時代を象徴するエピソードであると指摘している。

日本の教科教育の学習指導は，多くの場合，無意識のうちにこの「競争の教育」を前提として成り立ってきたと考えられる。つまり，単線型の学習論に立って，教師が「基礎的」と考える学習内容から順序よく系統的に深化させていくという学習指導論である。社会科歴史学習も1980年代にはその傾向が顕在化していた[8]。そこには学習者自身が「解釈」する活動，つまり「歴史家体験活動」を基本軸とする発想が少なかったといえる。

これまで述べたように，歴史学習において対話は重要な学習方法であり，前章に紹介したイギリスの場合は，現在，教科書などの教材も学習者同士が対話することを前提として構成されている[9]。EUでは，教師や教科書に対しても批判的であるよう生徒に教えることが重要だと説いている。歴史学習を通じて，①歴史には「異なる証人の目」や「異なる国，異なる解釈から見えた出来事」が含まれる。②歴史家は真実をいくら調査しても絶対的な真実を提供できない。この2つの認識を対話によって獲得させる。つまり，歴史学習において，最も基礎的な学習内容とは，「歴史」を「絶対的な真実」として見なすのではなく，人が「選んだ」情報から組み立てられた「解釈」であると認識させることなのである。このように，「歴史」学習の本質が「解釈」の質を高める学習活動であるという認識自体が，日本においては，大学入試問題の作成者である歴史家も含め歴史教育者に十分に自覚されていなかったと考えられる。

本論で明らかにしたように，解釈型歴史学習は，歴史家（この場合，ジャーナリストやドキュメンタリー作家など広い意味での歴史の描き手も含む）体験を意図的におこなう。その場合，あくまでも多様な立場からのアプローチを必須としている。それは，民主的な市民育成を目的とする社会科と矛盾するどころかむしろ一致しその基礎的活動なのである。

写真9-1　生徒がつくった歴史（イギリスの中等学校）
「工場の恐怖」というテーマの作品展示。パンフレット形式でまとめられている。中には強制売春にテーマをしぼった作品もある（Our lady Queen of Peace Catholic Engineering College, 著者撮影）。

2. 歴史教育目的観の4類型

本論は，解釈型歴史学習について歴史的にアプローチしつつ現代的な意義を論じてきた。その場合，歴史には多様な解釈が成り立つということを前提とし

ていた。しかしながら，本章の冒頭で紹介した喜田が百年前に指摘し，改善すべきだと主張した授業は，今でも見受けられる授業である。それは，歴史学習が，公教育としておこなわれる学校教育である以上，正統な「解釈」があるべきだという考えにもとづいているからである。

本論において戦後社会科歴史教育論のオピニオンリーダーの一人として注目した歴史学者和歌森太郎は，かつて，歴史教育をその目的観の違いから次の4つに分類した。

1 倫理主義
2 祖国主義
3 事実主義
4 現実主義

の4つである[10]。

倫理主義歴史教育とは，道徳的情操教育を目指したもので，子どもを歴史上の人物に共感させそのように行動しようとする心情を育てようとする教育である。アジア・太平洋戦争期の歴史教育において，楠木正成に共感させ，彼のように行動する心情を育てるような教育である。和歌森は，その時代の客観的情勢からの分析抜きに正成の行為だけが取り出され，そのような行動が求められた場合，全く情勢の違う現代社会では，逆に反社会的な行動につながる危険があると批判的に見ていた。

祖国主義歴史教育は，「国民教育の重要なる一教科として，当然正しき日本人を養成することをもって使命とする」ような教育である。アジア・太平洋戦争期にあっては，皇室中心の日本国家を正しく理解し，この国体を擁護する強い意志と，この国風を宣揚する高尚な情操とを兼ね備え，他面では，日本国家の道徳性を伸長させ，世界的指導者に育てようとした教育である。和歌森は，この目的のために歴史が「皇国固有の文化の歴史」というように非科学的に単純化され，それ以外の考えが許されなくなったと批判した。

事実主義歴史教育は，歴史教育の目的を歴史学そのもの，歴史事実それ自体

に向けようとする教育である。歴史学と歴史教育とを一致させようとする特徴がある。これは常になぜそれを教育するのかという教育的意義を問われる。和歌森は，日本では，教育に重みをかけた倫理主義や祖国主義の歴史教育が強く，この事実主義歴史教育は圧迫されたという。

現実主義歴史教育は，子どもの興味や子どもが現実に暮らす社会から歴史に迫ろうとする教育である。戦前の日本では，郷土教育がこの傾向をもっていた。和歌森は，しかし，戦前の郷土教育は結局，郷土が一般の皇国主義の歴史体系に編み込まれていくことに誇りを感じる，そして皇恩に感激させる教育に変質してしまったという。

このような分類をしたうえで，戦後の社会科は，現実主義であり，歴史を一種の社会学と見るデューイの思想からつくられており，合衆国のトピック主義はこのような発想なのだという。和歌森は，戦前は，肇国の精神が大前提でそこから演繹的に歴史が説かれることが絶対的であり，国民の日常生活から歴史に迫る現実主義のような歴史教育は，考えることさえ許されなかったことだったという。

和歌森は，その後の文脈の中で，社会科を現実主義歴史教育との関わりで新たに再構築する前提で社会科を支持していた。つまり，社会問題の解決方法は，歴史的に作られてきている現実の社会関係を無視して考えてしまっては結果として非現実的な方法となる。和歌森は，それは避けるべきだという。社会科が，子どもたちに現代社会の問題を解決させながら未来を考えさせようとするとき，日本で比較的に可能な解決方法を現実的に考えていく必要があるという。そして，そのときに過去の歴史の中にあるいくつかの問題をいわばトピック的に学ぶことが重要だと主張したのだった[11]。

和歌森の主張は，今から約60年前のものである。今日でも，この4類型のうち，事実主義歴史教育以外については，その説明は有効であろう。

和歌森は，事実主義歴史教育がその根拠とする歴史学は，科学的な手法で「事実」を明らかにしているという前提に立っていた。したがって，現実主義歴史教育の進め方を論じるなかで，学習者に「史実を与える」という表現を用いていた[12]。その史実は歴史学者が解明した「事実」と考えられるものであ

る。しかし，前章までに述べてきたように，万人が認める絶対的に正統な一つの「歴史」を想定して歴史を説明することは，疑わしいものになっているのである。また，「史実」と言われていたことでもその説が覆ったことは多くある。たとえば，足利尊氏や源頼朝の図像が実はそれではなかったとか，鎖国といっていた江戸時代が海外とのモノや情報の交流は実はそれ以前よりも多かったなどである。しかも，多重な市民権が存在するような現代社会にあっては，価値はより一層相対化・多様化している。現実の社会では，人々は，多重なコミュニティーに所属しており，日本に住んでいるのは日本国民とは限らない状況，日本人は多神教などと安易にいえない状況，そのような状況下で，万人が認める絶対的に正統な一つの「史実」を想定できない状況が進んでいる。

　つまり，人々が歴史学から得るものは「史実」ではなくある種の「情報」に過ぎない。「情報」は，発信者が違えば違う情報となることもあるし，読みとり方によっても違う「事実」を創り出す。「歴史」は人間の行為を人間が書き記す以上，必然的に人間的な恣意性や誤謬のうえに成り立っている。そのような「情報」にもとづく活動であることを前提とする解釈型歴史学習の視点が，むしろ有効性を増大させている。そのような状況の中で，人間的な恣意性や誤謬のうえに成り立っている「情報」から組み立てられた「歴史」を無批判に教えるという事実主義歴史教育は，一面的な記憶の伝承という役割しか持たなくなり，市民教育としての意義を喪失させてしまうのである。つまり，和歌森のいう倫理主義歴史教育・祖国主義歴史教育・事実主義歴史教育の三者は，いずれも，歴史情報について，それを受ける児童・生徒たちに多様な選択や解釈の可能性を保障していない点で共通性をもっている。

　これに対して，現実主義歴史教育つまり，学習者の日常の問題意識からその問題解決に向けて歴史にアプローチする現実主義の歴史教育は，解決することが容易でない問題へのアプローチであるため，複数の解答が出される可能性がある。またそれを支える複数の解釈が保障される。しかも，個人の見解を持つことが基本的に重視されるアプローチであるため，いわゆる「正しい歴史」つまり定説を創り出そうとすれば，多くの人の支持を得るための民主的手続きが必要となる。このように4類型の中でも，現実主義歴史教育は，「解釈」とい

う視点からいまも注目される。そのうえで，現実主義歴史教育について，本論で述べた多重市民権社会という視点から，より多様性・多重性を認めるという大きな補足をしなければならない変化が生じている。だがそれは，和歌森がいう社会科歴史の基本である現実主義歴史教育をむしろ支持する変化である。つまり，多重市民権社会では，様々なレベルでの合意形成が必要となるが，「歴史」もまた，そのような合意形成プロセスを経なければならず，そのようなトレーニングは，個人的見解が集合する場である現実主義歴史教育を実践することによっておこなわれる可能性が高いと考えられる。

このように，和歌森のいう4類型のうち，現実主義歴史教育は，本論で示した解釈型歴史学習であるといえる。ただし，和歌森がトピック主義と評した現実主義歴史教育のトピックは，今日のEU地域にあっては，前章で述べたように，トピックという視座をテーマに組み替えて，単一の国家や地域の枠を超えつつある。では，日本・アジア地域では，社会科歴史学習の基本理論としての現実主義歴史教育つまり解釈型歴史学習にもとづく実践は，いま可能だろうか。

3. 東アジア史におけるメタ・ヒストリーの相違

「歴史」を描くという視点から，韓国そして中国の学校教育で用いられる歴史教科書をみて，そこで描かれている「歴史」を日本のそれと比較した場合，日本の教科書（つまり日本における一般的な歴史認識）を見慣れた眼からみて，大きな違和感を感じる内容がある。それは，「歴史」が多様な視点から描かれるという事実を証明している。具体的な一例は，広島・長崎に対する原子爆弾攻撃に関する部分である。

韓国の場合，皇民化政策と抵抗運動についての叙述の後，1945年8月15日の光復と半島分断が述べられ，原爆は大きなトピックスとはならない[13]。一方，日本の歴史教育では，アジア・太平洋戦争における被害者としての「国民」の歴史が叙述され，戦争に対する批判的な視点を提供している。原爆は，その象徴的かつその根拠として説得力ある歴史的出来事として位置づけられてきている。たとえば，帝国書院版中学校用教科書によれば，第6章2節は，

「日本がアジアで行った戦争」という見出しで，侵略戦争であることを明記しつつも，「戦時下の人々のくらし」「1945年8月原子爆弾の投下」という項目で合わせて3頁を使い，このほか「戦場となった沖縄」という特設頁を設けている。つまり，戦争が惨禍をもたらしたことが明示されている[14]。このような内容構成は，学習指導要領の「大戦が人類全体に惨禍を及ぼしたことを理解させる」という指示に沿ったものでもあるとはいえ，日本の一般的な歴史認識を反映しているというべきであろう。ところが，日本においてアジア・太平洋戦争を描くときのこの歴史認識，つまり，戦争は人々にとってあってはならない出来事であり，核兵器は特に非人道的であり許されないという認識が，東アジアの歴史教育で普遍的に最優先の歴史認識であるかといえば決してそうとはいえないのである。

韓国の場合，アジア・太平洋戦争においては直接の戦場とはならず，むしろその終結後に戦場化した。アジア・太平洋戦争期の皇民化政策は，戦争と特に関係させるのでなく，植民地支配全体の歴史の中で語られる。しかも，いまなお，休戦状態で北朝鮮と軍事的に対峙し，徴兵制を維持し，戦争を無条件で批判できない状況にある。軍事力は，民族と国家の独立を保障するために現実に必要なのである。

中国の場合，さらに核兵器保有によって，アメリカやロシアへの国際的発言力を維持している。したがって，歴史教科書には「わが国最初の原子爆弾，爆発成功」という見出しでこのことが叙述されている。そこでは，「わが国が原子爆弾を持つことによって，彼らの核独占を打ち破り，国防力を強化することができ，世界平和の擁護に重要な意義を持つようになる」[15]と，核兵器がプラスイメージで評価される。

つまり，東アジア地域において，国家レベルでおこなわれている歴史教育による歴史認識，いわばメタ・ヒストリーには，大きな相違が存在している。歴史認識をもとに戦争と核兵器を否定する視点と，逆に歴史認識からそれを肯定する視点がある。学校における歴史教育は，その国民の歴史認識形成の核になるものである。その部分で，このような基本的相違が存在している。それは，多様な視座をあえて学習させる解釈型歴史学習がアジアにおいても必要なこと

写真 9-2　カリフォルニア州立大学バークレー校のルコントホール
1924年建設の物理学部の建物でアメリカ原子爆弾開発の拠点の一つであり,「原爆の父」と称されたロバート・オッペンハイマーが教鞭をとった。史跡に指定されている（著者撮影）。

写真 9-3　西大門刑務所歴史館の正門（ソウル市）
西大門刑務所は日本の植民地時代から主に政治犯が収容された。独立運動の弾圧の様子が展示されている（著者撮影）。

を示している[16]。また，同時に，国家を越えた「東アジア史」という視座も必要だという考えもできる。では，解釈型歴史学習と「東アジア史」との関係はどのような関係になるだろうか。

4. 解釈型歴史学習における「東アジア史」

　それに反する実態を持ちながら，日本人と日本国とを一体化して考える歴史が常識となったのは，本論で明らかにしたように，戦前・戦後を通じて義務教育の中に根をおろして変わることのなかった国史教育や日本史中心の歴史教育の結果である。まさに，その「成果」だったといえる[17]。それを批判的に乗り越えるために「東アジア史」という視座を持ってきたとしても，現実には，EUのような東アジアの国家統合はないのだから，日本国史＋東アジア諸国史という国家の枠組みに囚われた知識（情報）だけが増大する危険がある。あるいは，何をもって正統な「東アジア史」とするかという「正統」をめぐる新たな政治的論議を誘発するおそれもある。この場合，日本の非核思想・平和主義は果たして歴史的正統性を主張できるかどうかという問題さえ生じる[18]。アジアにおいて，共通の歴史認識という場合，この点においてメタ認知の部分で大きな不統一があるのである。それを回避して歴史認識能力・問題解決能力を育てようと考えるならば，多様な視座を受け入れる能力，多様な視座を持つ能力，多様な視座をふまえて過去を評価し，未来を選択する能力。そのときに対話という民主的な態度で臨むことのできる能力。このような能力を育てることが，回り道のように見えても何より重要であるといえる。このような能力は，いわゆる「正統な歴史学の成果」があり，教師がその成果を教えるという発想から組み立てた授業では育成されず，歴史＝「情報」そしてその情報を用いて描かれたものという視点に立って歴史教育観を組み替える必要があるというのが本論の立場である[19]。

　第1章で明らかにした「日本史」の問題点を克服するために，「自国史」の視点を「東アジア史」に組み替えたとしても，本章冒頭に示した，明治期にさえ問題とされた教育方法のままだと，常に何を「正統」の歴史とするかという

大人社会の政治的論議の末に子どもが振り回される明治期と同じ状態が生じるのである。歴史学者や教師が提供するものは歴史的な「情報」に過ぎない。それを使って，未来のために過去をどのように判断するか。未来をどう選択するかは，その情報を受け取った子どもたちに委ねられるのであり，そのための判断力を意図的に着実に育てていく歴史教育が重要となるのである。歴史の「正統」性（歴史教育における正答主義）についての見方を，このような視座で組み替えたとき，歴史教育内容の相対性が学習者に理解されることになるだろう。歴史学における日本史，東洋史，西洋史の3分法，歴史教育における日本史，世界史の2分法の制約は，上原専禄が「東アジア史」という視座に立って，それを解消すべきことを主張しつつも，いまだ実現しない。しかしながら，たとえ「東アジア史」という枠組みで歴史を組み立てる場合であっても，それが，東アジアの中で「正統性」ある唯一の「歴史」を創ろうという動機に立つ限り，地域的枠組みが単に組み替えられただけで，唯一の「正統」な「歴史」を描くという点で自国史と変わらない。本論で述べてきた，歴史の描き手自身の視座から歴史を描くという視点に立った場合，「歴史」は，市民個人のものという原則に立つ。つまり，「歴史」がいくつも描かれることをに気づかせる解釈型歴史学習は，先の3分法・2分法の問題を克服し，「歴史」という新しい学習内容を構想するとき重要な枠組みになるといえる[20]。

このように解釈型歴史学習は，歴史教育内容を自国史や地域史という枠でなく「歴史」という枠組みに組み替えることも可能である。その場合，解釈型歴史学習は，これまで社会科の基本的で重要な学習方法と考えられてきた問題解決学習とどのような関係になるだろうか。次節でこの点を考察する。

5. 問題解決学習としての解釈型歴史学習

「解釈」活動は，ある問題を解決するプロセスでもある。問題解決の方法としては，A・Fオズボーンのブレーンストーミングなどをもとに次のような6段階のプロセスが示される[21]。

「問題解決の6段階」
1) いくつか複数の問題をさがす。
2) 問題に関する疑問を出し合いいろいろな事実を見つける。
3) 自分たちが扱える問題に1つ絞る。
4) 問題解決のためのアイデアをいくつかだしあう。
5) 解決方法を決定する。
6) 決定した解決方法の実行計画を1つか2つ作る。

このプロセスの特徴は、次の2点である。

① 複数の情報や解決方法を絞り込む活動である。
② 活動は、ペアやグループあるいはクラス全体で疑問や意見を出し合い討論する活動が前提とされている。そのため、リストアップされた複数の情報を「比較」し、評価して「選択」する活動がペアや集団でおこなわれる。

このプロセスを解釈型歴史学習に当てはめると、「問題」は、過去への疑問と言い換えることができる。また、「2) 問題に関する疑問を出し合いいろいろな事実を見つける」活動は、「仮説」を立てる活動である。
上記6段階をもとに解釈型歴史学習のプロセスを示すと次の6段階となる。

1) 過去について、いくつか複数の疑問（謎）をさがす（5W1H）。
2) 疑問に対する解釈（仮説）を立てる。
3) 自分たちが扱える解釈（仮説）に絞る。
4) 解釈（仮説）を証明するための情報（資料等）を複数集める。
5) もっともらしい解釈（仮説）を決定する。
6) 決定した解釈（仮説）を説明する文章（記事・論文・シナリオ等）をつくる。

このように解釈型歴史学習を問題解決過程に当てはめると、ともに複数の他

者との協働によって仮説をたて，情報を組み合わせて論理を構成していく活動として共通していることがわかる[22]。そしてそれは，本論で述べたようにペアやグループあるいはクラスでの「対話」が活動の基本となるコミュニケーション活動である。解釈型歴史学習（歴史家体験）は，歴史情報にもとづく問題解決学習と見なすことができよう。その過程における歴史的思考力[23]とは，歴史事象や仮説を比較・分類（整理）し，それらの歴史評価を踏まえてより確かな説（解釈）としてまとめ，表現する能力といえる。

また，社会科は，民主的な市民性を育成する教科として，民主的な技能としての「協働性」を意図的に伸ばす役割を担っている。したがって，社会科における歴史学習教材は，他者との（視点・読解の）相違があることを前提とし，複数の情報や異なる解釈を比較・分類し，データにもとづいて評価し優先順位をつけるなどの協働活動を前提として開発する必要がある[24]。このように解釈型歴史学習は，歴史学習において問題解決を実践的に進めるための具体的な方法ということができる。

解釈型歴史学習を以上のように評価し，実践を試みた場合，学習者たちが対話し，問題を解決する過程で，人類が共通に合意した「人権」尊重という価値を否定する歴史解釈が提案された場合，どのようにすべきだろうか。この場合，少なくとも学校教育の場では，教師がそれを認めることは最終的にはできないと考えられる。なぜならば，「人権」は，人類が歴史的に到達し，「世界人権宣言」として現在のすべての国家が合意している普遍的価値だからである。したがって，未来を創造していく子どもたちに「人権」の価値を軽視する思考を育ててはならないだろう。つまり，アウシュビッツも南京虐殺も従軍慰安婦などの過去の出来事は，「人権」という視点を基準に考える場合，たとえ，その当時の価値基準でその理由を解釈したとしても，現在の立場（視点）からプラス評価を与える解釈は最終的には否定されなければならないと考える。日本は，現在の憲法において，「人権」を人類普遍の原理として最も優先される価値であると位置づけている。しかしながら，その価値を教師が押しつけるのではなく，本論第7章で述べたように，対話の中で生徒たちに気づかせ，自覚的に尊重させることが解釈型歴史学習である[25]。歴史解釈の精度を高めるためにも，

民主的な市民としての資質育成という社会科教育の目的からみても，対話は，解釈型歴史学習の基本的な学習活動として継続的に繰り返しておこなう必要がある学習活動である。それは問題解決学習と共通しており，オープンエンドで終わる場合もある。

6. アジア共通歴史学習としての解釈型歴史学習の史的意義
　その可能性

　歴史に複数の見方が存在するという前提に立って，欧米型の歴史学習方法をもとに社会科を改善するとき，序章に述べたユーロクリオの指摘は改めて重要な意味を持つ。つまり，「歴史学習の目的は，歴史が絶対的な真実ではなく，人が選んだ情報から組み立てられた解釈であるとわかることなのである」という指摘である。

　「どれが真実か」ではなく，それがそのように「解釈」される論理や背景を理解することが歴史学習の目的となるのである。これは，歴史教育の提供者（教師や政府）の意図と違う歴史解釈を保障する一方，前節で触れたように，提供者の意図はどのように扱われるかという問題を提起する。つまり，提供者の意図と違う歴史解釈を放置してよいのかという問題である。

　たとえば，先に述べたように現在の日本の歴史教育は，日本国憲法の精神にもとづいておこなわれている。したがって，アジア・太平洋戦争の反省に立ち，戦争を放棄するという立場から歴史教育がおこなわれてきた。平和のためという目的であっても戦争という手段は選択肢としてあってはならないという前提で，近現代史教育はおこなわれる。本論前半で明らかにしたように，20世紀の前半，「東洋平和のため」という目的での戦争が遂行され，その目的が教育された時期，日本の解釈型歴史学習は実践できなくなっていった。現在は，アジア・太平洋戦争期の日本政府の公的な戦争目的は否定され，「いかなる理由でも戦争はしてはいけない」というメタ認識に到達することが学習者の学習目標となる。しかし，世界には，「理由が正しければ戦争をしてもよい」という選択肢のもとで行動できる国家も多い。そのような国では，「いかなる理由で

写真 9-4　国会議事堂
「国権の最高機関」（日本国憲法第41条）である。憲法改正を発議する権限を持つ。日本は憲法で戦争を放棄している（著者撮影）。

も戦争はしてはいけない」と認識させる日本の歴史教育の学習目標は特殊な事例となる。

　近代史をマイナスイメージで捉え、あってはならなかった歴史として教育する。それは、日本から侵略された韓国も日本と共通している。しかし、その近代史認識の帰結として、日本では「戦争放棄」であるのに対して、韓国では、民族の独立を守るための「戦争」は必要であるとの認識が強調されるのである[26]。

　「正しい歴史認識」があるとの前提に立って、日韓共通の「歴史認識」を学習者に「伝達」しようとする場合には、どちらの歴史認識が「正しい」のか大きく対立することになるだろう。1990年代の日本において、「戦争放棄」というメタ認識こそ誤りであり、教育者や社会科教科書が、戦争放棄が唯一絶対の政策であるかのように主張しているという批判が出たが、これも冷戦終結後のグローバル化の波に日本が無縁でなくなった状況を反映している[27]。

　ユーロクリオが主張するような「歴史」はだれかが選んで組み立てた「解釈」であることを理解させるという論理は、このようなメタ認識の相違からくる対立を回避する一つの手段である。つまり、一つの見方はある立場の見方であり、他の見方もできると考えることによって、歴史解釈に拡がりが保障されるのである。その際、第7章で述べた、EUのテーマ史もそれを可能とする新たな歴史内容である。

　解釈の多様性は、文化多元主義を前提とするEUにおいては必要な論理であると同時に、様々な文化や「歴史」を包含することを認めるEU型の新しいナ

ショナリズムなのである。日本も含むアジアにおいて共通の歴史教材や歴史教科書を開発しようとする場合には，先に述べたようなメタ認識の相違をどのように克服するかが大きな課題となるが，本論で注目した多重市民権という新しい市民権概念が解決の糸口を与えるであろう。つまり，市民一人ひとりが自分自身の中にある多重性に気づくことである。国家市民権だけが優先されるわけでなく，地域市民権や地球市民権など多重的発想を持ち，問題に対してどれを優先させるかを他との対話（コミュニケーション活動）を通して判断する能力を育てることは，国家ナショナリズムのみが優先された日本の戦前型の教育を相対化できる視点である。これまで本論で述べてきたようにその能力を育成する方法として解釈型歴史学習がある。これは簡単なこととは考えられないとはいえ，アジア諸国家間に存在する歴史認識の対立を解決へと導く視点と考えられる[28]。

　本論で述べたように，戦前期の多文化社会における解釈型歴史学習は，「国民」を一つの姿に統合しようとしたために破綻した。それが当時の国民国家の限界であった。現在は，それを乗り越えることができる新しい国家観が生まれつつある。解釈型歴史学習が破綻なく実践される条件は，戦前よりはるかに大きい。歴史認識で対立しがちなアジア間で，それを乗り越えるための共通の歴史学習理論として，解釈型歴史学習は今後より大きな役割を担うと考えられる。

　最後に本書全体の考察結果をまとめると，次の３点である。

① 日本における自国史教育が，国民国家形成期のバイアス（偏向）に影響されたまま，今日に至っていること。
② 市民的資質の育成という目標構造を持つ社会科歴史教育と「解釈型歴史学習」が論理的整合性を持つこと。
③ さらに，その「解釈型歴史学習」が，多様な市民社会に対応可能で，東アジアにおける国家間の対立を乗り越えるために，今後一層必要となること。

以上によって，日本における社会科歴史教育の今後の方向性を整理できた。

改めて各章の概要を整理すると以下のとおりである。

序章においては，現在の社会科歴史教育において，学習者自身が歴史を解釈する活動に取り組む「解釈型歴史学習」という教育方法が必要とされている背景及び本論で取り扱う解釈型歴史学習の基本要素を整理した。解釈型歴史学習は，結論に関する知識の獲得のみを目的とした学習ではなく，結論を論理的に構成（解釈）するための方法を学習させることを目的とすることを示し，それが，日本の社会科歴史教育において多面的・多角的思考の重視という視点で共通することを論じた。

第1章では，日本における解釈型歴史学習の歴史的系譜を明らかにするため，明治期以降の近代学校教育成立期の歴史教育の特徴を分析した。特に自国の優位性を強調した皇国史観が，歴史学という近代的学問を装って学校教育を通じて普及した経緯を国民国家形成と関わらせて明らかにした。

第2章では，1920年代の大正自由教育期の歴史教育が解釈型歴史学習と共通する教育方法論を持つ「自学主義」によって実践されつつあった状況を，当時の実践資料をもとに，民主主義思想が普及した当時の社会的背景と関わらせて明らかにした。

第3章では，第2章で明らかにした1920年代の日本の解釈型歴史学習が，1930年代には解釈の多様性を束縛する硬直した歴史学習に転換した歴史過程を，当時の歴史教育者の言説の分析によって実証的に示した。特に教育者たちが，東洋平和論というその時代の社会的価値を重視することによって，戦争を肯定するとともに，それに反対する考えを生む歴史認識を自制し，解釈型歴史学習を否定していったその時代の心性を明らかにした。

第4章では，アジア・太平洋戦争敗戦後の日本で新しく発足した社会科における歴史教育，いわゆる社会科歴史において解釈型歴史学習が復権したことを示した。その中で，学習者に歴史を解釈する機会を与える学習論が，社会科学習論として実践者からの支持を得たことを明らかにした。

第5章において，本研究で前章までに分析してきた，戦前の解釈型歴史学習と戦後の解釈型歴史学習との共通点と相違点を明らかにした。その結果，戦前が，思考の単一化を前提とした国民国家形成が重視されたのに対して，戦後が

多様性を尊重する考えが重視され，その中で，現在は特に歴史解釈の多様性とそれを保障する教育が求められていることを「多重市民権」の視点から考察し，整理した。

　第6章では，20世紀前半の日本において，国民国家が強化される過程で，前近代の外交政策が「鎖国」という呼び方によって否定的に解釈され，その解釈が歴史教育を通じて固定化された歴史過程を明らかにした。これは，歴史解釈の可塑性・多様性を基本とする解釈型歴史学習が必要なことを具体的に示す事例である。

　第7章は，解釈型歴史学習が学習者相互の対話を重視することで歴史解釈の対立を克服することを「歴史心理」と「対話」という視点から明確化した。

　第8章は，解釈型歴史学習教材の具体事例を分析し今後の教材開発視点を明確化し，実践的研究とした。

　本終章は，解釈型歴史学習が歴史観の相違を前提としたアジア地域で共通の教育方法として効果を持つことを論じて，本研究全体のまとめとした。

注

1) 喜田貞吉『國史之教育』三省堂，1910，p.287。
2) 田中史郎「喜田貞吉の「歴史教育＝応用史学」論の性格とその歴史的位置――歴史観・歴史研究・歴史教育」(『社会科の史的探求』，西日本法規出版，1999) pp.117-138によると，喜田は，純正史学も国体史観の枠の内のものと自認していた。彼の国体史観は，外国史と国史とを分け，教育において外国史を除外することで，国民思想を育てるという特色があった。彼のこの発想がその後の日本の歴史教育を自国史中心とした。
3) 長尾龍一「國體論史考」『日本人の自己認識』(近代日本文化論第2巻) 岩波書店，1999，p.72。
4) 野本三吉『子ども観の戦後史』現代書館，1999，p.430。
5) 子どもを大人の従属関係におくのでなく，市民社会のパートナーと見なす視点は，次のようなエピソードにも示される。世界で子どもたちに人気のある小説『ハリー・ポッター』シリーズの第2巻『ハリー・ポッターと秘密の部屋』に次のようなエピソードが登場する。主人公のハリーが，自分と悪い魔法使いとが似ているのではないかと悩む場面である。校長はハリーに対して，まったく違うと説明する。その理由は，「自分がほんとうに何者かを示すのは，持っている能力ではなく，自分

がどのような選択をするかということ」なのだという。子どもであるハリーに自身の意志で選択することの重要さを助言した場面である。著者であるイギリスの児童文学作家 J. K. ローリングの子ども観であるが，EU 型の社会にあって，エリクソン型の子ども観が反映されている（J. K. ローリング，松岡祐子訳『ハリー・ポッターと秘密の部屋』静山社，2000，p.489）。

6) 久富善之「競争の教育のゆくえ——その「完成」「動揺」から「行き詰まり」，そしてこれから」『教育』No.650，2000 年 3 月，pp.6-14。

7) 上野健爾「何のための教育か」『世界』No.674，2000 年 5 月，pp.98-102。

8) 加藤章「歴史教育における「史実」と歴史意識」『上越社会研究』第 3 号，1988，pp.1-4。加藤は，当時「問題解決的方法を加味した探究学習，あるいは高校の歴史学習において成果をあげてきた主題学習が，急速に衰退し，受験のための学習に偏った，いわば史実中心の羅列的学習が拡がりつつある」と指摘し，そのような中で，「史実」だからと言って結論のみを示す授業だと，歴史をめぐる日本とアジア間の対立に与える影響は無視できないと述べた。これは，倭寇の中に日本列島出身者だけでなく大陸や朝鮮出身者も多かったという当時の日本の歴史学界で注目された「史実」に韓国の歴史家たちから批判が浴びせられたことに関しての意見であった。加藤は，日本と韓国を例に，教師が「史実」を単に結論として教える場合，その「史実」から相反する歴史意識が生み出され対立することがあることを指摘したのである。加藤は，歴史教育と歴史学とが「相対的独自性」を持つ必要があると考えた。

9) イギリスの中等教育の実状報告として，宮北恵子『学び方を学ばせる　イギリス式ゆとりの教育』（幻冬舎，2002）がある。体験をもとにした具体的な報告であり参考となる。

10) 和歌森太郎『歴史教育法』金子書房，1954，pp.25-62。なお，和歌森の歴史教育論については，梅野正信『和歌森太郎の戦後史』（教育史料出版会，2001）が，社会科教育史的意義を明らかにしている。和歌森の歴史観の特色である「条件史観」について，参照されたい（同書，pp.38-40）。和歌森の条件史観も本稿の視座からより明確化できるだろう。

11) 和歌森，前掲書によれば，和歌森が考えたトピック的な問題は，「国家成立期」「大化改新」「平安遷都」「平安から鎌倉への移行期」「建武中興」「織豊から江戸開府」「幕政改革」「明治維新」「大正の政党政治」「軍部台頭と太平洋戦争の終末」といった「変革期」の歴史である（同書，p.75）。

12) 同上，p.74。

13) 石渡延男監訳『入門　韓国の歴史（新装版）国定韓国中学校国史教科書』明石書店，2001。

14) 黒田日出男他『社会科　中学生の歴史』帝国書院，2001，pp.198-211。

15) 小島晋治監訳『わかりやすい中国の歴史　中国小学校社会教科書』明石書店，2000，p.183．
16) アメリカ合衆国においても1995年にスミソニアン博物館での原爆展が中止されるなど，原爆使用の正当性を主張する立場は強い。このような状況にあって，日本政府の非核主義政策も相対的に多数の支持を得ない場面もある。日本政府の非核政策は，歴史的な体験をもとに主張されているが，多文化社会にあっては，その主張も意図的教育の中で学習者が自覚的に獲得しなければその正当性が担保されない状況が生じる。
17) 加藤章「歴史教育と地域」朝倉隆太郎編著『地域に学ぶ社会科教育』東洋館出版，1989，p.36。
18) たとえば，東アジアに限っても核保有国である中国やロシア，また民族の独立のための武装抵抗運動（独立軍）を評価し，現在もなお，休戦状態とはいえ戦争を想定した軍事システムを維持しなければならない韓国。原爆についても，植民地支配や侵略戦争の当然の帰結とみる視座。「日本」における歴史認識上の重要な視座となる「平和」についてもその実現方法に大きな政治的認識の違いがある。核兵器の必要性を前提に歴史を描くか，廃絶を前提に描くかでは，大きな相違となるが，憲法の制約を持つ日本はむしろ特殊であり，普遍的原理であるにもかかわらず，その正統性を政治的に決定することが困難な状況が現状といえる。それ故，「子どもにとって」や「人間にとって」など国境を越えた視座が「歴史」を多重な視点から解釈するとき必要性を増すと考えられる。
19) 1998年版の学習指導要領（高校は1999年）における社会科・歴史教育については思考・判断，史料活用・表現の能力を育成することが特に強調された。学説も含めた諸資料を「情報」と見なすことで，それらを利用して思考・判断の能力や資料活用・表現の能力を育てるという方法論がより明確化されよう。本稿で示した事例は，中学や高等学校でも実践可能であり，むしろ，小学校社会科の歴史教育などの可能な限り早い段階からの実践可能な単元や教材を今後開発したい。

　なお，歴史的思考力の本質については，拙稿「「体験的」歴史学習の教育的意義——歴史的思考力の本質」（『愛知教育大学研究報告（教育科学編）』第50輯，2001）にも論じている。
20) 3分法・2分法の問題については，吉田悟郎『自立と共生の世界史学——自国史と世界史』（青木書店，1990）を参照。
21) Alison M. Sewell, Sue Fuller, Rosemary C. Murphy, Barbara H. Funnell, "Creative Problem solving: A Means to Authentic and Purposeful Social Studies", *Social Studies, Vol.93 No.4*, 2002, pp.176-179.
22) 拙稿「社会科授業における討論の重要性」『愛知教育大学教育実践総合センター紀要』第10号，2007，pp.183-190。また，討論の重要性については，佐長健司

「社会科授業の民主主義的検討」(『社会科研究』第59号, 2003) pp.21-30 も参照。
23) 教育学者宇佐美寛は,「思考力」という言葉の不適切性を指摘した。「思考」という事態はあるが, それに強弱があるような「力」をつけることで別の意味になり, 実体を論じられなくなると言うのである。1978年のこの指摘にもかかわらず, 今日まで「思考力」という言葉は用いられている(宇佐美寛『教授方法論批判』明治図書, 1978, pp.133-136)。本論では, 一般的な用語として「思考力」と用いるが, 宇佐美の指摘の重要性を確認しておきたい。
24) このことは, 教科書にもいえる。教科書研究も内容論だけでなく教材論として検討しなければならない。なお, この研究において, 韓国の教科書改革は, 示唆を与える。韓国の国史教科書には, 次の特徴がある。①小単元のまとめである「学習整理」が,「学習の要旨」,「重要用語と人物」,「探究活動」の3つの項目に分かれて設定された。②大単元の中に, 発展学習として位置づけられる「深化課程」が新たに創設され, そこに「探究問題」が設定された。③大単元のまとめとして「単元総合遂行課題」が新たに設定された。学習活動が明確化されている。
25) 授業の中で生徒たちの視点が単純化した場合, 教師があえて人権を軽視した当時の人の立場に立って情報を与えることも考えられる。現代から見ると許されない立場について, 根拠を示してその時代での存在理由を示すことができることと, 現代の人権保障や民主的社会の価値からその意義を判断することとは, まず切り分けて考える技能が必要である。それは歴史家として過去を読み解くときに必要な技能でもある。そのうえで, その過去について現代に生きる市民として価値判断する。このことによって, 単に過去を多面的に復元する歴史家の立場から, 現代社会を歴史的背景を踏まえてより良くしていく市民(主権者)としての立場に変化していく。生徒の最終的な価値判断については, 保留すること, つまりオープンエンドであっても良い。しかし, 公教育に携わる教師は, あくまでも,「人権」や「民主主義」という現代の市民社会が合意している価値を否定する結論を最終的に述べることは適切でない。教師は, 生徒たちの対話に対してあくまでもコメンテータとしての役割を演じると考えられる。現代の価値が歴史的に形成されてきたことを解説する役割となるだろう。たとえば, 日本では, 1879年に禁止されるまで, 刑死者の首を町中で晒していた。現代から見ると人権を無視する残虐な行為である。それがなぜおこなわれていたのか, なぜ禁止されたかを根拠を示して説明できることが解釈型歴史学習であり, その結果, 現代的な価値(人権の重要性など)について歴史的説明ができることが学習成果となる。対話の機会を与え, 生徒たちの思考を深めることが教師の役割であろう。
26) 李元淳『韓国からみた日本の歴史教育』青木書店, 1994。
27) たとえば藤岡信勝らの自由主義史観運動など。ただし, EUの場合, ナチスについてはドイツ自ら非を認め周辺諸国に謝罪しており, ナチスを正当化する歴史認識

が許容されているわけではない。日本の場合も，1995年の村山首相談話によって植民地支配を正式に謝罪しており，国家レベルでの見解は確定している。村山談話は，民主党政権にも継承され，菅談話でより明確化されている。

28) 韓国では，歴史教育が重視される中で，「東アジア史」のように，単純な国家史でない新しい視点から内容構成が組み替えられつつある（権五鉉「韓国社会科教育課程の改訂と歴史教育の改革――歴史科目の独立と「東アジア史」の新設」『社会科研究』第69号，2008年，pp.51-60）。国家史を越える内容構成の改革とともに教育方法論上の共通課題を持つことによって，東アジア国家間の内容的対立問題も解決可能であろう。学習者主体の活動を重視する教育改革は，東アジアで共通している（拙稿「東アジア型教師像の現在」『改訂これからの教師』建帛社，2007，p.54。和井田清司「東アジアの学校教育改革」『武蔵大学人文学会雑誌』第39巻第一号，2007，pp.144-166）。

あ と が き

　本書におけるこれまでの考察から，歴史学習は，年表や歴史用語の単なる記憶ではなく，情報を活用し，思考を深める歴史家体験活動であることが明らかになった。「まえがき」で述べたようにこのような歴史学習を本書では「解釈型歴史学習」と便宜的に呼んだ。実は，本書でいう「解釈型歴史学習」という用語は，英語に翻訳しにくい言葉である。本書で述べたように歴史が過去を解釈することであるという考えは欧米ではすでに常識的な発想といえる。なぜことさら「解釈型」と強調するのかという疑問が出る用い方なのである。しかしながら，アジア地域では，歴史が過去を暗記する学習といまも見なされている。そのため，「暗記型」に対する学習方法という意味を込めて「解釈型」と表現したのである。このようなアジア地域において，歴史学習は，児童・生徒たちに歴史家体験をさせる体験学習であると述べると，次のような反論が寄せられるだろう。

1) 生徒たちの能力が十分でないので，歴史を読み解く活動ができない。歴史用語を覚えさせることで十分だ。
2) 生徒各自の主観的な歴史が無数に描かれることになり，客観的で共通的な評価ができない。

　これらの意見は，歴史には「正しい」歴史があるし，生徒の能力を短時間で向上させなければならないと考える意識に囚われすぎているといえる。生徒は，ある日突然劇的に変わる場合よりも，少しずつ変化・成長していき，失敗も経験して能力を高める場合が多い。レディネスが少ないことや時間がかかることは当然である。最初から「歴史家」として生まれているわけではない。だから

こそ重要なことは，歴史家体験ができるチャンスを教師が与え続けることであろう。最初からできないと考えるのではなく，達成しやすい低いハードルから徐々に活動の質を高めるような年間計画や単元計画をつくるなど方法はある。本書に示した実践事例や教材はそのヒントとなるだろう。そのとき，絶対に変わらない「正しい」歴史があると教師が思い込んでいると，過去を解釈し表現するような歴史家体験は時間の無駄であると児童・生徒自身も感じてしまう。しかし，教科書記述でさえも変化するように，歴史の見方は時代と共に変化する。また，世界的な視野で見ると，地域や国によって異なる歴史が描かれる。このように歴史は多様性を持つものである。解釈型歴史学習は，このことを歴史家体験活動によって体験的に理解させる学習である。

　このように考えると「歴史家体験活動」は，教室でおこなわれる大がかりな「歴史家ごっこ」ということもできる。この大がかりな体験活動を教師が計画的に指導することで，つまり歴史家体験をさせることによって，児童・生徒たちは，自分とは異なる歴史解釈があることを理解する寛容性を身につけた市民として育っていく。歴史家体験活動は，あくまでも市民教育なのである（もちろんその中から職業としての歴史家が育つこともある）。このような解釈型歴史学習論が，アジア地域においても共通の歴史学習論となった場合，歴史認識をめぐる国家間の対立を解決することができる市民（主権者としての国民）が着実に育っていくと考えられる。本書の題名に「アジア共通の歴史学習の可能性」という表現を用いた理由はここにある。しかしながら，「解釈型歴史学習」では複数の「歴史」が描かれることが前提となる。そのとき，平和や民主主義という人類が到達した普遍的原理を否定する「歴史」を描くことも可能かという問題は，最後にもう一度確認しておきたい。著者は，長崎市に生まれ育ち，祖父母から原子爆弾の話，父から空襲や学童疎開の話，母から釜山からの引揚げの話を聞いて育った。それらを実際に体験した人の話は，最後には「戦争は絶対にしてはいけない」という結論であった。体験者のいうことは，説得力があった。著者は，これは記憶されるべき情報であると考えている。しかしながら，だからといってその結論を教師が子どもに暗記させる歴史教育であってはならず，様々な立場の人によって残された「情報」から，学習者が自分自身で

組み立てた歴史でなければ，か細く脆弱な歴史認識になってしまうことを指摘したいのである。多くの人を死に向かわせる戦争や核兵器が肯定されるべき歴史でないことを，暗記ではない方法で学ぶ必要があるのである。それが，解釈の多様性を認める解釈型歴史学習という方法であることを本書で述べた。歴史は過去が表現（表象）されたものであるが，歴史が未来を対立に向かわせるためのものではなく，たとえ対立しても対話によってそれを解決すべきことを私たちは学ぶ必要がある。歴史を描かせる歴史家体験活動はその学習活動なのである。そのとき，自分自身の中に国家市民権だけではないいくつかの立場が重層的にあるという多重市民権の考えは，これからのアジア地域でも必要とされよう。しかも日本は，本論で述べたように単一的国民化の負の部分も経験したことにより，これを相対化できる視点をいまもっている。

　本書で明らかにしたように，日本における歴史教育は，明治期以降，解釈型歴史学習を試みつつも，多様な解釈を教師自らが制限した「歴史」がある。そのような不自由な社会を生まないためにも解釈型歴史学習論がその過去を踏まえ新たな重要性を持つことを記してあとがきとする。

　本研究の全般にわたって懇切にご指導くださった上越教育大学大学院梅野正信先生，折に触れ激励くださった上越教育大学名誉教授二谷貞夫先生，著者が長崎大学教育学部生のときから研究をご指導くださり，本研究の方向性を指し示してくださった上越教育大学名誉教授・元学長加藤章先生，また研究を博士論文としてまとめるにあたってご助言いただいた原田智仁先生はじめ兵庫教育大学連合大学院の諸先生に感謝したい。そして，多忙化する大学の中で研究のための時間を取ることができたのは愛知教育大学の同僚，ゼミ生のおかげである。前著に引きつづき快く表紙を作成していただいた松本昭彦愛知教育大学教授，また本書の出版を引き受けていただき，アドバイスしてくださった梓出版社本谷貴志氏，これら各氏に深く感謝する次第である。多くの方々に助けていただいた。記して謝意を表したい。

　本研究は，日本学術振興会 2009-2011 年度科学研究費補助金挑戦的萌芽研究「多文化対応型社会科教材の開発」（代表者：土屋武志，課題番号 21653099）及び 2011-2013 年度科学研究費補助金基盤研究（B）「中等社会系教科における

歴史総合・地歴相関カリキュラムに関する国際調査・開発研究」（代表者：原田智仁兵庫教育大学大学院教授，課題番号23330258）による研究成果を含んでいる。また，2013年度科学研究費助成事業（研究成果公開促進費）学術図書の助成を受け出版するものである（課題番号255225）。

　（2013年7月21日第23回参議院議員選挙の結果を聞きつつ，アジアの未来を想いながら記す）

主要参考文献

【参考図書】

愛知県岡崎師範学校附属小学校『体験　生活深化の真教育』東洋図書，1926
朝尾直弘編『日本の近世1　世界史のなかの近世』中央公論社，1991
網野善彦『東と西の語る日本の歴史』そしえて文庫，1982
─────『中世再考』日本エディタースクール出版部，1986
荒野泰典『近世日本と東アジア』東京大学出版会，1988
有馬学『帝国の昭和』（日本の歴史23巻）講談社，2002
李元淳『韓国からみた日本の歴史教育』青木書店，1994
家永三郎『太平洋戦争』岩波書店，1968
岩生成一『鎖国』中央公論社，1966
魚住忠久・深草正博編『21世紀地球市民の育成』黎明書房，2001
宇佐美寛『教授方法論批判』明治図書，1978
梅野正信『和歌森太郎の戦後史』教育史料出版会，2001
海野福寿『日清・日露戦争』（集英社版日本の歴史18）集英社，1992
エリック・ホブズボウム他『創られた伝統』紀伊國屋書店，1992
大島明秀『「鎖国」という言説　ケンペル著・志筑忠雄訳『鎖国論』の受容史』ミネルヴァ書房，2009
岡崎師範学校附属小学校『生活教育の実践』東洋図書，1935
尾形猛男『自学中心主義の教育』東京刊行社，1922
小熊英二『単一民族神話の起源〈日本人〉の自画像の系譜』新曜社，1995
尾崎實『わが国における歴史教授法の変遷』教育出版，1997
小原国芳編『日本新教育百年史』（第5巻中部）玉川大学出版部，1969
海後宗臣『歴史教育の歴史』東京大学出版会，1969
─────・仲新『教科書でみる近代日本の教育』東京書籍，1979
加藤章・佐藤照雄・波多野和夫編『講座・歴史教育』第1巻，弘文堂，1982
─────編『越境する歴史教育』教育史料出版会，2004
加藤栄一・北島万次・深谷克巳編著『幕藩制国家と異域・異国』校倉書房，1989
加藤公明『考える日本史授業2』地歴社，1995
─────『考える日本史授業3』地歴社，2007
加藤陽子『それでも，日本人は「戦争」を選んだ』朝日出版社，2009
神谷由道編『高等小学歴史』大日本図書，1891
喜田貞吉『国史之教育』三省堂書店，1910
ケネス・ルオフ『紀元二千六百年──消費と観光のナショナリズム』朝日出版社，2010

主要参考文献 215

ゲオルグ・G・イッガース,早島瑛訳『20世紀の歴史学』晃洋書房,1996
小島晋治監訳『わかりやすい中国の歴史 中国小学校社会教科書』明石書店,2000
児玉康弘『中等歴史教育内容開発研究——開かれた解釈学習』風間書房,2005
小堀桂一郎『鎖国の思想——ケンペルの世界史的使命』中公新書,1974
駒込武『植民地帝国日本の文化統合』岩波書店,1996
子安宣邦『本居宣長』岩波新書,1992
佐藤伸雄『歴史教育の課題と皇国史観』あずみの書房,1989
佐藤正志『歴史を体験する授業』国土社,1993
佐藤保太郎『国史教育』(小学教育大講座8巻)非凡閣,1937
塩田芳久・梶田稲司『バズ学習の理論と実際』黎明書房,1976
曽根勇二・木村直也編『新しい近世史』第2巻,新人物往来社,1996
田代和生『近世日朝通交貿易史の研究』創文社,1981
多田孝志『対話力を育てる——「共創型対話」が拓く地球時代のコミュニケーション』教育出版,2006
田中史郎『社会科の史的探求』西日本法規出版,1999
鶴見俊輔『戦時期日本の精神史』岩波書店,1982
デレック・ヒーター,田中俊郎・関根政美訳『市民権とは何か』岩波書店,2002
寺内礼次郎『歴史心理学への道』大日本図書,1984
遠山茂樹『戦後の歴史学と歴史意識』岩波書店,1963
―――・今井清一・藤原彰『昭和史(新版)』岩波書店,1959
中村政則『昭和の恐慌』(昭和の歴史第2巻)小学館,1982
永田忠道『大正自由教育期における社会系教科授業改革の研究——初等教育段階を中心に』風間書房,2006
永積洋子『近世初期の外交』創文社,1990
―――他『鎖国を見直す』山川出版社,1999
永原慶二『皇国史観』岩波書店,1983
奈良歴史研究会編『戦後歴史学と「自由主義史観」』青木書店,1997
二谷貞夫編『21世紀の歴史認識と国際理解』明石書店,2004
日本社会科教育研究会『歴史意識の研究』第一学習社,1971
日本社会科教育学会国際交流委員会編『東アジアにおけるシティズンシップ教育』明治図書,2008
野本三吉『子ども観の戦後史』現代書館,1999
尾藤正英『皇国史観の成立』(講座日本思想4)東京大学出版会,1984
藤岡信勝『近現代史教育の改革』明治図書,1996
―――編著『侵略か自衛か「大東亜戦争」白熱のディベート』徳間書店,1997
藤原彰・功刀俊洋編『満州事変と国民動員』(資料日本現代史8)大月書店,1983
ペーター・ガイス,ギョウム・カントレック他『ドイツ・フランス共通歴史教科書』明石書

店，2008
ベネディクト・アンダーソン『想像の共同体』リブロ・ポート，1987
本多公栄『ぼくらの太平洋戦争』労働教育センター，1982
峯岸米造『日本歴史講義』大日本師範学会，刊年不明（明治末）
宮北恵子『学び方を学ばせる　イギリス式ゆとりの教育』幻冬舎，2002
宮原武夫『子どもは歴史をどう学ぶか』青木書店，1998
文部省『新教育指針』1946
─────『学制九十年史』1964
文部省社会教育局編『壮丁思想調査』，1931年2月
結城陸郎『学習指導のあゆみ・歴史教育』東洋館出版，1957
吉田悟郎『自立と共生の世界史学──自国史と世界史』青木書店，1990
吉見義明『草の根のファシズム』東京大学出版会，1987
歴史学研究会編『歴史研究の現在と教科書問題「つくる会」教科書を問う』青木書店，2005
和歌森太郎『歴史教育法』金子書房，1954
─────『天皇制の歴史心理』弘文堂，1973
私たちの歴史を綴る会編『婦人雑誌からみた1930年代』同時代社，1987
和辻哲郎『鎖国──日本の悲劇』筑摩書房，1964
Derek Heater: *WHAT IS CITIZENSHIP?*, Polity Press, 1999
Robert Stradling,: *Teaching 20th-century European history*. Strasbourg, Cedex: Council of Europe Publishing, 2001

【参考論文】

朝尾直弘「鎖国制の成立」『講座日本史』第4巻，東京大学出版会，1970
─────「時代区分論」『歴史意識の現在』（岩波講座日本通史別巻1）岩波書店，1995
荒野泰典「日本型華夷秩序の形成」『日本の社会史』第1巻，岩波書店，1987
家永三郎「戦後の歴史教育」『岩波講座　日本歴史』22　別巻1，岩波書店，1968
猪飼隆明「不平等条約からの脱却」『日清・日露戦争』（近代日本の軌跡3）吉川弘文館，1994
井門正美「役割体験学習の展開──社会科からの学校教育再生論」『学びの新たな地平を求めて』東京書籍，2000
池野範男「市民社会科歴史教育の授業構成」『社会科研究』第64号，2006
板澤武雄「鎖国及び「鎖国論」について」『昔の南洋と日本』日本放送出版協会，1940
石渡延男監訳『入門　韓国の歴史（新装版）国定韓国中学校国史教科書』明石書店，2001
上野健爾「何のための教育か」『世界』No.674，2000年5月
梅野正信「「社会科歴史」を支えた歴史教育観──和歌森太郎を中心に」『社会科教育研究』第55号，1986
江口圭一「排外主義の形成と五・一五事件」『太平洋戦争史──満州事変』青木書店，1971

―――「十五年戦争と民衆の国家意識」『歴史地理教育』1984年2月号
榎本淳一「「国風文化」と中国文化――文化移入における朝貢と貿易」『古代を考える　唐と日本』吉川弘文館，1992
荻野文隆「ヒロシマ・ナガサキの歴史性――戦後民主主義を問う」『環』2000.Vol.1
小汀利得「初任給調べ」『中央公論』1930年7月　(林茂編『ドキュメント昭和』平凡社，1975所収)
海後宗臣「歴史教科書総解説」『日本教科書大系近代編』第20巻，講談社，1962
―――「教科書解題」『日本教科書大系近代編』第19巻歴史(2)，講談社，1963
掛川トミ子「マスメディアの統制と対米論調」『日米関係史4．マスメディアと知識人』東京大学出版会，1972
加藤章「戦後の歴史教育の出発と社会科の成立」『講座歴史教育』第1巻，弘文堂，1982
―――「歴史教育の歴史に学ぶ視点」『講座歴史教育』第1巻，弘文堂，1982
―――「歴史教育における「史実」と歴史意識」『上越社会研究』第3号，1988
―――「歴史教育と地域」朝倉隆太郎編著『地域に学ぶ社会科教育』東洋館出版，1989
加藤栄一「鎖国論の現段階」『歴史評論』1989年11月号
紙屋敦之「日本の鎖国とアジア」『異国と九州』雄山閣，1992
木畑洋一「世界史の構造と国民国家」『国民国家を問う』青木書店，1994
工藤文三「社会認識における「近代性」と社会科教育」『社会科教育研究』No.79，1998
黒田俊雄「「国史」と歴史学――普遍的学への転換のために」『思想』726号，岩波書店，1984
黒羽清隆「皇国史観の国史教科書」『講座歴史教育1』弘文堂，1982
児玉康弘「社会科の展開」『社会科教育のフロンティア』保育出版社，2010
権五鉉「韓国社会科教育課程の改訂と歴史教育の改革――歴史科目の独立と「東アジア史」の新設」『社会科研究』第69号，2008
坂本昇「歴史学の危機か「歴史教育学」の危機か――「自由主義史観」と「歴史教育学」を批判する」『歴史地理教育』No.568，1997
佐藤正幸「歴史的領域」『社会科教育研究・1997年度研究年報』1999
―――「視覚化された時間・共有化された時間――紀年認識の発達を歴史年表に探る」『歴史と時間』岩波書店，2002
佐長健司「社会科授業の民主主義的検討」『社会科研究』第59号，2003
芝原拓自「対外観とナショナリズム」『日本近代思想大系12 対外観』岩波書店，1988
ジョフ・ウィティ「現代英国教育政策における連続と断絶(上)――ニューライトからニューレイバーへ」『教育』No.638，1999
高木博志「初詣の成立――国民国家形成と神道儀礼の創出」『幕末・明治の国民国家形成と文化受容』新曜社，1995
高橋昌明「特集にあたって――いまなぜ時代区分論か」『日本史研究』400号，1995
田中史郎「喜田貞吉の「歴史教育＝応用史学」論の性格とその歴史的位置――歴史観・歴史

研究・歴史教育」『岡山大学教育学部研究集録』第 39 号教育科学編，1974
土野長一「大正期における歴史教育改革の試み──永良郡事の歴史教育論と授業実践を手がかりとして」『社会科研究』第 69 号，2008
内藤智秀「国際関係の現状──日本を中心としたる」『公民教育資料集成──昭和八年度公民教育夏期講習會會演集』帝國公民教育協會，1933
長尾龍一「國體論史考」『日本人の自己認識』（近代日本文化論第 2 巻）岩波書店，1999
永田秀次郎「共産黨事件と建國の精神」『現代の思想と其の動き──第一回思想問題に關する講演會會演集』寶文館，1929
永積洋子「「鎖国」にかんする最近の研究」『歴史と地理』1989 年 12 月号，山川出版社
中野重人「新しい社会科がめざすもの──改訂の背景と方向」『改訂小学校学習指導要領の展開　社会科編』明治図書，1989
中野光「教育における統制と自由」『近代教育史』（教育学全集増補版 3）小学館，1975
中村紀久二「歴史教科書の歴史」『複刻国定歴史教科書　解説』大空社，1987
中山栄作「国史教育の方法私観」『現代国史教育大観』（『教材集録第 19 巻第 3 号臨時増刊』）東京南光社，1930
西川長夫「日本型国民国家の形成──比較史的観点から」『幕末・明治期の国民国家形成と文化受容』新曜社，1995
二谷貞夫「民衆・民族の共存・共生の世界史像を結べる市民の育成をめざして」『社会科教育研究』（2000 年度別冊）
二宮皓「OECD の教員養成に関する政策提言」『世界の教員養成Ⅱ』アジア・オセアニア編，学文社，2005
二宮宏之「読解の歴史学，その後」『思想』812 号，1992
橋本泰幸「大正期の教授法──児童中心主義教論の展開」『教科教育百年史』建帛社，1995
林健太郎「教科書問題を考える」『文藝春秋』1986 年 10 月
原田智仁「中等歴史教育における解釈学習の可能性──マカレヴィ，バナムの歴史学習論を手がかりに」『社会科研究』第 70 号，2009
原田実「手塚岸衛」『日本教育百年史』（第 1 巻総説）玉川大学出版部，1970
久富善之「競争の教育のゆくえ──その「完成」，「動揺」から「行き詰まり」，そしてこれから」『教育』No.650，2000 年 3 月
古屋哲夫「日本ファシズム論」『岩波講座　日本歴史』第 20 巻，岩波書店，1976
星村平和「異質文化の理解をめぐって (1)〜(3)」『月刊歴史教育』1979 年 6〜8 月号
本多公栄「いまなぜ，社会科歴史なのか」『教育』No.511，1989
松島栄一「歴史教育の歴史」『岩波講座　日本歴史』第 22 巻，岩波書店，1968
宮原武夫「歴史学と歴史教育」『岩波講座　日本歴史』第 24 巻，岩波書店，1977
村井淳志「「学力」から「意味」へ──社会科教育実践分析の課題と方法」『社会科教育研究』No.74，1996
村井康彦「国風文化の創造と普及」『岩波講座　日本歴史』第 4 巻，岩波書店，1976

目良誠二郎「加害の歴史の授業の反省から」『教育』No.613, 1997

森川輝紀「大正期国民教育論に関する一考察——井上哲次郎の国体論を中心に」『日本歴史』463号, 1986年12月号, 吉川弘文館

森分孝治「地理歴史科教育の教科論」『地理歴史科教育』学術図書出版社, 1996

――――「「体験学習」にかかわる"周辺用語"の検討」『社会科教育』No.478, 明治図書, 1999

山田朗「日露戦争とは世界史的にどんな戦争であったか」『争点 日本の歴史』第6巻, 新人物往来社, 1991

ロジェ・シャルチエ, 二宮宏之訳,「表象としての世界」『思想』812号, 1992

和井田清司「東アジアの学校教育改革」『武蔵大学人文学会雑誌』第39巻第一号, 2007

和歌森民男「国民科の中の国史教育」『講座歴史教育』第1巻, 弘文堂, 1982

和歌森太郎「歴史学習における科学性と感動性」『社会科教育』明治図書, 1972年11月(『和歌森太郎 著作集』第13巻, 弘文堂, 1982所収)

――――「社会科と歴史教育(二)」『社会科教育』明治図書, 1972年11月(『和歌森太郎著作集』第13巻, 弘文堂, 1982所収, 原著は1952年)

Alain Choppin "Textbooks and textbook researches in Western countries", *Textbook improvement with a view to enhancing mutual understanding between countries*, Seoul, korean Educational Development Institute, 2002.

Alison M. Sewell, Sue Fuller, Rosemary C. Murphy, Barbara H. Funnell, Creative Problem solving: A Means to Authentic and Purposeful Social Studies, *Social Studies, Vol.93* No.4, 2002.

Christine Counsell, "Breaking out of narrative and into causal analysis", *History and Literacy: Year 7 (History in Practice)*, Hodder Murray, 2004.

Huibert Crijins, "History on the move in Europe-Challenges and Opportunities of a Complex School Subject". In *Textbook improvement with a view to enhancing mutual understanding between countries*. Seoul, Korean Educatinal Development Institute., 2002.

Robert Stradling, "A Council of Europe Handbook on Teaching 20th Century European History", *HISTORY FOR TODAY AND TOMORROW WHAT DOES EUROPE MEAN FOR SCHOOL HISTORY?*, Korber-Stiftung, Hamburg, 2001.

土屋武志（つちや　たけし）

1960 年長崎市生まれ
長崎大学教育学部卒業
上越教育大学大学院学校教育研究科修了
長崎県公立中学・高校・教育センター勤務の後
1995 年愛知教育大学助教授
2006 年同教授
2010 年 10 月より岡崎市教育委員会委員を兼務（2013 年 10 月委員長）
専門：社会科歴史教育・授業コミュニケーション，博士（学校教育学）
所属学会：日本社会科教育学会・全国社会科教育学会・日本生活科総合的学習教育学会・日本学校教育学会・日本 NIE 学会等

主な著書

『これからの教師』（建帛社），『越境する歴史教育』（教育史料出版会），『21 世紀の歴史認識と国際理解』（明石書店），『グローバル教育の理論と実践』（教育開発研究所），『社会科教育のフロンティア』（保育出版社），『新版　21 世紀社会科への招待』（学術図書出版社），『学力を伸ばす日本史授業デザイン』（明治図書）等（以上共著）
『解釈型歴史学習のすすめ』（単著，梓出版社）

主な社会的活動

平成 11 年版及び平成 21 年版高等学校学習指導要領解説地理歴史科編作成協力者（21 年版日本史主査），中学校社会科教科書執筆者（帝国書院），小学校社会科教科書執筆者（日本文教出版社），知立市史執筆委員（近現代編部会長），愛知県義務教育問題研究協議会委員（2011 年会長），愛知県 NIE 推進協議会会長等

本書に関わる主な科学研究費（著者が研究代表者のもの）

「日韓における思考力育成型共通歴史教科書の開発とその開発システムに関する研究」（2003-2004 萌芽研究，課題番号 15653073），「思考力を育てる歴史学習教材の構成原理――構築主義による教材開発」（2006-2008 基盤研究（C），課題番号 18530694），「多文化対応型社会科教材の開発」（2009-2011 挑戦的萌芽研究，課題番号 21653099）等

アジア共通歴史学習の可能性

2013年11月20日　第1刷発行　　　　　　　　〈検印省略〉

著　者Ⓒ　土　屋　　武　志
発行者　　本　谷　　高　哲
制　作　　シナノ書籍印刷
　　　　　東京都豊島区池袋4-32-8
発行所　　梓　出　版　社
　　　　　千葉県松戸市新松戸7-65
　　　　　電話・FAX　047(344)8118

乱丁・落丁本はお取り替えいたします。
ISBN　978-4-87262-640-7　C3037